JN072088

裸のランチ

ナジャと裸のランチか夢うたた

玄月

edit gallery

モデル　村田沙耶香

撮影　熊谷聖司

千夜千冊エディション

方法文学

世界名作選Ⅱ

松岡正剛

角川文庫
22393

千夜千冊
EDITION

方法文学

世界名作選 II

松岡正剛

前口上

近代の作家や詩人たちの咆哮が二十世紀を用意した。
悪の華を装って、文明の隘路を暴き、街区の光景を抉った。
その方法文学の実験室には、欲望と戦争と性と不条理が
あからさまな恰好のまま爛れ落ちていた。
だったら、もうナジャやゴドーを待たなくていいのだろうか。
次の百年の孤独には、誰が立ち会えばいいのか。

目次

第一章　近代の咆哮

第二章　作家たちの方法

第三章　欲望と事件

第四章　奥の疼き

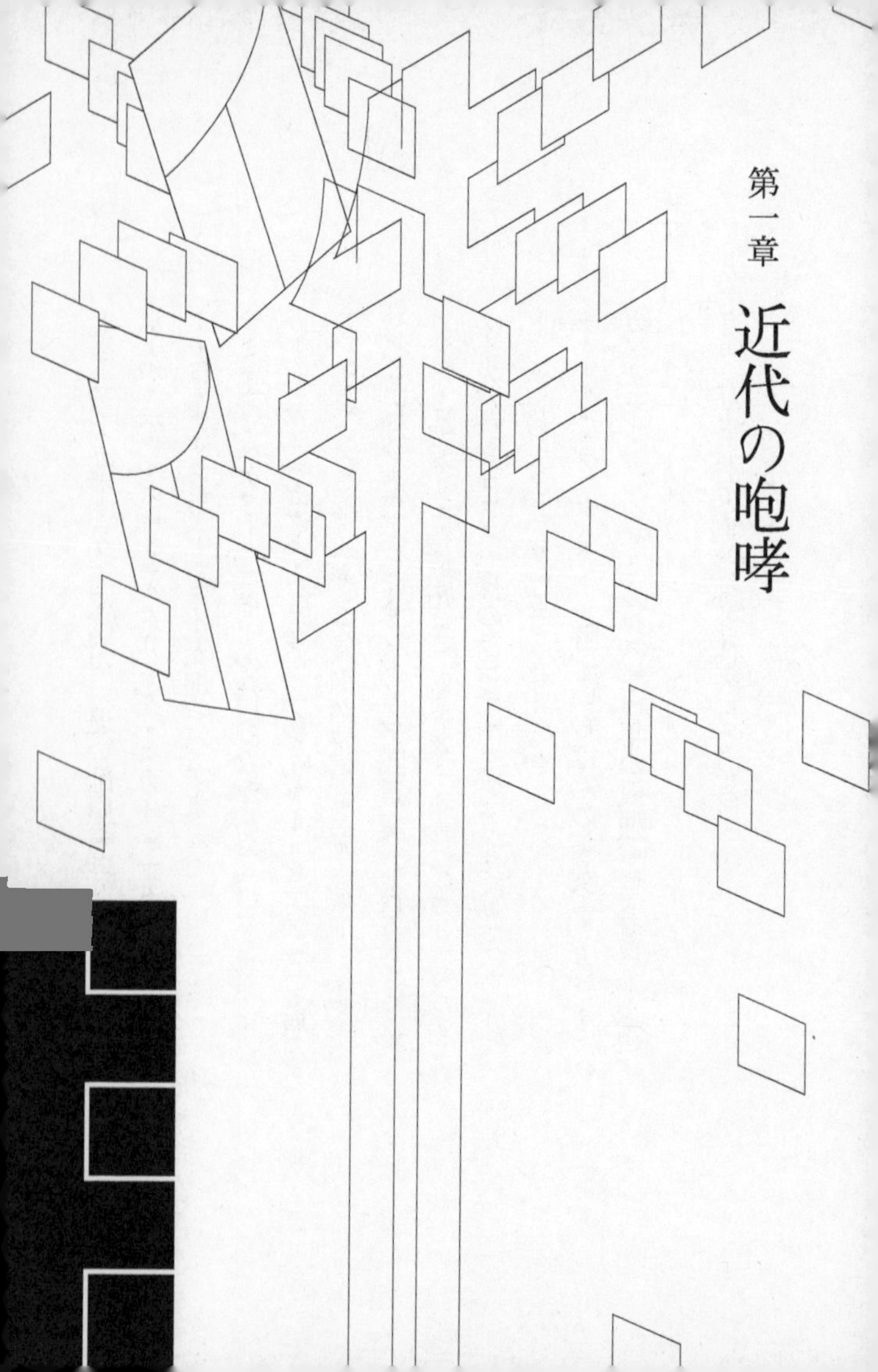

第一章　近代の咆哮

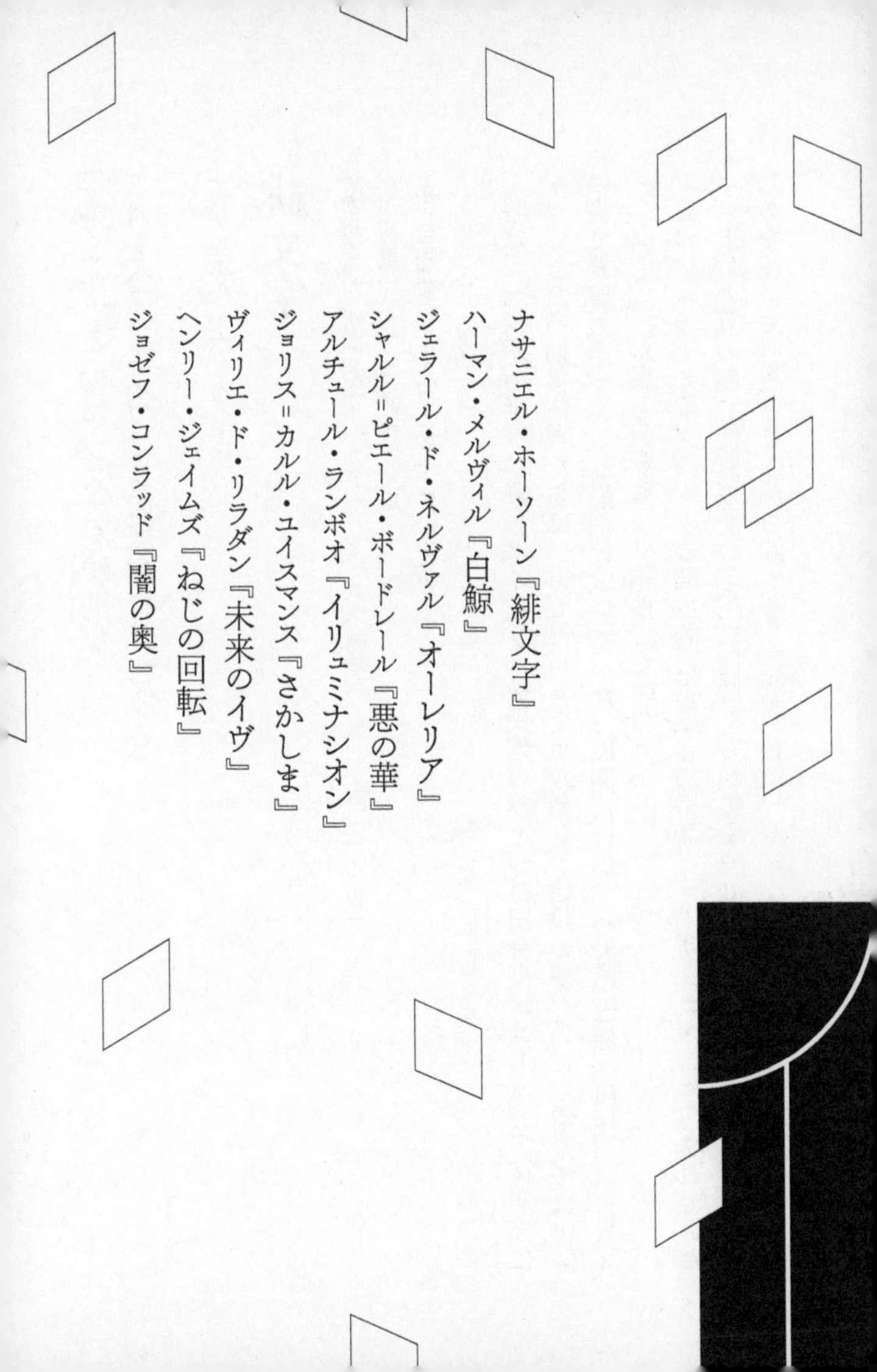

ナサニエル・ホーソーン『緋文字』
ハーマン・メルヴィル『白鯨』
ジェラール・ド・ネルヴァル『オーレリア』
シャルル＝ピエール・ボードレール『悪の華』
アルチュール・ランボオ『イリュミナシオン』
ジョリス＝カルル・ユイスマンス『さかしま』
ヴィリエ・ド・リラダン『未来のイヴ』
ヘンリー・ジェイムズ『ねじの回転』
ジョゼフ・コンラッド『闇の奥』

「ノヴェル」と「ロマンス」を峻別し、
これをヘスター・プリンの悲劇に統合する。

ナサニエル・ホーソーン

緋文字

鈴木重吉訳　新潮文庫　一九五七／八木敏雄訳　岩波文庫　一九九二／
小川高義訳　光文社古典新訳文庫　二〇一三
Nathaniel Hawthorne: The Scarlet Letter 1850

時は十七世紀の半ば、舞台はイギリス植民地のひとつの田舎町ボストン。アメリカにやってきた初期移住者たちは一方ではニューエルサレム建設の夢を見て、他方では信仰の裏で暴虐の斧がふるう恐怖に戦いていた。周囲にはいくつもの部族の原住民（ネイティブ・アメリカン）が馬と矢をもって暮らしていた。

話は、ニューイングランドの開放的な気風と厳格なピューリタニズムに包まれていたボストンの夏の朝、監獄の前の芝生に住民たちが集まってこれからおころうとする見せしめを待っているところから始まる。監獄からは、若そうではあるが人妻らしい女が看守に引かれて連れ出されてきた。

見るからにいとおしそうに幼な子を抱いてはいるが、その胸には真紅の「A」という文字が縫い付けられていた。この物語のヒロインのヘスター・プリンだ。たいへん美しい。彼女は夫より一足先にニューイングランドに越してきて、海岸近くに新居を借り新生活のための日々をおくっていた。

その美貌と活動力はすぐに住民たちの羨望と嫉妬を生むのだが、彼女はそうした視線にいっさいこだわることなく、教会に通い、近隣の者たちとの交わりに励み、何の落度もない日々をすごしていた。彼女には、権威にすがりがちなピューリタンの連中とは異なる〝独自の信仰力〟が宿っているようだった。

しばらくして夫が船の難破で水死したという知らせが届いた。或る男と甘い恋におちそうなところを必死にこらえて貞操を守ってきたヘスターは、ここで心が変じて、その男と激しく交わった。ヘスターは妊娠し、腹を膨らませ、男の制止にもかかわらず不義の子を産んだ。

噂はたちまち知れわたり、そのためマサチューセッツ湾植民地の法律では死刑になるところだったのだが、夫が死んでいるともくされたため、裁判官や牧師たちの配慮によって三時間ほど曝し台に立てばいいということになった。そのかわり、これからずっと上着の胸の真ン中に「A」の緋文字を付けて暮らさなければならない。

群衆はヘスター・プリンが密通の相手の名をあかすことを待っていた。老牧師ジョン・ウィルソンが告白をすすめるが、ヘスターは「どうしても言いません」と口を噤んだままである。若い牧師アーサー・ディムズデールも複雑な表情で告白を促すけれど、ヘスターはさらに頑なに沈黙しつづける。そのとき幼な子が泣き出した。

それを群衆のなかで静かに見つめていた中老の男がいた。ちょうどこの日、ボストンに到着したばかりのロジャー・チリングワースである。この名は偽名だった。直前まで原住民の集落に捕囚されていたせいか、どこか呪術的な力のようなものを漲らせている。ヘスターの夫だった。

水死の知らせは誤報だったのである。夫は生きていた。ヘスターは胸が張り裂けるほどに驚いた。夫のチリングワースは事の一部始終を察すると、すぐにでも密通の相手を暴いてみせると決意する。しかし二人とも周囲には、かつて二人が夫婦であったことを漏らさない。

ヘスターは監獄に戻され、やがて釈放された。幼な子はパールという名だった。育てば無邪気に母の胸の緋文字で遊ぶ子であった。けれども、いったい誰がヘスターと交情したのか、住民たちはその疑惑が解けないことに苛立ってもいた。そうしたなか、チリングワースはじりじりとヘスターを締め上げていく。それでも密通の相手はわからない。

そこに意外な一人の男がうっすらと浮上してくるのだが、謎解きは後半の痛ましい展開にまかされる……。

ぼくが最初に『緋文字』を新潮文庫で読んだときは、以上のように物語は始まっていた。読み始めたとたん緋文字Aが目に焼き付き、最後の「暗い色の紋地に、赤い文字A」の一行にいたるまで、なんとも落ち着かない気分のまま、不義密通の物語がアメリカン・ピューリタニズムの異常な高ぶりと覆いきれない亀裂を見せながら、ニューイングランドのプリミティブな町と森とを走っていった。

いまやよく知られていようけれど、緋文字のAとは「密通・姦通（かんつう）・不義」をあらわす“Adultery”のイニシャルAのことである。しかし、話がすすむにつれてヘスター・プリンの日々の献身的なふるまいから、このAは「可能な力」をあらわす“Able”や「天使」をあらわす“Angel”のAに変じ、それにもかかわらず最後の最後になってふたたび“Adultery”のイニシャルに戻っていくかのように映る。

まさに緋文字になにもかもが振り回されていて、どこかが反転しているままのような、とても奇妙な味の小説だった。これはひょっとして“America”のAではないか。そうとも感じられた。

物語の後半、読者はやっとヘスター・プリンの密通の相手が、ほかならぬ牧師アーサー・ディムズデールらしいことを知っていくのだが、ホーソーンはそのことを饒舌には語らない。この小説の狙いをたんに不義の相手の名をさぐるサスペンスにする気がなかったからである。作品をもっと巨きなアメリカ人の宿題にしておきたかっただろうし、自身の先祖がかかわる課題から逃げたくなかったからだ。

意外なことに、新潮文庫の『緋文字』を読んだだけではわからないことがある。この小説にはもともと序章「税関」がついていて、この作品を成り立たせているメタフィクショナルな事情が綴られていた。近松の《曾根崎心中》の道行の序が省かれたようなものだ。

もともとの序章には、ホーソーンの先祖がかかわったらしい忌まわしい事件のこと、ホーソーン自身が三十代はボストンの税関に、四二歳から数年間はセイラムの税関に勤めていたこと、そのセイラムの税関のめっぽう古びた建物のこと、二階の大広間が蜘蛛の巣だらけになっていてそこにたくさんの書類が散乱していたこと、その中に緋文字に関する書類を発見したことなどが、たっぷり述べられていたのである。

この序章は、岩波文庫の八木敏雄訳『完訳　緋文字』にはちゃんと〝完訳〟されている（岩波文庫佐藤清訳では省略されている）。この序章から、ホーソーンの先祖にはアメリカ史上有名なおぞましい集団的ヒステリー事件「セイラムの魔女狩り」にかかわった者がいたらしいことが知れる。ホーソーンはこのことをこそ引きずりだし、それによって何かがあかされていくことを求めるかのように、『緋文字』を書いたのだった。

「セイラムの魔女狩り」は一六九二年の事件である。アメリカ大陸が「発見」されてからは二百年たっていたが、まだイギリスからは自立していない。そんななか一五六人が魔女の容疑者となり、そのうち三十人が有罪に、四四人が自白して十九人が無惨に処刑された。いまではアメリカン・ピューリタニズムの最初期最大の汚点として知られるが、当時もその後もいったいなぜこんなことがおこったのか、長らく伏せられていた。

ホーソーンは税関の二階で、この事件にまつわる「緋文字の文書」を偶然発見し、そこに自分の先祖にあたる尋問官がかかわっていて、積極的に魔女裁判を促進していたことを知った。この先祖が四代前のジョン・ホーソーンなのである。

一六九二年、ジョンは九人の判事とともに、三月にはセイラムの三人の魔女の裁判を進め、五月には九人の女性を魔女と見なし、十月までには約一〇〇人の女たちを拘留することに手を貸していた。ホーソーンは戦慄（せんりつ）する。セイラムに生まれ、その祖も大半がセイラムの栄光とともにあったと思ってきたからだ。

なぜこんなことになったのか。時代をさかのぼり、一六三〇年代や四〇年代の初期ピューリタンの信仰の原点を調べあげていった。そこに見いだしたのが、四〇年代のボストンを舞台にした『緋文字』のヘスター・プリンや牧師アーサー・ディムズデールのモデルとなった人物だったのである。

　アメリカン・ピューリタンの最初期の歴史は、日本人にはあまり知られていない。ホーソーンが調べるまではアメリカ人にも見えていなかった。いや、いまなおWASP(White, Anglo-Saxon, Protestant)の強がりのもと、目くらましにあっているアメリカ人が多いはずである。フランクリンやジェファーソン以降の、アメリカ人が大好きな「勤勉と富のピューリタニズム」ばかりが喧伝されすぎてきたからだ。しかし初期ピューリタニズムには、そもそも栄光と残酷とが、神権と抑圧とが、ユートピアニズムとテロリズムとが表裏一体になっていた。

　そんなふうになった根っこは、すでに「巡礼の父祖」ピルグリム・ファーザーズがオランダ・ライデン滞在をへて、一六二〇年にアメリカ東海岸のプリマスの地に渡り、メイフラワー盟約を交わしたときから始まっていた。そこには早くも五つの信条が採択されていて、それがアメリカン・ピューリタニズムの基礎となり、呪縛となり、魔女狩りを生んでいた。こういうものだ。

①Total Depravity（人間は堕落した存在で、原罪から免れえない）

②Unconditional Election（神の選択による救済しかありえない）
③Limited Atonement（限られた者にしか贖罪は与えられない）
④Irresistible Grace（もたらされた恩寵に抵抗してはならない）
⑤Perseverance of the Saints（救済と回心を得た者だけが生き抜く）

これらは今日なお、WASPの子供たちが学校や教会でおぼえさせられる有名な英語イディオムだが、この五つの信条はマサチューセッツ湾植民地の初代総督ジョン・ウィンスロップが強く確認して継承したもので、十七世紀ボストンを骨の髄まで支配していたイデオロギーでもある。いまもアメリカ国家の「マニフェスト・デスティニー」(Manifest Destiny＝明日なる運命）の奥に巣くっている。

なぜこんなデスティニーがアメリカを覆っていったのか。きっと起源があるにちがいない。それは、ウィンスロップ総督のボストン在任中の一六三六年、後世に「反律法主義論争」(Antinomian Controversy）として知られるピューリタン・イデオロギーによる異分子放逐運動が始まっていたのだが、この出来事こそがあらゆる前兆になったのではないかというのが、ホーソーンの推測だった。

出来事の発端は、この年、アン・ハッチンソンという女性が「救済のための信仰」をあまりに重視したため、これを牧師ジョン・コットンが糾弾し、彼女をマサチューセッツからロードアイランドに放逐したことにあった。神学的にはピューリタニズム内部の信仰至上主義と救済重視主義が対立したとも見られるが、ホーソーンはそれだけではないと見た。

ここには、その後のアメリカ人全員が抱えこむことになった普遍的な問題があるにちがいない。それがアン・ハッチンソンとジョン・コットンの〝近しい対立〟にあらわれた。ホーソーンは、そう摑まえた。

こうして、アン・ハッチンソンをモデルにヘスター・プリンをヒロインに仕立て、ジョン・コットンをモデルに牧師アーサー・ディムズデールをキャラクタライズして、『緋文字』を書き上げたのだった。そこに人妻ヘスターと牧師アーサーの〝不義の関係〟を加えたのは、ホーソーンの想像力によるとっておきのナラティヴィティだ。そこから象徴的な緋文字Aを出現させるための仕掛けだった。ホーソーンは、ヘスターに宿る「救済のための信仰」を描きたかったのである。実際にも作中では、ヘスターのことをこう書いている。

「もし小さなパールが霊の世界からの贈り物でなかったとするなら、事情はかなり変わっていたかもしれない。ヘスターはアン・ハッチンソンと手をたずさえて、或る宗派の始祖として歴史に残っていたかもしれない。彼女には、ある面で預言者めいたところがあったので、ピューリタン社会の基礎をくつがえそうとしたかどで、当時の厳格な法廷によって死刑を宣告されていたかもしれなかったのである」。

緋文字とは、痛ましくも深くアメリカ社会の原点に突き刺さっていた大文字だったのである。

ところで、付け加えておかなければならないことがある。それは、ホーソーンのもうひとつの傑作『七破風（しちはふ）の屋敷』（泰文堂）もまたセイラムの古い家系の秘密を扱っていたということだ。

この物語は、ピンチョン家の初代の先祖がその土地の最初の持ち主であった者たちを処刑台におくったため、この七破風の家の一族が長らくその呪縛から逃れられなかったという宿命（デスティニー）を追っている。ホーソーンが残した作品とは、アメリカ人の奥底に眠るゼノフォビア（他者恐怖）を綴ったものであったのだ。ぼくは「黒地ニ赤キAノ文字」の一句を思い浮かべるたびに、このことに思いを馳（は）せるのだが、友人のアメリカ人とこのことについて交わすたび、よほどの柔らかい知性の持ち主でさえ眉（まゆ）をくもらせ、話にあまり乗ってこないことも知った。

ついでながらさらに付け加えておくと、一九九五年にデミ・ムーアがヘスター・プリンに扮（ふん）した《スカーレット・レター》という映画が公開された。ローランド・ジョフィが監督で、ゲイリー・オールドマンが牧師アーサー・ディムズデールを演じた。

デミ・ムーアが好きなぼくとしてはよくできた映画と言いたいところだが、物語はほとんどホーソーンの主題をずらして、二人の愛の葛藤を強調し、そこにフェミニズムの思想を加えていた。ヘスターとアーサーが連れ立って町を出ていってエンディングになるところなど、納得できなかった。

原作はそんなふうにはなってはいない。アーサーは二人が互いに犯した罪に苦しみ、憐れみの神を称えて死んでしまうのだし、元の夫のチリングワースはヘスターを詰り、密通者の牧師アーサーを追いこむものの、衰弱しながらパールに財産を遺したのである。ヘスターはといえば、救済の日々をおくり、悲しみを抱いたままパールを残してやはり死んでいく。エンディングもまったく異なっている。ヘスターはアーサーのかたわらに葬られ、そのヘスターとアーサーの墓に「黒地ニ赤キAノ文字」が刻まれているというところで終結なのだ。

ナサニエル・ホーソーン（一八〇四～一八六四）とその時代について、ちょっとだけ案内しておくことにする。

わかりやすくプロフィールをいえば、ホーソーンはポオより五つ年上、エマソンの一つ年下で、ソローの十三歳年上、メルヴィルとホイットマンの十五歳年上になる。これで一目瞭然となるように、かれらはいずれも一八五〇年代のアメリカ文学にアメリカン・ルネサンスともいうべき文芸的黄金期をもたらした。

そのことはこの時期の傑作を年代順に並べればすぐわかる。エマソンの『代表的人間像』(日本教文社「選集」6)とホーソーンの『緋文字』が一八五〇年の刊行で、翌年にホーソーン『七破風の屋敷』とハーマン・メルヴィル『白鯨』(新潮文庫)が発表されると、そのあと続けざまにメルヴィル『ピエール』(国書刊行会)、ヘンリー・ソロー『ウォールデン(森の生活)』(ちくま学芸文庫)、ホイットマン『草の葉』(岩波文庫)というふうに連打された。

ホーソーンはマサチューセッツのセイラムの古い家柄に生まれた。そのままなら静かで順調な生涯をおくれるはずだったが、四歳のときに船長稼業の父親がギアナで黄熱病に罹って死んだため、ナサニエルは母親の里で暮らしはじめ、ここで先祖代々のピューリタニズムの重い空気を感知していった。

作家になろうと思ったのはメイン州のボードン・カレッジにいるころだったようだが、卒業後にセイラムに戻って執筆に専念しようとしても、うまくいかない。たいていの評伝には「十数年は孤独な日々をおくった」と書いてある。それでも一八三〇年頃から書いた短編が新聞や雑誌に載るようになり、カレッジ時代の友人でのちに詩人として名を馳せたヘンリー・ロングフェローの好意ある書評も手伝って、しだいにニューイングランドの歴史や信仰と罪を扱う物語を書くようになっていった。一八三七年の短編集『トワイス・トールド・テイルズ』はポオも褒めた。

こうして一八四六年にセイラムの税関に勤めているうち、自身の家系の秘密や「セイラムの魔女狩り」の資料にあたるようになり、ここから一気に『緋文字』や『七破風の屋敷』を書き、かなりの評判をとったのである。

ホーソーンは「ノヴェル」と「ロマンス」を峻別しようとしたことでも知られる。ノヴェルは記述にリアリズムを必要とし、ロマンスには想像力や象徴力が動く必要があるというものだが、ホーソーンは後者に拠り（よ）ながら、両者を交ぜた。この信念は十九世紀半ばのアメリカン・ルネサンスの俊英たちにも影響をもたらした。

それがホーソーンの「緋」に対するに、メルヴィルの『白鯨』やエミリー・ディキンソンの「白熱の魂」の「白」である。またポオの『黄金虫』（岩波文庫ほか）の「金」やソローの『ウォールデン（森の生活）』の「緑」である。

まあ、こうしたアメリカ文学の周辺の話題については、ぼくがもう少しアメリカの文学作品を千夜千冊してから、またぞろ刺し身のツマにしてみたい。今夜はあくまでホーソーンの緋文字にこだわりたかった。

なお、ぼくより先回りしてあれこれ言いたくなっているのなら、ぜひその前に巽孝之（たつみたかゆき）くんの『アメリカ文学史』（慶応義塾大学出版会）や『アメリカ文学史のキーワード』（講談社現代新書）を読まれることを薦める。今夜の『緋文字』の紹介にあたってもいろいろ参考にした。

第一四七四夜　二〇一二年六月二九日

参照千夜

九七四夜：『近松浄瑠璃集』　九七二夜：『ポオ全集』　三〇〇夜：メルヴィル『白鯨』

モービィ・ディックは神か悪魔か。

ならばエイハブ船長が神なのか。そうは問屋が卸さない。

ハーマン・メルヴィル

白鯨

田中西二郎訳　新潮文庫　全二巻　一九五二／千石英世訳　講談社文芸文庫　二〇〇〇／
八木敏雄訳　岩波文庫　二〇〇四／富田彬訳　角川文庫　二〇一五
Herman Melville: Moby-Dick; or, The Whale 1851

時代は十九世紀半ば、アメリカは数々の捕鯨船団を太平洋に繰り出してさかんに鯨を獲っていた。各地の港に捕鯨基地があり、東海岸ケープ・コッド近くのナンタケットはその一大センターである。

そこに青年イシュメールがやってきて、港の木賃宿で巨漢のクイークェグと同宿する。クイークェグは南太平洋出身の銛打ちで、イシュメールに鯨を仕留めるとびきりの快感を話す。二人は意気投合しともに捕鯨船ピークォド号の乗組員となった。

ピークォド号が出航すると、船長のエイハブが甲板にあらわれた。義足である。かつて白いマッコウクジラに片足を食いちぎられたらしい。その巨大な白鯨には「モービィ・ディック」という名前がついていた。エイハブ船長はモービィ・ディックを悪魔の化身とみなしていて、断乎たる復讐を誓っていた。

乗組員はいずれも胸に一物あるような海の男たちだが、しばらくするとそれぞれの性格があらわになっていく。一等航海士のスターバックはそこそこ知的で冷静で、二等航海士のスタッブはどこかマニアックでパイプを手放さない。三等航海士のフラスクは実直を装い、銛打ちの黒人ダグーとクイークェグは自慢が好きで、ネイティブ・アメリカンのタシュテゴは海の一部始終に心が奪われている。

そのほかスペイン人、中国人、インド人もいて、総勢三十人である。しかし日がたつにつれ、乗組員全員がエイハブ船長の異様な言動に感染し、誰もがモービィ・ディックに報復したいという切実な執念をもつようになる。

物語はまさに海のうねりのようにしか進まない。語り手はイシュメールなのだが（その理由は最後にわかる）、話の前半部ではそれが定まらず、鯨や海に関する蘊蓄もくどく、いったいこの物語によって何を訴えたいのか、じれったいほど見えてこない。

何ヵ月にもわたる航海がえんえん続くのだから、船長の身に何かがおこるか、座礁するか、乗組員のあいだで事件でもおこらないかぎりは、ひたすらエイハブの執念に付き合うしかない。船は太平洋を南下し、喜望峰からインド洋に入り、ジャワ海や南シナ海まで航行するのだが、モービィ・ディックはいっこうに現れない。捕鯨航海とはいえ、狙いはモービィ・ディックだけなのだ。つまりは仇討ちの捜索なのだ。

こうしてなんと数年にわたる捜索航行の末、ピークォド号はようやく日本の沖合の太平洋上で巨大な白鯨と遭遇する。たちまち決死の追跡が始まり、死闘がくりひろげられる。エイハブは悪鬼のごとく敢然と白鯨に立ち向かうのだが、ついに海底に引きずりこまれ、炸裂寸前のピークォド号も沈没する。

乗組員全員も海の藻屑と消えた。棺桶をブイにして漂流に挑み、助かったのはイシュメールだけである。こうして、イシュメールがこの異常な物語を語ることになった。

この大作は、われわれがあまり持ち合わせていないマキシマムな才能と力量と意志で描かれている。それが執拗で圧倒的だ。登場人物すべてがエイハブ化していく。かれらは白人文明社会に全身全霊で刃向かう異人たちのようにも見える。ぼくがこれを読んだのは高校時代だったけれど、ものすごく疲れた。自分がヘナチョコであることを告げられているようで、何かの恐ろしい真実が訴えられていそうなのに、そこに踏みこまず読んだ記憶がある。イシュメールのほうに逃げたのだ。

さきほども書いたように、イシュメールはこの物語の語り手である。ナンタケットの港でうろうろしているときはたんなる登場人物の一人なのだが、ピークォド号が出航してから語り手になる。

高校水泳部のキャプテンだった友人の安田毅彦は、迷わずエイハブ船長に入っていった。「松岡はスピリットが好きなんだろう」と英語も得意な安田はそう言った。そして加えた、「おれはソウルが好きなんだ」。これは痛かった。しかしエイハブに入るとは、そのソウル（魂）を悪の起源にまでさかのぼり、そこからまさに銛でモービィ・ディックを撃つように、現実の闘争に逆上してこなくてはならない。

そんな強靭（きょうじん）な読み方が安田にどうしてできるのだろうかと驚いた。安田は『カラマーゾフの兄弟』（千夜千冊エディション『物語の函』所収）においても大審問官の側に立てた男だったから、あるいはエイハブの魂が案外に痛いほどよくわかるのかもしれなかった。そういう友人だった。

アルベール・カミュの戯曲『カリギュラ』（新潮文庫）の主人公は不可能に機会を与える狂王である。古代ローマ皇帝第三代の暴帝だ。カリギュラは月と闘った。月を手に入れるという無謀に挑み、圧政と暴虐の限りを尽くした。カミュはそのモデルをエイハブ船長の描写から借りてきた。

エイハブは獰猛（どうもう）な白鯨と闘った。メルヴィルは勇猛で無謀な、度しがたいほど果敢なエイハブと、そして白鯨を同時に描写した。どちらも荒々しく描いたが、あらかじめ断言しておくけれど、白鯨が暴君なのではない。モービィ・ディックは神なのである。エイハブが神なのではない。エイハブのモデルは神ではなくて、『列王記』の悪王アハブだった。

少し説明しておく。旧約『列王記』はダビデとソロモンの治世から始まって、神殿エルサレムの盛衰を辿ったのち、王国の分裂（ユダ国とイスラエル国）を語ってイスラエル王たちの対立と相剋にさしかかると、悪王アハブが登場して事態が紛糾する。アハブが邪神バアルを信仰したからだ。

預言者エリヤはアハブの邪神信仰を咎め、ヤハウェ（エホバ）をこそ確信すべきだと主張するのだが、アハブは聞き入れない。その後、『列王記』はヤハウェの唯一絶対化をめぐる数々の事象を物語っていくのだが、悪王アハブの邪神信仰は禍根となってユダヤ＝キリスト教を覆っていく。のみならず拭いきれないものになっていく。メルヴィルはそのアハブの血をエイハブに注入したのだった。

白鯨とエイハブの格闘に、このような神話的背景をもりこんだメルヴィルは、この相剋の語り手としてイシュメールをもってきた。壮絶な闘いの一部始終を見た青年だ。イシュメールも神話から抜けだしてきたキャラクターで、『創世記』のイシュマエルがモデルになっている。

ヘブライの始祖アブラハムと正妻サラのあいだには子が生まれなかったのだが、アブラハムが八六歳になって側室に男児が生まれた。それがイシュマエルである。側室とはいえ女奴隷だった。ハガルという。母と子は追放され、パレスチナの砂漠を彷徨(ほうこう)しつづけた。イシュマエルには「追放された理由を背負うという宿命」が落ちていたのだ。

これは、ユダヤ＝キリスト教における逃亡のニヒリズムのルーツというものだ。メルヴィルは、このイシュマエルを語り手イシュメールに仕立てた。そういうイシュメールにぼくは加担したのだが、安田は、そういう加担は『白鯨』の読み方じゃないんだと言ったのだった。

『白鯨』という小説は作品まるまるが近代の神話になっている。実際にも多くの出来事や人名や場面が神話を借りている。メルヴィルが注目したのは「邪悪」を主題にした神話材(ミュトス)で、そこから「悪の力」を取り出した。ホーソーンに宛てた手紙には、「私は邪悪な本を書き、子羊のように汚れなき気持ちです」と告白している。

邪悪者は白鯨モービィ・ディックではなく、エイハブに付託(ふたく)された。エイハブが邪悪者になりきれたのはモービィ・ディックがあまりにも残虐に見えたからだ。逆にエイハブの復讐心がなければ白鯨は暴れない。この関係がちょっとでもくずれたら、『白鯨』は成り立たない。読者は異常な物語からただちにスピンアウトする。それをさせないために、メルヴィルはエイハブに英雄的な叙事詩の言葉を与えつづけた。それをさせないため

　もう少し説明しておく。それまでアメリカ文学の歴史には英雄叙事詩の伝統がまったくなかった。当時はネイティブ・アメリカンの歴史はほとんど知られていなかったのだ。

そこでメルヴィルはユダヤの神話を下敷きに、シェイクスピアから借りてきたかのような悪王の語り口をエイハブに与えつづけることにした。そこにナサニエル・ホーソーンに次ぐアメリカ文学最大の実験者が生まれる原動力が駆動したわけである。

　ハーマン・メルヴィルが『白鯨』を書きあげたのは三二歳のときだ。ずいぶん時間をかけた。二五歳からの七年間をひたすら物語の普請に打ちこんだ。むろんタネ（種）とカタ（型）があった。

　カタは神話から借りてきたのだが、タネになったのは二二歳（一八四二）から大海を航海したときの見聞にある。メルヴィルは捕鯨船アクシュネット号の水夫や海軍の水兵として三年におよぶ航海をした。荒くれ男たちと人跡未踏の海と島とを波瀾万丈に巡航するこの三年間には、人間というものが見せるたいていの暴力と欲望と情熱と技術とが嵐のように集中していた。予想をこえた。

　このときの体験はひとまず『タイピー』または『ポリネシアの生活瞥見』にまとまるのだ

が、そのときメルヴィルはこの素材には何か遠くて巨きいものが潜んでいるように感じた。それはキリスト以前の神話なのだろうと思えた。二十代半ばになっていたメルヴィルは古代神話を読む。それからが『白鯨』という七年間にわたる物語づくりになる。人は神話に向かえば狂気か神か、さもなくばその二つに匹敵する異常を抱かなければならない。メルヴィルの物語原動力は、この異常を抱こうとした。

宇能鴻一郎が芥川賞をとった作品に『鯨神』（中公文庫）があった。明治初期の平戸の漁村を舞台に、祖父と父と兄を巨大な鯨に殺された男が鯨神に挑む執念を描いたもので、近世日本独特の「鯨とり」の民俗を活写していた。もちろん『白鯨』を下敷きにして換骨奪胎した。ぼくは一九六一年の「文學界」でこれを読んだのだが、その勇壮な男たちの闘いぶりにけっこう感動したものだ。

もともと、ぼくは捕鯨船に憧れていた少年だった。夏休みの小学校の校庭で、揺れる銀幕に映る短編記録映画を見たのがきっかけで、日本の捕鯨船の乗組員たちが赤道祭をし、いよいよ太平洋や南氷洋の鯨を追走する姿に心を奪われた。だから宇能の『鯨神』にも興奮できた。

おそらく『白鯨』も、海で闘う者たちの浪漫とともに読まれていた時期があったのだろうと思う。ボードレールだって二十歳のときにカルカッタ遠洋航路でアフリカ南東部のモーリシャス島に連れて行かれたのだ。しかしそのうち、文学史や文学批評は海や男の冒険の読み方を変えていく。メルヴィルをブンガクすることになる。そうなると、ここにひとつの逆説の目をもちこまなければならなくなってくる。メルヴィルは体験を物語化したのではなく、物語を体験化したのだろうというものだ。

この逆説を成立させるためにメルヴィルがしたことは、すべて『白鯨』にしこたま書いてある。それを読んでいくのが『白鯨』を読むおもしろさだ。神王にモービィ・ディックを、悪王にエイハブを配して、イシュメールを巡礼者とし、船員たちをユダヤ＝キリスト教史に登場するあらゆる人物としてそれぞれ彫塑していくために、メルヴィルはあらゆる読書体験を駆使して「文知」をあてはめた。

この「文知」にはおびただしい鯨学も含まれた。クジラに関してこんなに濃い「文知」につきあわされるとは、読者は予想もつかなかったことだろう。海洋・気象・船舶・操縦・生物の知識がふんだんに繰り出される。当然のことに人間たちの喜怒哀楽のいっさいも含まれる。それらの量があまりに稠密で深甚であるため、多くの初々しい読者たちは『白鯨』を敬遠してしまったのだ。メルヴィルが尊敬してやまなかったホーソーンでさえ、けっこううんざりしたらしい。

メルヴィルが壮絶な情熱を降り注いで「文知」のかぎりを尽くしたのは、モービィ・

llustration from Moby Dick,
illustrated by A. B. Shute.

llustration from Moby Dick,
illustrated by I. W. Taber.

メルヴィルの産んだ方法文学史上屈指の巨大さと獰猛さを誇る「白鯨」の表現に、挿絵画家たちの苦心が見える。左は最初期のA・B・Shuteによる挿絵（1892年）。右は劇画的な迫力が印象的なI・W・Taberによる挿絵（1902年）。

ディックとエイハブとイシュメールの三者にうねる「永遠の父なるもの」のせいだったろうと思われる。

この「永遠の父なるもの」はキリスト教の聖霊としての父ではない。ユダヤ教のヤハウェでもない。歴史的にはゾロアスター的なるものに近いような気がする。のちにニーチェがツァラトストラと呼んだものっぽくて、その光輝神に内属する暗黒神に近い。わかりやすくいうのなら、のちにジョージ・ルーカスが《スター・ウォーズ》において仮設したダース・ベイダー的なるものだ。ルーカスがダース・ベイダーを仮設できたのは、ルーカスの師の神話学者ジョゼフ・キャンベルが解義した英雄伝説構造のヒントに従ったまでのことだったが、そのヒントが《スター・ウォーズ》を宇宙世紀を舞台にした神話にさせた。

しかしもっと直截にいえば、『白鯨』の「永遠の父なるもの」とは、おそらくはデミウルゴスなのである。創造主デミウルゴスそのものなのだ。最近は建築家の磯崎新がしきりに考えこんでいるデミウルゴスである。デミウルゴスだとすれば、メルヴィルはむしろ工人の神でなければならない。にもかかわらず、メルヴィルの「文知」はこのデミウルゴスあるいはツァラトストラに対するに、ここはぼくの独断的推測になるのだが、おそらくはグノーシスの知をもって対抗してみせたのである。

証拠がないわけではない。第一三二章「交響」に、そのグノーシスの知がデミウルゴスあるいはツァラトストラを掌握する瞬間が綴られている。今夜のぼくには、そこを紹介する気力がもはや失せているが（なにしろぼくは安田とちがってイシュメールに逃げたのだから）、諸君のうちのだれかは、少なくとも気力充実の青年たちは、この第一三二章だけでも取り組んでほしい。そこに、この大作で初めてモービィ・ディックが姿を見せるのだ。それにしても一三二章だ。そのページにとどくまで、われわれは数々の「文知」とつきあわなくてはいけない。

第三〇〇夜　二〇〇一年五月二五日

参照千夜

五〇九夜：カミュ『異邦人』　六〇〇夜：シェイクスピア『リア王』　一四七四夜：ホーソーン『緋文字』　七七三夜：ボードレール『悪の華』　一〇二三夜：ニーチェ『ツァラトストラかく語りき』　七〇四夜：ジョゼフ・キャンベル『千の顔をもつ英雄』　八九八夜：磯崎新『建築における「日本的なもの」』

デュマを支え、社会主義者の幻想を交え、
ジェニー・コロンにオーロラ的全霊を捧げた超作家。

ジェラール・ド・ネルヴァル

オーレリア

篠田知和基訳　思潮社　一九八六
Gérard de Nerval: Aurélia 1855

先だっての連休を榛名山麓ですごした。関東在職の高野山派の坊さんたちに「二一世紀の空海」の話をするためだ。この坊さんたち、なかには脱帽すべきスジモノもいるのだが、おおむねは現状維持派や惰性派が多い。それをちょっと蹴破るために〝父なる大師・母なる空海〟のことを話した。とうてい効果があったとは思えない。
終わって、夜と翌日は一転して静かな時をもちたかった。伊香保は明治大正の文人たちが好んだ温泉町で、いまも伊香保神社に向かう狭い石段には往時の風情が去来する。とりわけ竹久夢二はここに骨を埋めようとした。夢二が建てた榛名湖畔のアトリエ小屋は跡形もないが（小さな湖は真ッ白に凍っていて、そこかしこでワカサギ釣りが始まっていた）、例の《青山河》はいまも伊香保の記念館にある。それをじっと見ていた。

というような榛名山麓の夜、ジェラール・ド・ネルヴァルを書く気になった。どこかしら夢二めいた『オーレリア』を、伊香保の宿の「天坊」で夜半に読み返したからだ。よくぞネルヴァルの一冊を旅行鞄に入れておいたと思う。こういうことはめずらしい。だから気が変わらぬうちに書いておく。

ネルヴァルの傑作『火の娘たち』（筑摩書房「ネルヴァル全集」5・ちくま文庫）に、けっこう長い「アレクサンドル・デュマに」という序文がある。デュマについても自分についても、書いている。自分の狂気にふれた風変わりな序文だ。こういうふうに始まっている。

『ローレライ』をジュール・ジャナンに捧げたように、この本を大兄に捧げよう。大兄にも彼と同じ意味で感謝しなければならぬ。もう何年も前になることになるが、私の訃報が伝えられたときに、彼が私の伝記を書いてくれた。何日か前に、私が狂ったと思われたとき、大兄はわが精神の死を訃む文章を流麗な筆に托してくれた。かかる死後の名誉の前払いにあずかったことは光栄の至りである。

大兄とはデュマのことだ。ネルヴァルが何を書こうとしているか、わかるだろうか。

ネルヴァルは「自分の遺骸」と「精神の死」に向けられた賛辞に対してお礼を書いているのである。風変わりなネルヴァルのことだ、何を書いたところでおかしくないが、それにしても奇っ怪だ。なぜ、ネルヴァルは「自分の遺骸」に賛辞が向けられたとみなしたのだろうか。「私が狂った」からか。

それを推理するには、デュマがネルヴァルについてどう書いたのかを知らなければならない。デュマはこう書いていた。

> ネルヴァルはなかなかに面白い才能をもっている。ところが、この才能にはときおり奇妙なことがおこる。何かの仕事に夢中になると、あの〝座敷わらし〟ともいうべき想像力が、一時的に表座敷の主たる理性を追い払うのだ。（中略）そのさまよえる精神のお陰で、彼は不可能な理論やありえない書物の中にとんでいく。

ネルヴァルにはときどき〝座敷わらし〟があらわれて、その動向とともに「ありえない書物」をつくってしまうというのだ。揶揄したのではない。批判したのでもない。誉めたのだ。このデュマの賛辞に対して、ネルヴァルが死後にどのようにこれに応えたかというと、これがなんとも物語編集術の極北を告げていた。「デュマよ、ここであなたが言っている現象について、ひとつ説明をさせてもらおうと思う」と前置きして、こんなことを書いたのだ。

自分がつくりだした人物に同化せずには物語をつくれないような作家がいるのである。たとえばわれらの昔の友人だったノディエが、革命のときにいかにして断頭台で首を斬られたかを実に確信をもって語っていたことは知ってのとおりである。（中略）そうなのだ、物語の牽引力はそのような効果を生みだすのだ。いわば自分の想像力が生みだしたヒーローの中に入りこんで、その生涯が自分のものになってしまうという、野心や愛の偽りのほむらに灼かれるというわけだ。

ネルヴァルはこのあと、自分が「縫い目という縫い目に刺繍をされてきた」という過去の感覚的経験を持ち出して、ある暗示的な短い物語の冒頭を示し、その錯乱のような出来事がなぜ自分に書けるのかという可能性の説明をする。「縫い目という縫い目に刺繍をされてきた過去」とは、いかにもネルヴァルらしい。

物語とは、その物語を生きる人々のためにあるというのが、ネルヴァルの主張だ。これはよくあるナラトロジーをゆさぶる。物語を虚構から引きずり降そうというのだから。ミハイル・バフチンもジョゼフ・キャンベルも呆然とするだろう。

が、なぜネルヴァルは「自分の遺骸」と「精神の死」を持ち出したのか。発作によって狂おしくなった自分を〝死後〟に見立てたということ以外には、ここには何も説明されてはいない。しかし、これこそが死せるネルヴァルが生けるデュマに宛てた序文だった。ここで何が取り交わされているのか、にわかには判断しにくいことだろうと思われる。それもそのはずで、文学史上、これほどどんな解説も介在させてこなかったものはなかったのだ。

序文だけではない。そもそもネルヴァルのコードブレイクが、まだほとんど了っていないと言ったほうがいい。しかも、コードブレイクしようとすればするほどに、ネルヴァルはつまらなくなっていくような、そういう超歴史派の播種体もしくは散在体なのである。一例をあげる。

現代思潮新社の古典文庫に『幻視者』(上下)が入っている。ネルヴァルが一八五二年に書いたもので、原題を〝Les Illuminés〟という。イリュミニスム(天啓思想)に魅入られた見神者たちを、ネルヴァル流儀にやや歴史順に綴っているものなのだが、「社会主義の先駆者たち」といういささか奇妙な副題がついている。

奇妙だというのは、ここにとりあげられているのは、十六世紀の王室書記官ラウール・スピファーム、十七世紀の修道士にして塩の密売人であったビュコワ神父、十八世紀のジャック・カゾット(『恋する悪魔』の作家)、魔術師カリオストロ、そして作家レチフ・

ド・ラ・ブルトンヌと神秘家クィントゥス・オークレールについての詳細な評伝であるからだ。

この連中が社会主義の先駆者たちだとは、当時においても、その後の研究でも、誰も指摘したことがない。どう転んでも、せいぜいが神秘主義の先駆者たちだ。それなのにネルヴァルは、これらの見神者（ヴォワイヤン）たちを社会主義者の先達者よばわりをした。いったいどういうつもりなのか。

ぼくがこの本を読んだのは一九六八年のことで、パリのカルチェ・ラタンと東京のお茶の水に火が噴いて、ヨーロッパでもアメリカでも日本でも、カウンターカルチャーとステューデントパワーが爆発したときだった。そのなかでほおばるように読んだ。翻訳は入沢康夫だった。

一読、おおいに眩惑（げんわく）された。ぼくが知らない社会主義の先駆者が見た幻視を嗅（か）げるのかと思いきや、最初から最後まであやしげな神秘思想譜が奏でられていた。ぼくはたまたまブルトンヌに関心があったから（『パリの夜』のファンだった）、それはそれでけっこう愉（たの）しめたけれど、そのほかのカリオストロらの魔術師ぶりをいくら読まされても怪訝（けげん）に思うばかりで、いったいネルヴァルは何をもって、これらを社会主義の赤い糸につなげようとしたのか、その意図がわからなかった。

が、そのうち、ネルヴァルの他のものを少しずつ読む機会がふえてくると、また、トマス・モアやシャルル・フーリエやエティエンヌ・カベーの『イカリア航海記』などの、ユートピック・ロジックの前哨を飾った思索や物語を読むようになると、ふいにネルヴァルの意図が見えるようになってきた。

ぼくにネルヴァルを教えてくれたのは、四谷の駿台予備校で隣りあって知りあった橋本綱だった。彼女はその後、東大を出て都立大でフランス語を教え、ミロスやネルヴァルを研究した。〝綱さん〟と称んでいたのだが、その綱さんにぼくが教えられたのはネルヴァルだけではなく、多くのシュルレアリストや朔太郎や中也のことでもあった。ようするに、ぼくに「幻想のアー・ベー・セー」を叩きこんでくれたのが綱さんだったのである。以来、ネルヴァルという人物のことはまるで蝉の翅の色のようにずっと気になっていた。こちらも若かったせいで、とくに女優ジェニー・コロンとの愛と破局は気がかりでしょうがなかった。

あるとき、中村真一郎の何かの本に「ネルヴァルはエビに紐をつけて散歩させていた」と書いてあって、唸った。エビとは何事か。今度は愛しくさえなった。さらに入沢康夫さんと何度か会ううちに（そのころぼくは入沢康夫・天沢退二郎・岩成達也・高内壮介・宗左近らの詩人たちとよく会っていた）、入沢さんがネルヴァルの翻訳を含めた研究家だということがわかって、これは逃げられないと思い、やっと本気で読むようになった。

綱さんはフランス語の天才になったけれど、ぼくはまちがって早稲田のフランス文学科に入って筋金入りの落第生になっていたから、残念ながら和訳で読んだ。篠田知和基の訳が多かった。

まあ、そういうふうにネルヴァルに入っていったのだが、それは『東方の旅』（国書刊行会「世界幻想文学大系」31）や『火の娘たち』や『シルヴィ』（大学書林）や『オーレリア』のような幻想的代表作ばかりであって、それゆえに、そういう〝超常ネルヴァル〟がぼくに入ってきさえすれば、それで大満足していたのだともいえる。つまりはフツーの読者だったのだ。

それが『幻視者』では、意外な歴史観に誑かされたわけである。ちょっと待てよ。ネルヴァルは歴史と夢と社会主義をすら混成できていたのか。そこまで編集的だったのか。そんなふうに感じられてきた。そうなると、ネルヴァルがデュマと近しい親友だったことも、ゴーティエやユゴーと何かつるんでいたらしいことも、だんだん深層的なことに見えてきた。

ネルヴァルは自身の発狂を予想していたとしか思えない。その予想には、まわりまわって、のちの社会思想の先取りがあったとも見える。とくにフーリエやサン＝シモンらの空想的社会主義者のユートピック・ロジックとの奇妙な親近感を強く感じる。最近ではフーリエ主義者たちの地下新聞にネルヴァルが書いた「イシスの神殿」を読んで、さらに異様なフィードフォワード能力とでもいうべき躍如も感じた。

やっぱりネルヴァルは、社会主義の前兆を予知できた幻視者だったのか。そうか、そういうことなんだ。そこにはやっぱり「イシス」が去来していたのか。それならわかる。そういう蟬の翅の色と蜻蛉の翅の震えを一緒にするような、ろくな説明もできないような直観的な納得だったのだが、仕方がない。ネルヴァルを安易な幻想文学理論でコードブレイクしないとすると、こうなるのである。

では、どうしてそういうネルヴァルが出来したのかとなると、話はちょっと変わってくる。そこには血の問題もあったろうし、ナポレオン時代のフランス社会の問題もあった。そしてそこに、例の忌まわしい発作が加わったのだろう。そういう加虐性ウイルスがいくつも絡まって、何かがつねにこの男を加速させていたのだ。ちょっとばかりネルヴァル周辺の時代を覗いてみてほしい。

父親は、ナポレオン軍への従軍を最も望ましい生き方だと確信していたような医者だった。ネルヴァルはその子として、一八〇八年にパリ四区サン＝マルタン通りで生まれた。デュマとユゴーの六歳年下になる。

母親は早くに死んだため、ネルヴァルには母親の顔の記憶がない。それも二五歳で死んだ若い母親だ。以降、ネルヴァルは泉鏡花にとっての摩耶夫人に似て、「まだ見ぬ母」のイリュージョンとともに生き抜くことになる。母親に代わって幼年期のネルヴァルを育てたのは乳母と母方の大叔父で、父親はといえば従軍ばかりしていた。ナポレオン時代のフレンチ・パトリオティズム（フランス的愛国主義）とは、そういうものだ。

そんな幼年期のあと、コレージュ・シャルルマーニュのリセ（高等中学校）で、驚くべき語学力を発揮した。理由はよくわからないけれど、とくにドイツ語に強かった。アルベール・ベガンふうに言うのなら、「ドイツ的ロマン魂」というやつが発火したのだろう。そんなことで、ゲーテの『ファウスト』第一部を翻訳したのは二十歳以前だ（これについては老ゲーテも褒めそやした）。

リセでは、テオフィル・ゴーティエと同窓になった。二人の腐れ縁はここからずっとつづく。そこにユゴーやデュマたちも加わった。この顔触れでわかるように、ネルヴァルは、いわゆるフランス・ロマン主義に真っ先に奉じた「ジューヌ」（若きフランス派）だったのだ。ナポレオン派の父親世代から数えれば、パトリオティズム第二世代ということになる。

一八三〇年、ユゴーの例の『エルナニ』上演激発事件がおこると、二二歳になっていたネルヴァルは勇んでロマン主義派の親衛隊の組織化に動いた。それをきっかけに劇作にも乗り出した。このあたり、デュマとそっくりである。

二五歳のとき、祖父が死んで遺産が入った。三万フランだ。こういう降って湧いたような僥倖は、たいていの男をダメにする。案の定、すぐに雑誌「演劇界」を創刊して遺産を費いはたした。すってんてんのままゴーティエと一緒にベルギーに逃げた。戻って二九歳、オペラ・コミック座でデュマとの共作の『ピキロ』が上演されたとき、すでに顔見知りだったその主演女優にぞっこんになった。

これがジェニー・コロンだ。だいたい「演劇界」の刊行がジェニー・コロンの支援のためだった。次のデュマとの共作『カリギュラ』がコメディ・フランセーズで上演されたときは、ジェニー・コロンなくしては人生が考えられなくなっている。濁流にもみしだかれたくなっていた。それなのに、それから一年もたたずに、ネルヴァルはジェニーとあっけなく破局する。

濁流に主人公はなく、そのタービュランス（乱気流）だけがどくどくと渦巻いた。ジェニーは一座の楽士と結婚、ネルヴァルは傷心を癒すかのようにドイツに旅行した。感傷旅行だったのかと思いきや、フランクフルトでデュマと落ち合い、次の芝居の準備をしていた。

ここまで、ネルヴァルはすでにさまざまな才能を見せているとはいえ、それでもデュマやユゴーと並ぶかそれ以下の戯作者にすぎず、ジェニー・コロンとの濁流愛と乱流的破局といっても、これまた特段に異常であるとか、異様であるとかというのではない。見かけのうえでは、まだまだ存分な社会派だった。ところが一八四一年の三二歳のとき、ネルヴァルを最初の発作が襲った。周期的な極度の精神病だ。これで万事がおかしくなっていった。かくて万事と万端が物語風にめくれ上がっていく。そしてすべてがことごとく、歴史までもが幻想化していった。翌年はジェニーが病死した。

それからどうなったかといえば、本格的におかしくなった。いや、おかしくなって本格的になった。しだいにリアルとヴァーチャルの区別がなくなり、すべてがイリュージョンで、すべてがテレプレゼンスになった。そういうネルヴァルを友人たちは不憫に思った。デュマのネルヴァル〝座敷わらし〟説は、そこから出ている。

それでも発作が連発しないときは、旅をしつづけた。一八四二年からの旅では近東を長期に訪れて、カイロ、ベイルート、コンスタンティノープルが気にいった（これが『東方の旅』の下敷きになる）。神秘主義文献もそうとうに漁っている。しかし一八五一年には、またまたひどい発作に襲われた。

そんな中で、あの驚異の五年間がやってきたのだ。ネルヴァルの傑作は死ぬ直前の五年間にほとんど集中しているのだが、その驚異の五年間だ。四三歳のときの『東方の旅』（これが一番の大作）、四五歳のときの『シルヴィ』、四六歳の『火の娘たち』と『幻想詩篇』（「ネルヴァル全集」5）、そして四六歳で縊死した年の遺作の『オーレリア』だ。最後の日々は『オーレリア』を書きながら、住まいもなくパリ市中を転々としていたという。そしてついに首を吊った。『オーレリア』全編はノートル＝ダム寺院での葬儀のあと、黙々と刊行された。

五年間の作品は、やがて世界中の文学を心底から転倒させた。まずプルーストが脱帽した。ついでブルトンをはじめとしたシュルレアリストたちが「われらの先駆者」と敬愛した。のみならずトーマス・マンやサルトルが世界文学の巨匠扱いされるころには、ネルヴァルは二十世紀文学に最も大きな影響をもたらした先駆者とみなされるようになった。いまでは、ネルヴァルを抜いた現代文学史はありえない。

さて、久々に伊香保で読んだ『オーレリア』のことだ。久々といっても、十五年ほど前にときどきマーキングしながら読んだので、伊香保の夜は再読だった。

この作品は文学史上でも最も有名な一文のひとつ、「夢はもうひとつの生である」で始まっている。「夢はもうひとつの人生である」と訳されることも多い。このメッセージが端的にあらわしているように、ネルヴァルは夢と超現実と現実の相互境界をまたいでいったのである。そして、それらの相互誘導合致を試みたのだ。「自分がつくりだした人物に同化せずには物語をつくれない」とは、このことだ。

どういう作品かといえば、以下に第一部と第二部のいくつかのパラグラフの一節を、試みに★印をつけて〝編集的に〟並べておいたので、それを読んでもらうといい。こういうふうになっている。

このとびとびの差分方程式っぽいサマリーからは、ちょっとした物語ならいくらでも想起されよう。篠田知和基も書いていたように、ネルヴァルは「編集的創作」の超名人なのだ。これをたんに「狂気の沙汰」とは名付けられまい。名付けてもいけない。

第一部

★夢はもうひとつの生である。

★その女にはしばらくして、また別な町で会った。

★その晩、その考えを裏づける夢を見た。

★現実生活への夢の流出とでも呼びたいものがこのときからはじまった。そのときから、あらゆるものがときとして二重の相をとりはじめた。

★ある晩、たしかに自分はラインの岸辺に連れてこられたのだと思った。

★一羽の鳥がいた。その鳥が人間のように話しはじめた。祖先の魂がその鳥の中に宿っている、そう思った。

★それは、一瞬の夢の中に一世紀ものドラマが凝縮されてしまう時間的な現象に似たもののせいなのだ。
★まわりではあらゆるものが姿を変えていた。私が問いかけていた精霊も、もう同じ姿形ではなくなっていた。
★そのような考えは、つぎに見た夢でいっそうたしかなものになった。私はいつのまにか、祖先の住まいの一部をなしている広間の中にいるのだった。
★だれでも知っていることだが、夢の中には太陽は出てこない。
★まわりを見回してみると、庭園は墓地の様子をとりだしていた。声が聞こえた。
「宇宙は闇に入った！」
★はじめはそれほど幸せだったその夢は、私を大いなる困惑の中におとしこんだ。いったいどんな意味なのだろう？　それがわかったのは後になってからだった。オーレリアが死んだのだった。
★やがて怪物たちは形を変え、はじめの皮を脱ぎ捨てて、巨大な脚でよりたくましく立ちあがった。
★しかし、地球の生動力は、この一族を養ってゆくうちにだんだんと涸(か)れ尽きてきた。
★そのとき、かつてない災厄が突然に襲いかかって、世界に新生と救いをもたらした。
★そのような幻が目の前に現れては消えていった。
★どう説明すればよいかわからないが、私の考えでは地上の出来事は超越世界のそれと一致するにちがいない。
★恐ろしい考えが心に生じた。「人間は二重だ」。
★そのような想念がしだいに私を陥れていったふしぎな絶望を、どうやって描いたらいいのだろう。
★もはや怒りと侮蔑を待つよりほかになかった！　亡霊たちは怒り狂って叫び声をあげながら逃げさり、あたかも、嵐の前の鳥のように、空中に恐ろしげな輪を描くのだった。

第二部

★また失った！　すべては過ぎ去った！
★とはいえ、これらの学問に人間のあやまりが混入していることは確かだ。
★失われた文字、消えた印を見出し、階調を失った音階を組みたてなおそう。
★神はおれとはもう一緒ではない！
★そのような考えが私を投げこんだ失意のほどを語りつくすことはできない。
★炎が、心の中のもっとも悲痛な思いにかかわっているこの愛と死の聖遺物を燃しつくした。
★この幻と、それがひとり居の時間にひきおこした考えとの結果生まれた感情はあまりにも悲しく、自分がだめになったように思われた。
★私は打ちひしがれて、泣きながらノートル＝ダーム＝ド＝ロレット教会へ入って、聖母の祭壇の下に身を投げ、罪の赦(ゆる)しを求めた。
★時が成就した、ヨハネの黙示録に告げられたこの世の終りがやってきた、そう思った。
★風に吹きとばされてゆく雲のあいまから、いくつもの月が飛び去っていくのが見えた。
★そのときから病状がぶりかえして、一進一退をくり返すことになった。
★その庭に集まった人たちは、みんな星になんらかの影響を持っているものと想像した。
★番人や仲間の病人たちの会話には神秘的な意味をふりあてた。
★私の役割は、カバラの技によって宇宙の調和を回復することと、さまざまな宗教の秘密の力を呼びおこして、ひとつの解決策をさぐることだと思われた。
★私にとって毎日の時間はすでに二時間ずつ増えていた。
★ある晩、私は一種の恍惚(こうこつ)状態で話したり歌ったりしていた。
★病院の使用人がやってきて私を一階の部屋に下ろして、そこに閉じこめた。私は夢を見つづけていた。

★共感と憐みとが私を高めるのが感じられた。
★ミヨゾチス！
★ホザンナ！
★サチュルナン！

いや、いや、ものすごい。書きなぐりではないことはあきらかだ。エレメンタルにもフォーマティブにも、よくできている。

これでだいたいの見当がつくだろうが、ネルヴァルは「恐るべき夢の司祭」を引き受けたのである。引き受けざるをえなかったのだ。世の歴史というものが幻想と現実のあいだを分断したまちがいを、自身の発作によって引き受け、これを新たな文脈に組みなおしたのだ。

それを一言でいえば、時空意識に去来する「交感」をコンテキスト編集するということなのだけれど、もしもこれが「ブンガク」でなかったら、こんなものはファウスト博士の夢置場か狂者の妄言のようなもので、とうてい付き合えるようなものではなかったはずなのだ。しかし、よくぞネルヴァルはこれを文学にした。幻視力と表象力を相互誘導合致した。

と、いうふうに、かつては『オーレリア』を二度にわたって読んだはずだったのだが、いまはこんなふうには解釈したくない。伊香保の夜の三読目では、そんな〝危険の風〟すらもがそよりとも吹かなかったのだ。夢二が描いた《青山河》のように、黙（しじま）がすうっと通過していっただけだった。

そうなのである。『オーレリア』はどこもおかしくはない。ぼくは何も擾乱（じょうらん）されず、どんな不安にも襲われず、ひたすら上出来の物語を読んだ気分になれた。作者と物語と登場人物がまったく乖離（かいり）していなかった。

今夜は、ここでおしまいだ。ぼくが何を書きたかったのか、わからなくなっているようなら、もう一度、前の『オーレリア』のとびとび差分の引用を読んでみてもらえばいい。いや、できれば原作に当たってもらうといい。ここにはカンペキな文学技法があるばかりだということに、気がつくだろう。

ということは、ぼくは、ずいぶん長いあいだネルヴァルを丁重に扱いすぎていたわけなのである。読書というもの、そういうふうに丁重になってもかまわないのだが、ネルヴァルのような稀代（きだい）の先駆者を相手にするときは、こちらも開きなおらなくてはまずかったのだ。だから、前記の抜き書きにカバラが出てこようと、たくさんの月が上がっていようと、鳥や庭のメタファーがみごとに異常化されていようと、それはネルヴァルの六四編集技法のひとつだと見たほうがいいわけなのである。それも、狂気による成果ではなく、文学で夢を見る方法だとみなすべきなのだ。

一二三二夜　二〇〇八年二月十五日

参照千夜

二九二夜：袖井林二郎『夢二のアメリカ』 一二二〇夜：アレクサンドル・デュマ『モンテ・クリスト伯』 七〇四夜：ジョセフ・キャンベル『千の顔をもつ英雄』 八三八夜：シャルル・フーリエ『四運動の理論』 六六五夜：萩原朔太郎『青猫』 三五一夜：中原中也『山羊の歌』 一一二九夜：中村真一郎『木村蒹葭堂のサロン』 九六二夜：ユゴー『レ・ミゼラブル』 九一七夜：泉鏡花『日本橋』 九七〇夜：ゲーテ『ヴィルヘルム・マイスター』 九三五夜：プルースト『失われた時を求めて』 六三四夜：ブルトン『ナジャ』 三一六夜：トーマス・マン『魔の山』 八六〇夜：サルトル『方法の問題』

万物照応（コレスポンダンス）させて、いっさいの「悪」を華にする。
想像を駆使して、あえていっさいの「苦（にが）み」に到る。

シャルル＝ピエール・ボードレール

悪の華

堀口大學訳　新潮文庫　一九五三　／　鈴木信太郎訳　岩波文庫　一九六一　／
安藤元雄訳　集英社文庫　一九九一
Charles-Pierre Baudelaire: Les Fleurs du Mal 1857

ランボオが“désorienter”（途方にくれる）であるとすれば、ボードレールは“déréalisation”（現実感の喪失）だった。ランボオが“informe”（不安定）であるのなら、ボードレールはその逆の“centralisatiom”（集中的）だった。

ランボオは一八七一年のドメニイ宛の書簡で、数々の詩人の名をあげたうえで、ボードレールこそが「第一の見者」であって、「詩人たちの王者」「真の神」と誉（ほ）めそやしたけれど、その資質は逆を向いていた。ランボオは「見者（ヴォワイヤン）」であろうとしたが、ボードレールは「覗く人（ヴォワイエール）」だった。ランボオは熱いが、ボードレールは苦いのだ。

ボードレールの「苦み」は暗示と隠喩でしか伝わらない。ナマの素材をそのまま食べたいというような、白金あたりのナチュラルハウスの客ではなかった。ボードレールはどんな食材であれ、それらを次々に水で晒し、オイルで炒め、周到な粉をまぶして揚げてしまう料理人だった。その食材が〝詩材〟なのである。「苦み」はその料理からあらわれる想像性だった。

そんな「想像としての苦み」を通して何をしようとしたかといえば、「照応」という一事が万事であった。万象反応・万物照応(correspondances)である。コレスポンダンス。この一語にはボードレールの想像力のすべてが殺到している。

ボードレールは、想像力が森羅万象を解体すれば、新たな世界像は言葉によってコレスポンダントに現出しうることを確信した。コレポンをボードレールがつくるのではなくて、ボードレールがコレポンに入ってしまうこと、それがコレスポンダンスだった。万物が照応するのではなく、照応することが万物なのだ。

それは一個の小さな香水壜をしてさえ、時空とのコレスポンダンスを現出させるに足りた。『悪の華』の「香水の壜」は次のように、そこを歌う。

　どんな物質でも浸透する強い匂ひがあるものだ。

どうやら硝子にさへそれは滲み込むらしい。
錠前が錆びついて仲々開かないやうな、
昔、東邦から将来された小匣を無理に開けたり、
人の住まなくなつた古家に置き忘れられ、
煤けて、埃まみれの、
むせかへるやうな昔の匂ひで一ぱいな
簞笥を開けたりすると、
思ひ出し顔の古い香水の空壜が見つかつたりして、
生き生きと昔の人の心が甦へつたりする事がある。

ボードレールの照応は、自然の中での照応ではない。方法の中での照応だ。合理的なものじゃない。言葉の化学反応のなかでの照応だ。とくに事物どうしが化学的な時間の中で照応しあうことに、ボードレールは自分のいっさいの想像力を浪費した。つまり照応が万物なのだ。

ぼくはかつて、このコレスポンダンスについてのエッセイ「人工ネズミのゼンマイを巻くべきか」（のちに「人工時間の祝祭者」と改題）で、ゼンマイ仕掛けのネズミを少年が棚の上に放置しているからといって、それを親たちが「うちの子供はすぐ倦きるんですよね

え」と言って子供を詰る(なじ)のはよしなさいと書いたうえで、「冗談じゃない。お母さん、あなたのほうが芸術的すぎる！」と結んだことがあった。

このエッセイは一九七六年の「存在と精神の系譜」(「遊」九号・十号)のためのもので、「とりかえしえぬものが呪われた歯でかじる」「脳髄の祝祭という時間」というボードレールの一行を敷延(ふえん)したものだった。二七年前のエッセイになる。ボードレールの「アレゴリー」という深さをもつ時間」「感動を多様化することによってひきのばされた時間」に注目して書いた。

この見方はいまでも変わらない。ボードレールはプーシキン、ゴーゴリ、ホフマンなどと同様、「事物の時間」を知っている数少ない詩人の一人で、その「事物の時間」のなかでこそ万物照応(コレスポンダンス)がおこり、苦みが出てくることを知っていたのである。事物が時間とともに化石や岩石になっていくことを知っていた。しかもそれを、ボードレールはあとから知ったのだ。

ボードレールが二十歳のときに、カルカッタ行き遠洋航路の商船に半ば強制的に乗せられて、アフリカ南東部のモーリシャス島とブルボン島まで行っていることは、あまり知られていない。天保十二年(一八四二)のことだ。

事情はこうである。パリでボードレールが生まれたとき父親は六一歳だったが、ボードレールが六歳になる前に死んだ。翌年、母親が陸軍少佐と再婚して、十歳のときにリヨンに移り住む。箪笥の奥にしまわれた「お母さま」の下着やクローゼットに掛かっている毛皮のコートに顔を埋めるような少年は、これで自我にめざめ、ほぼ完璧な男性である軍人の義父との無限の精神の軋轢の襞を知る。

それでボードレールがぐれたのではない。パリに戻った一家のもと（師団参謀本部の建物に住んだ）、むしろ学業に才能を示し、ラテン語の詩と英語では成績第一に躍り出た。ラマルティーヌ、ユゴー、サント＝ブーヴ、ドラクロアの絵がお気に入りだった。この時期のフランスは七月革命ののちの産業革命が驀進しつつあったころで、その一方でフーリエの空想社会主義、コントの実証社会学、バルザックの『人間喜劇』の観察が登場して、オーギュスト・ブランキの季節社の蜂起にパリが騒々しくなっていた。

この活気と反抗のパリのなか、成績優秀のボードレールはこっそり逸脱を愉しむようになっていた。ただしこの青少年はまだそうした逸楽を享受するほどには達していない。ユダヤ人の娼婦と交わって淋病となったときは、その手当てに困って異母兄のアルフォンスに相談しことなきをえている。

のちに、ボードレールはこの娼婦の印象を何度も詩に詠んだ。そのひとつが『悪の華』に有名な、「死体に添ひ寝する死体のやうに、或る晩僕は醜悪なユダヤ女の側にゐた」（堀口大學訳）で始まる詩であった。このなかでボードレールはお乳が垂れているような醜悪な娼婦と交わりつつも、絶世の美女を想像するのである。どんなふうにイメージメントしたのか、信じがたい想像力だ。

ボードレールがのちに世界の詩壇を震撼させるような、つまりは〝罪の聖書〟を書いた詩人としてコレポンな想像力を発揮するのは、カルカッタ航路の航海をしてからだった。これはしだいに拗くれて、借金をするようになってきた青少年シャルルの所業に困りはじめた義父と兄貴が、「こいつはひとつ、航海にでも出したほうがよい」と判断したためだった。

一八四一年六月、ボードレールは商船「南海号」に乗船させられて一路赤道に向かっていく。のちの作品や手紙からすると、この航海でボードレールはしょぼくれてはいない。あらかたの出来事を克明に胸に刻んでいた。とくに水夫の一人がアホウドリを撃って紐に縛り、パイプの火でアホウドリの嘴をいたぶろうとしたときは、ボードレールはこの水夫に殴りかかって、船長に引き留められたほどだった。このときの体験が、『悪の華』のなかで最も美しい詩だと評判になった「しばしばよ、なぐさめに、船人等」に始まる「信天翁」だ。ボードレールはあとから「そのこと」を歌うのだ。

やがて船は嵐にあってアメリカ船に助けられ、モーリシャス島のポート・ルイスに入る。船体の修理に数週間がかかるということで、義父の知り合いの一家のもとに滞在して、そこの美しい妻に迎えられた。周囲は青い空、広大なサトウキビ畑、白い上着と帽子をかぶった植民地紳士たち、マングローブと水の生命力に囲まれて、まるで糖蜜のようである。すぐにハワイやグァムやプーケットに行きたがる連中には、天国だ。

けれどもここで、ボードレールは逆世界があることを発見した。自分が求めているのがこのような自然と人間による恩恵などではなくて、パリの裏町で感じた、あの都会の喧騒と埃と、あのふしだらなものたちとの交流であったということを――。一瓶の中に万物が入りこんでしまう古びた机がありうるということを――。自分が苦みを渇望していたことを知ったのだ。

ボードレールはパリに戻り、ふたたび借金生活をし、あばずれ女のジャンヌと暮らし、友人から借り受けた美術品を室内にしばらく飾っては、これを売っ払うという日々に入っていく。まったく売れなかったという。フランス史上初の美術批評を確立した『一八四六年のサロン』（人文書院「全集」）の文章はこのときの産物だ。

ともかくも南海の楽園にいるより、パリの裏街の巣窟にいるほうがずっと生き生きしていた。ただ、「お母さま」の心だけが心配で、あいかわらずマザコンまるだしの手紙を母親に送っている。こうして、いよいよその才能が過去のすべてを取り戻す日が近づいていた。何度でも強調しておくが、ボードレールは食材をあとから加工して、それらを苦みソース付きのコレポン料理にする名人だったのである。

このあとのボードレールの事情はよく知られている。バビロン街三六番地の住居、あいかわらずの借金、『カリカチュアの歴史』『彫刻の歴史』を書こうとしたこと、二月革命の街頭で赤いネクタイを巻いたこと、ブランキの「中央共和派協会」への入会、社会哲人プルードンとの出会い、群衆が狂気であることの驚き、いつまでたっても完成しない『冥府』の執筆、などなどだ。

これらの時期での最大の出来事は、なんといってもポオの作品に接したことと、高級娼婦サバティエ夫人および女優マリー・ドーブランに出会ったことだ。

その後のボードレールの詩的宿命を大きく決定づけることになるポオは、二月革命に端を発したルイ・ナポレオンのクーデターの支配がおよぶ一八四九年に死んだばかりだった。ボードレールはここに「大西洋の向こうにいた精神の血液がつながる兄」を発見し、狼藉性・中毒性・怠慢性・幻覚性といった自分との著しい共通性に感極まっていく。ただちにポオの翻訳に身をよじるようにとりくんで、ポオのゴシックで悪魔的な幻想の呪いに夢中になった。『悪の華』の冒頭の詩「祝禱」が、まさにポオに捧げられた自分自身の詩神性を宣言する作品だった。その最初の一連は、こうである。

至上の神の命令一下して、

「詩人」がこの退屈な世に生れ出た時、
生んだ母親は喫驚仰天、拳を固め
悪口雑言、哀れとおぼす「神」さへ怨んだ。

ボードレールがポオに発見したもの、それは「不吉」というものの本質であったが、サバティエ夫人とマリー・ドーブランに見いだしたものは「高慢な慰撫」だった。サバティエ夫人はゴーティエからは「女議長」の、男たちからは「アポロニー」の尊称を与えられていた当時をときめく高級娼婦で、数々の有名人の愛人をへて鉱山王によって邸宅調度をすべて与えられ、言ってみれば社交界の好色を一手に引き受けていた。ボードレールはこのような女性が都会にいることにおおいに感激し、やたらに献詩を贈っている。

もう一人のマリー・ドーブランは、ちょうど人気が出始めていた女優で、ボードレールは彼女にマドンナの役割をあてがうのだが、サバティエ夫人といいマリーといい、貧相なボードレールが相手のできる女ではなかった。しかし、それでよかったのだ。ボードレールはついに「悪という華」のとびきりの食材にめぐり会う。

こうして刊行されたのが『悪の華』だ。周知のようにあっというまに告訴され、その汚濁趣味、悪魔主義、姦淫肯定などが処罰の対象となった。ボードレールは作品ではなく、その罪状で有名になった。

ボードレールが「覗く人」であって、とんでもなく長期にわたったマザコンであり、「体験をずっとあとから加工していく詩人」であって、女の深みに溺れる少年で、自分だけがしきりに苦みを気にいっている快楽追求者であることは、だいたい以上のような話で充分に察せられることだとおもう。

きっと、このような特質の十分の一くらい（ひょっとすると半分くらい）は、ぼくにもまんべんなく備わっている。ぼくもまた寺山修司以上に覗き見が大好きで、女性の深みにつねに溺れていたい少年で、そのくせ冷えさび大好き人間である。きっとこういう男たちはいくらもいるだろう。たとえば山本耀司はどうだろう？　森村泰昌はどうだろう？

異なるのはぼくにはまったく薬物嗜好がないことで、そのぶん、そこはトマス・ド・クインシーに憧れてオピアム・イーター（阿片吸引者）になったボードレールの異様を（ということはジャン・コクトーやウィリアム・バロウズの異様をもということになるが）、ただただ畏敬するばかりなのだ。

加えていえば、『悪の華』の草稿の写真版を見て驚いたことがあるのだが、そこにもぼくの性癖にきわめて似ているものがあった。それは判読不能なほどの推敲につぐ推敲の手書き原稿の写真版だ。いったい何度加筆の手を入れているかがわからないほどだ。ボードレール自身はそれを「憤怒と忍耐による推敲」と呼んでいるけれど、どちらかというと、わが子を手元から出立させるために母親が髪から足元までを何度も何度も点検して手を入れているようにも、見えた。ぼくもまた推敲なら、ずうっといつまでもしていたいほうなのである。

第七七三夜　二〇〇三年五月十四日

参照千夜

六九〇夜：ランボオ『イリュミナシオン』　三五三夜：プーシキン『スペードの女王』　一一三夜：ゴーゴリ『外套』　一七二九夜：ホフマン『牡猫ムルの人生観』　九七二夜：『ポオ全集』　九六二夜：ユゴー『レ・ミゼラブル』　八三八夜：フーリエ『四運動の理論』　一五六八夜：バルザック『セラフィタ』　九七二夜：『ポオ全集』　四一三夜：『寺山修司全歌集』　八九〇夜：森村泰昌『芸術家Mのできるまで』　九一二夜：コクトー『白書』　八二二夜：バロウズ『裸のランチ』

ぼくの「いちご読書」に革命をおこしたランボオ。
大歩行者であろうとして、早々に文学を捨てたランボオ。

アルチュール・ランボオ

イリュミナシオン

金子光晴訳　角川文庫　一九五一／鈴村和成訳　思潮社　一九九二
Arthur Rimbaud: Les Illuminations 1886

ランボオは嘉永七年（一八五四）に生まれて、明治二四年（一八九一）に死んだ。明治維新をまたいだ世界人だ。小泉八雲の四つ下、坪内逍遥の五つ上、内村鑑三の七つ上になる。ランボオが十五歳のときが明治三年にあたるのだが、フランスでも明治維新を上回る時代をゆるがす大変動がおこっていた。七月にナポレオン三世とプロイセンのあいだで戦闘が開始され（普仏戦争）、パリが包囲された。それが九月で、その直前の八月に、ランボオはシャルルヴィル高等中学校の授業を抜け出して敵軍の包囲網を夢中でかいくぐり、戦乱のパリに立った。

このときのランボオは無賃乗車の科で逮捕され、故郷に送り返されている。が、翌年また出奔した。今度はパリ・コミューン革命に沸き立つパリをうろついた。大佛次郎が『パリ燃ゆ』(朝日新聞社)に描いたパリは、ありとあらゆる思想と矛盾と人間が噴き出ていた。フランスの近代は、日本の近代が明治維新ではなく西南戦争に始まったように、フランス革命に始まったのではなく、このブランキズムの矛盾に満ちたパリ・コミューンに始まったのだ。

けれども、ここでランボオの大半の革命思想と言語思想はあっけなく燃え尽きた。そうではあったが、あと二年だけランボオは詩人であることに時間を割いた。そして詩を捨て、パリ・コミューンにはなかった「世界」に向かって大歩行者になった。

ランボオを読むことは、ランボオの正体がわかるまでの過読である。このような過読は青春の蹉跌としての読書の糧になる。

ぼくのばあいは金子光晴が訳したランボオだというところが自慢だった。角川文庫のランボオ詩集は昭和二六年に刊行されているから、それまでに小林秀雄の『地獄の季節』も岩波文庫になっていたのだろうと思うのだが、ぼくは金子光晴にこだわった。

早稲田のフランス文学科に入って、やっとアーベーセーを習い、最初にぼくが浸ったのは、前にもちょっと書いたが、早稲田大学新聞会に入ること(革共同の巣窟だった)、アジア学会に参加すること(松田壽男の丹生とシルクロードが待っていた)、劇団素描座でアカリの修業をはじめること（上野圭一が咥え煙草で演出していた）、大隈講堂から文学部に行く途中の「フランソワ」と「ヴィヨン」という喫茶店に入って、珈琲をのみながら白水社の辞書の薄いインディアン・ペーパーを次から次へとめくることだった（辞書を携行した）。

やがてアテネ・フランセの気取った雰囲気にも慣れ、大学のフランス語やフランス文学の授業がいかに退屈きわまりないものかということがわかってくると、ランボオの原書を高田馬場で仕入れ、いちご読書に遊んだ。興味津々、まるで少年時代に手に入れたままくしゃくしゃになっていた宝地図を広げてみるように、一語ずつランボオの詩に跳梁して遊ぶのだ。

これがいちご読書、ハッハッハ、つまりは一語読書である。このとき片時も手元から離さなかったのが金子光晴のランボオ詩集だった。

ランボオ。ランボーではなくてランボオ。そのようにこの詩人を片仮名で綴ったのは小林秀雄なのか、中原中也なのか、それとも富永太郎なのかは知らないが、ともかくランボオを読むのは二十歳までのことだと決めていた。

そんなことは、ぼくならずとも大半の文学青年がそう決めこんでいただろうことで、これこそはさしずめ「文芸の麻疹」というものだ。その後、ぼくも大学で学生を相手に授業をするようになって、学生にとってランボオやドストエフスキーが麻疹になりえたのは、せいぜい一九七〇年代までだということを思い知らされたけれど、そのころは大学に入って、おまけにフランス文学科などというキザなところに入って、ランボオを読まないというわけにはいかなかったのである。

けれどもその後、ぼくはすっかりランボオを読まなくなった。代わりに、シャルル・クロスやジュール・ラフォルグを読むようになった。ランボオがみずから詩を捨てたのに、いつまでもその詩を読んでいることが苦痛になったのだ。そこで「遊」を創刊するときには（一九七一）、仲間の高橋秀元をそそのかし（高橋君にとってはランボオの鬼才はまだ生きていた）、彼に「呪詩解読」のための斬新なランボオ論を連載してもらった。けれどもそれまでは、ランボオはあきらかにぼくを呪縛しつづけていた。あきらかに文芸麻疹ランボオ病の症状だ。

ランボオが「酔いどれ船」や「母音」を書いたのは十七歳である。これは原口統三が『二十歳のエチュード』（角川文庫・ちくま文庫）を遺してさっさと自決していったことより、ずっと厄介なメッセージだった。

Aは黒、Eは白、Iが赤で、Uが緑の、Oは青？　こんな詩を詠まれては、おおかたの十七歳がびびってしまったものだ。詩がうまいのではない。フランス語の母音に注目する詩人が十七歳でいたということがショックだった。いまでもそうだが、ぼくは母音や子音に関心を払えない詩人、つまりは母国語の変遷に関心を払っていない詩人など、これっぽっちも信用していない。

明治四年三月、ランボオに大きな影響を与えた修辞学教師イザンバールと、かつてはフランドルと呼ばれたドゥエの地で知りあった詩人ドメニーに、ランボオは二通の手紙を送った。のちに「見者の手紙」として知られる詩篇だが、早書きの手で綴られていたなかに「盗まれた心」がある。

私は考える、というのは誤りです。
ひとが私を考える、と言うべきでしょう。
洒落（しゃれ）を言っているわけではありませんが、
私とは一個の他者なのです。

驚くべき哲学で、瞠目（どうもく）すべき社会学だった。「私とは一個の他者なのです」は、おそらくランボオ以前、誰も表明していなかった存在学だろう。ぼくは脳天に火箸（ひばし）が突き刺さるのを感じた。

もうひとつ、脳ではなく胸に突き刺さったことがある。ランボオの代表的詩集は『地獄の季節』（一八七三年作）と『イリュミナシオン』（一部一八八六年、全篇一八九五年刊行）であるけれど、これらに収められた詩篇の中心は、ほぼポール・ヴェルレーヌとの交歓から生まれていたということだ。ぼくはヴェルレーヌの詩は買わないのだが、けれども、少年アルチュールをランボオにしたのはヴェルレーヌの炯眼（けいがん）と情愛だったのである。十歳年上の兄貴分だ。

　ランボオはヴェルレーヌに誘われてベルギーを旅しながら、妖（あや）しいかぎりの同性愛に耽（ふけ）っている。これは胸にこたえた。ランボオがそのヴェルレーヌに拳銃（けんじゅう）を発射させるほどに嫉妬（しっと）に狂わせ、絶望させていたことはもっとショックなことだった。

　いまではそんなことが信じがたいほどなのだが、そのころは男色や同性愛に話が及ぶこと自体がちょっとしたタブーのままになっていて、フランス文学史の講義でヴェルレーヌやプルーストやコクトーの男色にふれる教授など、一人もいなかった。

　だからぼくがヴェルレーヌとランボオのあいだの男色を知ったのも、早稲田大学新聞会の門倉弘という四回生から「バーカ、おめえはランボオの男色も知らねえのかよ」と言われてからのことだった。彼は加えて、「ランボオなんてつまんねえよ、早く卒業してジャン・ジュネあたりを読めよ」とも言っていた。

　ジュネとその男色のことならとっくに読んでいたが、まだぼくにはランボオ・ショックが抜けてはいなかった。つまりはパリ・コミューンとともに魂が言語の先へ飛んでいたランボオのことを知ってはいなかった。ようするに「明治のランボオ」の意味がわかってはいなかったのだ。だから、ヴェルレーヌがランボオの態度に狂乱していたのにくらべ、ランボオのほうはヴェルレーヌなどではちっとも絶望していないこと、のみならずランボオがとりあえずまとめた『地獄の季節』にさえ愛想をつかし、その一部分を暖炉にパッと投げこんでいっさいの詩作を終えたことなどに、やたらに感服して、うっかり小林秀雄に会いに行って、「先生、あなたのランボオ論はおかしいぜ」と談判したい衝動にさえ駆られていた。

小林秀雄が綴らなかったランボオがいたのだ。それは、詩を捨てたあとの本気のランボオである。ランボオの三七年間の生涯の大半は詩作者ではなく、紛れもない世界大歩行者だったのである。

ランボオは「一個の芭蕉」とはならなかった。英語を習得するためにロンドンに滞在したのち、ドイツ、イタリア、ウィーン、ブリュッセル、ロッテルダムをうろつき、ジャワのバタヴィアで外人部隊に参加して、いったんパリに戻ったのち今度はアレキサンドリアに赴いて、さらにアラビア半島南端の古都アデンに入ると、そこで某商会の店員になった。

それからはエチオピアとの本格交易を企てて、しばしば隊商を引き連れてアフリカ奥地にさえ行っている。まさにジョゼフ・コンラッドの『闇の奥』（岩波文庫）だ。のちにマラルメは「途轍もない通行者」と呼んだ。

こういうランボオを当時のわれわれは知らなかった。芭蕉との比較はおろか、資本主義が沸々と湧きたつ世界都市や世界海港に立ち向かったランボオも知らなかったし、ヨーロッパの知識人がパリ・コミューンにこそすべての世界があると信じこんでいたとき、はやくも「世界」はそれ以外にもゴマンとありうるのだと喝破していたランボオのことも知らないでいた。

ようするに、ランボオは「脱亜入欧」の福澤諭吉とはまったく逆の、どちらかといえば宮崎滔天に似て、「脱欧入亜」をこそ企てたパリの明治青年だったのである。イリュミナシオンとは、その「入亜」を飾るために瞬くイルミネーションのことだった。

ところで、これはランボオの問題でも日本の知識人の問題でもなく、ぼく自身の「二十歳の問題」の振り返りになるのだけれど、一九六四年の日本青年であったぼくにとっては、ランボオを使ってでも見通しをつけなければならないことが、少なくともひとつはあった。

それは、社会がこれみよがしに表明していることのすべてが欺瞞だと見破る決断に、自分をどれほど長期間おいておけるかということで、それには社会を変革するためのエネルギーの大半が嘘っぱちであることを実感することと、それにもかかわらずその変革のエネルギーを何かに転化しないではいられないことを、どうしたら形にできるのかということだった。パリ・コミューンの無益を体験したランボオが、詩を捨てて世界交易に立ち向かっていたことをどう解釈するかは、とんでもなくクリティカルな問題になりつつあったのだった。

クリティカルになるとは、ある「行為の思想」に思い至るかどうかということだ。その「行為の思想」とは、いまならそれが何であるかということをはっきり指摘できるのだが、どこからどこへ「越境」するのかということだった。

あまりこういうことをちゃんと説明したことがないから書いておくが、ぼくにとっての「越境」は国境を越えることではない。自身の存在の領域から発して、つねに近くて遠いところに向かって越えようとすること、それが越境だった。

このような「近さに向かっての越境」は、それを心掛ければ心掛けるほど、ぼくの思想の内側に無数の外部性や異質性が芽生えうる隙間をつくっていく。ぼくは、ここにいるよ。けれども、ほら、ぼくのここにはどんなものも入れるよという、そういう場所を存在がつくりつづけること、それが越境なのだ。

これは明治のランボオが点火しようとしたイリュミナシオンとはまったく逆の方法である。そして、このことに気がついたことが、ぼくをしてランボオから離れさせることにもなったのだった。金子光晴ならわかってくれることだろう。

今夜は二〇〇三年に入って最初の千夜千冊になる。過ぐる年の最後は九鬼周造の『「いき」の構造』（岩波文庫）で了えた。一年のおわりとはじめの一冊はそれなりの記念の一冊にしてきたのである。

ランボオでいこう、『イリュミナシオン』にしようと決めたのはおとといのことだ。そうしたのはこの最後の一冊をもって、ランボオが大歩行者になっていったからだ。アルベール・カミュはそこに発して『反抗的人間』（新潮社「カミュ全集」6）を書いた。オクタビオ・パスやボブ・ディランもその『イリュミナシオン』の抗議感性を追った。フェルナン・レジェはリトグラフを十五点作り、ベンジャミン・ブリテンは作曲を施した。

大杉栄の「一犯一語」ではないが、ランボオは各地を訪れて外国語を学ぶたびに、その言葉を装飾版画のイルミネーションのように、自分の新しい詩にとりこんだ。そのため、世界語をめざしたのではないだろうが、世界語もどきの詩語が多い。だから翻訳者泣かせの詩であるが、日本語を愛しながら祖国に失望し、フランスに入ってつねに日本を懐旧した金子光晴には、その翻訳が自分の仕事に感じられたのだろうと想う。

新訳では鈴村和成（かずなり）の『イリュミナシオン』がいい。音楽的だ。鈴村には『ランボー、砂漠を行く』（岩波書店）もあって、もう一人のランボオがよく描かれている。竹内健の『ランボーの沈黙』（紀伊国屋書店）、大島洋の『ハラルの幻——ランボーを追ってアデンまで』（洋泉社）とともに、喉の渇きを潤してくれた。

第六九〇夜　二〇〇三年一月十日

参照千夜

二五〇夜：内村鑑三『代表的日本人』　四五八夜：大佛次郎『冬の紳士』　一六五夜：金子光晴『絶望の精神史』　九九二夜：小林秀雄『本居宣長』　三五一夜：中原中也『山羊の歌』　九二二夜：『富永太郎詩集』　九五〇夜：ドストエフスキー『カラマーゾフの兄弟』　九三五夜：プルースト『失われた時を求めて』　九一二夜：コクトー『白書』　三四六夜：ジャン・ジュネ『泥棒日記』　九九一夜：松尾芭蕉『おくのほそ道』　一〇七〇夜：コンラッド『闇の奥』　四一二夜：福澤諭吉『文明論之概略』　一一六八夜：宮崎滔天『三十三年の夢』　六八九夜：九鬼周造『「いき」の構造』　五〇九夜：カミュ『異邦人』　九五七夜：オクタビオ・パス『弓と竪琴』　七三六夜：『大杉栄自叙伝』

デ・ゼッサントを知らない世界文学はなく、
ユイスマンスの「入れ替え」を継承していない名作もない。

ジョリス＝カルル・ユイスマンス

さかしま

澁澤龍彦訳　桃源社　一九六二／光風社出版　一九八四／河出文庫　二〇〇二
Joris-Karl Huysmans: À Rebours 1884

　これから綴るのはユイスマンスの頽廃と信仰とについてのことである。あえて面倒くさく書いてみたい。なぜそんな書き方をするかというと、ユイスマンスにも原因があるけれど、ユイスマンスをめぐる批評の印象にも起因する。諸兄も数々の読書をしてきたのであろうけれど、察するにコンラート・ローレンツとデズモンド・モリスを同じエソロジー（動物行動学）の分野と思って読み、寺山修司と澁澤龍彦をなんとなく近くにして読み、ついついロートレアモンとユイスマンスを一つの包囲のなかで読んでしまってきたのではないかと思う。

　これはまずい。もっと別彫りをして読みたい。いままで既往症的に似ているとか近しいと思いこまされてきたものをいったん切断し、遠いものや縁がないものとあきらめていたものを近寄せたほうがいい。今夜は『さかしま』を素材に作家と作品の、読者と読書の意外な関係について、少しばかり示したい。

第九八四夜の『バルテュス』にも書いたことだが、バルテュスのカトリック的中世をまっとうに理解しないことによってバルテュス愛玩派の称揚がいたずらに広がってきたように、『さかしま』の主人公デ・ゼッサントにひそむ孤立したカトリシズムを長らく誤解してきた読者の傾向というものがある。

べつだん小説のなかでのこと、誤解しようと何しようとかまわないが、いざ「頽廃」を相手にしようとするなら、やはりデ・ゼッサントの逆理のようなものを、少々は感じておかなければならない。これは唐津や志野を味わう感覚ではとうてい語りえないものだ。なぜなら唐津や志野には「悪」や「罪」がない。事の当初から「実と美と善」の研鑽に向かっている。それがまた陶芸のよさというものだ。

しかしながら、世の中の「実」や「美」や「善」には「悪」や「頽廃」を通過することによってやっと見えてくるものがある。世の価値観のなかにはダンテの「地獄篇」を通して見えてくるものがある。

ユイスマンスは工芸を好んだ作家であった。父親が細密画家だった。つまりはヨーロッパの唐津や志野を作っていた。処女作は散文詩であるが、まるで金属細工のような言葉の塡め込みになっている。その後の作品は社会の状況を扱うようになるものの、やはりどこかに銀線や大理石を研磨したり溶融したりしているようなところがあった。その才能があるときエミール・ゾラの目にとまって、「メダンの夕べ」に列せられることになった。

やがてユイスマンスはゾラの自然主義を作品を彩る美意識に注入し、これを文章に刻印することを思いついた。それが本書『さかしま』である。その勢いはしばらくとまらず、ついでは大作『彼方』（一八九一　創元推理文庫）となって、幼児虐殺で名高いジル・ド・レエや黒ミサを扱った。

いずれも見たところは驚くべき悪魔主義的な作品で、それが好きでユイスマンスを読む者もいまなお少なくないのだが、ぼくはそれよりも中世神秘主義の卓抜な解読書として読んだ。そこにユイスマンスの心理が反映しているなどとは読まなかった。これらは、いわばバルトルシャイティスのアナモルフォーシス論やウンベルト・エーコの『薔薇の名前』（東京創元社）と同じ役割を果たした作品なのである。

なぜ、かれらが悪や罪や悪魔や怪異を解読したくなるかというと、ヨーロッパには中世このかた家具にも工芸にも悪魔が刻まれてきたからだった。日本の工芸にはめったにそういうことはおこらない。このことをよくよく留意してほしい。日本の工芸には「悪」はないけれど、ヨーロッパの工芸には「悪」が表象されている。デ・ゼッサントが自分の部屋で頽廃に耽けるには、この「悪」と遊ぶしかなかったのだ。これに対して、たとえば宋炳は自分の部屋に山水画を飾ることによって臥遊した。

そのユイスマンスがカトリックに「回心」した。頽廃を捨てたのだ。『彼方』を書いてのちのことだったというふうに、文学史ではなっている。ユイスマンスは『彼方』であまりに「悪」を描いたので各方面から非難をうけ、そこでヴェルサイユ郊外イニーのトラピスト派修道院に参籠して、敢然と修練者の道に入っていった。あえて〝別人〟になり、頽廃主義と悪魔主義を捨てた。そう、見られている。

これが伝記上のユイスマンスの有名な「回心」だ。もっとも伝記といっても、いまのところはロバート・バルディックの『ユイスマンス伝』（学習研究社）くらいしか紹介されていないけれど、他の文学評論も似たり寄ったりだ。ともかくもそこで書かれたのが、『出発』（桃源社）、『大伽藍』（桃源社・平凡社ライブラリー）、『献身者』（未訳）の三部作で、この三作にこめられた中世カトリック神秘主義はリクツっぽいほどラディカルだった。

それでユイスマンスがどうなったかということは、しばらく措く。自分の部屋（デ・ゼッサントの部屋）を捨て、カトリックの聖堂そのものに入ることにした。工芸以前に向かうことにしたのである。だからここからはユイスマンスの読み方を、「草」から「行」へさかのぼる必要がある。

ぼくは『大伽藍』（一八九八）から読んだのだが、最初の数十ページで脱帽した。そこに描かれているのはシャルトル大聖堂の詳細きわまりない内部装飾だけだった。物語といっても、その構造と装飾の一部始終を主人公のデュルタルが観察しているばかり。それなのに、そのことに感銘した。

ゴシック教会の彫刻を〝読む〟こと、それはかつてはヨーロッパ中世においては「読書」だったのである。こういうことができるのは、かつてならジョン・ラスキンただ一人であったろう。あの『ヴェネツィアの石』（法蔵館・中央公論美術出版・みすず書房）や『建築の七燈』（鹿島出版会）がそれを試みた。その次にこのような描写に徹することができたのは、きっとヴィクトル・ユゴーだったろうけれど、さしもの『ノートル＝ダム・ド・パリ』（岩波文庫）も、その寺院描写の直前で物語工作のほうにシフトしていった。

それがユイスマンスにおいては、寺院描写という「読書」に徹底できた。これは快哉だ。けれども、この段階はまだ「行」なのである。ユイスマンスはここからさらに「真」に向かっていく。

ユイスマンスは、そのまま『献身者』や『腐爛の華』（国書刊行会）に求心していった。『腐爛の華』では聖女リドヴィナが受苦したいっさいの業病を描写した。

リドヴィナは血の膿にまみれた聖女である。その聖女をめぐる描写は『小栗判官』や『弱法師』ではかなわない。これまでの千夜千冊にも、この作品に匹敵するものはない。しかしユイスマンスはそれにもとどまらない。死の直前のユイスマンスが最後に向かったのは、一種のルポルタージュ・ノベルともいうべき『ルルドの群集』（一九〇六　国書刊行会）だった。どういうものか、ちょっと知らせたい。

一枚の絵を見たい。マティアス・グリューネヴァルトの《キリストの磔刑》だ。この狂暴なタブローは何を告示しつづけているのだろうか。背景は暗黒だ。そこに十字架で血膿を流している断末魔のイエスがいる。その首は落ち、手は捩れ、脚は歪んでいる。左には悲痛に耐えるマリア、右に十字架に近寄ろうとするヨハネがいる。描写はあくまで架刑の激痛を克明に蘇らせるかのように稠密だ。こんな絵はかつて、なかった。

ユイスマンスは一八八八年、ドイツ旅行中にカッセル美術館の一隅でこの絵に遭遇し、生涯最大の衝撃を受けた。『彼方』の中にこの時の印象を書き残している。このキリスト像は「貧者のキリスト」であり、生命の腐爛に向かう「真のキリスト」だった。

グリューネヴァルトが描いたのは一個の死骸なのである。グリューネヴァルトはその

グリューネヴァルト《キリストの磔刑》（カールスルーエ州立美術館蔵）

ユイスマンスはこのグリューネヴァルトの磔刑図の断末魔のイエスに、激痛を覚えるような衝撃を受けた。そのときの印象を、悪魔主義に深入りした『彼方』に詳細に綴っている。グリューネヴァルトの再評価にもつながった作品である。

死骸の進捗にキリスト教の暗澹たる未来を予告した。そこには「神の死骸」が描かれていた。ユイスマンスはこのことに衝撃をうけた。

ユイスマンスは晩年に舌癌に罹っていた。すべての歯を抜かれ、視力さえ失いつつあった。そのなかで、自身がリドヴィナの腐爛に向かいつつあることを知った。この直観はすさまじい。

その苦痛のさなかの作家を慕って、一人の娘が頻繁に訪れてきていた。アンリエット・デュ・フレネルという二三歳の娘だ。ユイスマンスの作品の愛読者だった。彼女は作家を心から敬愛し、いかなる邪気もなくこの作家の窮状を救おうとした。作家のほうも彼女の清純な魂を称えていた。それには、この娘をうけとめるユイスマンス自身が一体の修道院であるべきだった。けれどもユイスマンスの体はぼろぼろだった。

そんなある日、視力が奇蹟的に回復をした。この瞬間、ユイスマンスはアンリエットの奥にルルドの聖少女を発見する。こうしてユイスマンスはルルドを訪れ、全力をふりしぼってその情景を綴る。暗黒のグリューネヴァルトはその質を転換させて、蒼天のルルドに舞い降りていった。こうして『ルルドの群集』が書かれた。

ルルドの奇蹟については説明するまでもないだろうが、極貧の少女ベルナデット・スービルーが一八五八年二月十一日に川霧のなかで白衣の婦人に出会ったという噂が広まったもので、それ以来、ベルナデットは聖少女とみなされた。最初は数人がその奇蹟に立ち会っていたのが、十回目のときは八〇〇人を超え、十五回目のときは七〇〇〇人にふくれあがっていた。聖少女ベルナデットは、記録によれば都合十八回にわたって奇蹟をおこしたとされている。

これはもはや教会のなかの彫刻群ではない。すべては人々の眼前でおこったことだった。それゆえに、ユイスマンスはその奇蹟に立ち会おうとした群集の心をルポルタージュしたかった。

ユイスマンスは三部作を書いて以降、超絶とも苦悩ともいうべき日々をおくった。こういうことは読書をしているだけではわかりにくい。有島武郎（ありしまたけお）やヴィリエ・ド・リラダンを思い出してもらえばいいが、周囲の誰もが有島やリラダンが孤絶に呻（うめ）いていたとは思わなかった。けれども有島もリラダンも書きつづけ、有島は心中によって、リラダンは野垂れ死にによって、二人とも非業の死を遂げた。ユイスマンスもそういう日々のなか、書きつづけて、死んだ。『ルルドの群集』からわずか七ヵ月を過ぎての死だ。こういうときは、いったん本の外に出てみないとわからない。

文章を書きつづけるということは、それがいかに体験や思索に裏付けられたことであっても、その体験や思索から洩れていったことを綴るということである。他のものでは代わりができないことを書くことだ。ここがわからないとわれわれは真の作家とは出会えないし、真の文章とも出会えない。

いいかえれば、読書においては、世に流布するようなニセの感動の上にいつづけるということのほうが問題なのだ。それを、どんな小さなことであれ、作者や著者に返すべきである。これは読書において自分自身の虚を突くということにあたっていく。ユイスマンスにも、このことを見る必要がある。

ユイスマンスを悩ませたことに、カトリシズムの奥地に入れば入るほど、キリスト教には残虐や惨状を好むものが強烈に交じっていたということがある。そこでジル・ド・レエや黒ミサを書いてその深刻な葛藤を知らせようとしたのだが、その手のあからさまな提示には読者も批評もそっぽを向いた。

本気で教会に通うことにした。カトリシズムの細部に分けいってみた。やがて何を文章が綴らなければならないかの見当がついてきた。カトリシズムは「悪を食べ尽くす宗教」だろうということだ。こう、綴ることにした。ルルドの地にはかつて悪魔信仰があったからこそ、そこに聖地信仰がおこったのである、と。

順序が逆になったけれど、こういうユイスマンスが作家としての当初に、あの究極の人工楽園としての『さかしま』を書いたのである。のちに頽廃美学の極致ともいわれた

『さかしま』を——。

『さかしま』は失敗作なのだろうか。ユイスマンスがのちに「回心」したところから見れば、『さかしま』はたんなる若気の至りだったのか。

そうではない。この作品は読めば読むほど、頽廃を超えている。ぼくが推理するには、ここには当初にしてすでにユイスマンスの〝別人〟がいた。当初のルルドがあった。ところが、これを日本語に最初に翻訳した澁澤龍彥にして、そのことを見落とした。きっとアンドレ・ブルトンの評価に引きずられたのであろう。そのため『さかしま』にすでに萌芽していた「腐爛の彼方のルルド」の光を見落とした。

『さかしま』が頽廃美学書と読まれてきたのは、むろんユイスマンス自身にも責任がある。ひとつは、本書のなかでボードレールを絶賛したことだ。ボードレールこそトマス・ド・クインシーの人工楽園思想にあこがれた張本人だったから、評者たちは『さかしま』もその人工楽園構想を直接に受け継いだとみなしすぎたのだ。

けれどもよく読めばわかるように、デ・ゼッサントはボードレールだけを褒めたのではなかった。フローベールならば『聖アントワーヌの誘惑』（岩波文庫）を、ゴンクールならば『ラ・フォスタン』を、ゾラならば『ムーレ神父のあやまち』（藤原書店「ゾラ・セレクション」3）を選びたいとちゃんと書いている。とくにユイスマンスが文筆の師と仰いだゾラの作品から、わざわざ『ムーレ神父のあやまち』を選んでいるのがはなはだ暗示的だ。これらは、この作家たちがついに気付いた文体の中の教会だったのだ。

ユイスマンスが『彼方』ののちに「回心」したのであれば、それ以前は頽廃に染まっていたはずだと決めつけすぎるのはよろしくない。『彼方』が悪魔主義ばかりを謳(うた)ったかのように読めるので、それ以前の『さかしま』もその途上にあると感じすぎるのだろうが、そんなことはない。ユイスマンスは早くから心の内にイロニーの修道院を幻想していたはずだ。早くから頽廃こそが清浄を生み、惑溺(わくでき)こそが聖化をおこしていくことが見えていたはずだ。

中上健次を思い出してみよう。中上が日本の村落とそこに巣くう人間にひそむ「悪」を描いていたというのは、日本現代文学史の〝常識〟になっている。しかし、そのように中上を読んで、何が中上と交流できるだろうか。ぼくはあの夜にも書いたように、あえて中上の『枯木灘』(河出文庫)に墨子(ぼくし)を読んだ。そう読むことがぼくの読書における真行草の「行」だった。

さあ、ここまでくると『さかしま』にどういうことが書いてあるかは、説明はいらない。この作品はわれわれが家のリフォームをしているのと同様の、ユイスマンスによるリフォーム文学なのである。デ・ゼッサントを借りてユイスマンスの「神聖工芸」のためのリフォームをブンガクしたものなのだ。

フロルッサス・デ・ゼッサントの一族は落ちぶれる寸前にも、まだルウルの城館を所有していた。そこに育ったデ・ゼッサントはイエズス会の学校と寄宿舎を出て存分の教養を身につけたのち、しだいに世の中というものに退屈してしまう（教養とはまさに世間から離れることである）。自然を愛好する者もインチキであったし、贅沢や虚飾に群がる者はもっと胡散くさかった。とくにパリに巣くう連中にはうんざりし、このままでは倦怠を哲学とするしかないとすら思えた。

デ・ゼッサントは決断をする。城館を売り払い、フォントネエ・オー・ロオズの高台の一軒の売り家に移り住むことにした。これはまさにヨーロッパ世紀末の「数寄の遁世」というものだ。

こうしてデ・ゼッサントの家づくりが始まっていく。『さかしま』はその経過と、そのような選択をしていった彼方の工芸を仮説した。だからデ・ゼッサントは最初に職人をさがしたのだ。ついで書斎にラテン文学書をびっしり並べた。風呂の浴槽ではセーヌ川を通る汽船の揺れをちゃぷちゃぷ感じるようにした。これらは衒学的趣向でもあるが、それが辛くも世間から離れることによって、異なる価値に転化した。デ・ゼッサントは自身の目の中に仮説を刻印したかった。だから、とんでもないこともする。たとえばパレ・ロワイヤルの店で買った巨大な亀を家にもちこむと、その甲羅に黄金の鎧を着せアメジストをはじめとする鉱物を花房のごとく象嵌させた。

これはどんなアピールでもない。ただひたすらの、デ・ゼッサントの神聖工芸仮説なのである。十七世紀ドイツの象牙でつくられた渾天儀を机上に据え、天空を室内にとりいれる工夫を凝らした。これもどんな科学にも寄与しない。ただデ・ゼッサントはそれをしたかった。

絵画は最初はギュスターブ・モローを入手した。《サロメ》の二作だ。ついでオディロン・ルドンの版画を飾った。この二人の画家で十分だった。それ以外は邪魔だった。こうしてしだいに室内が組み上がっていくと、今度はそこで何をするかが最後の冒険になる。それはただひとつのことでなければならなかったにちがいない。そうである！　書斎の本を次々に入れ替えること、そのことだった。

『さかしま』は一ページ目から最終ページまで、実はさまざまな表題をもつ書物を次々にページの中の棚に入れ替えていた小説だったのである。

あらためて表題の暗示するところをよく見てみるといい。「さかしま」(À Rebours) とはまさに方法文学としてのリバースモードの提案であったのだ。そのことを存分に受信してほしい。これがこの未曾有のカトリック作家の最初からのメッセージであったということを——。

第九九〇夜　二〇〇四年六月十四日

参照千夜

一七二夜：コンラート・ローレンツ『鏡の背面』　三二二夜：デズモンド・モリス『裸のサル』　四一三夜：『寺山修司全歌集』　九六八夜：澁澤龍彥『うつろ舟』　六八〇夜：ロートレアモン『マルドロールの歌』　九八四夜：クロード・ロワ『バルテュス』　九一三夜：ダンテ『神曲』　二二二夜：フィリップ・レクリヴァン『イエズス会』　二五〇夜：内村鑑三『代表的日本人』　七三三夜：アウグスティヌス『三位一体論』　七〇七夜：エミール・ゾラ『居酒屋』　一三夜：バルトルシャイティス『幻想の中世』　二四一夜：ウンベルト・エーコ『薔薇の名前』　一〇四五夜：ジョン・ラスキン『近代画家論』　九六二夜：ユゴー『レ・ミゼラブル』　六五〇夜：有島武郎『小さき者へ』　九五三夜：ヴィリエ・ド・リラダン『未来のイヴ』　六三四夜：アンドレ・ブルトン『ナジャ』　七七三夜：ボードレール『悪の華』　二八七夜：フローベール『ボヴァリー夫人』　七五五夜：中上健次『枯木灘』　八一七夜：『墨子』

今夜は押井守の映像作品とともに、
電気義体人形・ハダリーに託された近未来を堪能してほしい。

ヴィリエ・ド・リラダン

未来のイヴ

齋藤磯雄訳　東京創元社　ヴィリエ・ド・リラダン全集第二巻　一九七五　創元ライブラリ　一九九六／
高野優訳　光文社古典新訳文庫　二〇一八
Villiers de L'Isle-Adam: L'Ève Future 1886

孤高断乎にして赤貧ダンディズムの悠々たる蕩尽者。
高貴な告知と暗澹たる道化の二つながらの完遂者。
模倣と冷笑を怖れぬフェティッシュな機械共生主義者。
スピリチュアリズムの孤塁を守る戦士。
いっさいの低劣に満腔の憤怒を送り続ける高踏派。
ボードレールの衣鉢を継ぐ知的アリストクラシーの最終走者。
最初にして究極の人間人形義体時代の高らかな宣告者。

稠密な理想を図書室に求める構成派。

これらは、三十年ほど前に、ぼくがリラダン伯爵につけたキャッチフレーズのいくつかだ。今夜、少し手を入れた（中公文庫『遊学』参照）。そのいくぶんかは東京創元社の『ヴィリエ・ド・リラダン全集』をたった一人で翻訳した齋藤磯雄の鏤骨の言葉に負っている。徹底して彫琢された齋藤磯雄の日本語名人芸がなければ、ぼくはここまでリラダンに肩入れしなかったかもしれない。

ジャン＝マリ＝マティヤス＝フィリップ＝オーギュスト・ド・ヴィリエ・ド・リラダン。これがフルネームだ。他人からリラダン伯爵と言われるのを無類に好んでこんな長ったらしい姓名をもったのは、リラダンの困ったほどの華族趣味にほかならず、できればギリシアはロードス島の大勲士の子孫として王位に就くつもりも、どこに実在するやら南米アロニカ王国の建国君子となる気もあったような、たんに階位冠位がやたらに好きなせいだった。

実際にも、もともとのリラダン家はブルターニュの名門貴族だったようだ。しかしリラダンの生涯に待っていたのは、悲況である。残酷なのである。

祖父は大革命で国王のために家財を投げ出し、父は憑かれる産業技術計画者ともいうべき進取の野心家ではあったけれど、リラダンが一八三八年に生まれるころには、すでに家運がとことん尽きていた。少年リラダンには夢想と挫折、嘲笑と極貧だけが待っていた。学校は六回にわたって転校し、そのたびに問題児扱いされた。それでもブルターニュを出てパリに入ってしばらくの青年リラダンは、天をも攫う英気と人をも欺く才知とが全身にほとばしっていて、それが後半生ではことごとく誤解されたのに、このときばかりはパリ中を沸かせた。

これはひとえに、素性の知れない青年の才能などめったに褒めたことがなかったボードレールが、なぜかリラダンだけには称賛を惜しまなかったからだ。

リラダンがモンマルトルのカフェで才気煥発して周囲を瞠目させたのは一八五七年のこと、まだ紅顔直情の十九歳のときである。

この前後は十九世紀文化がひとつの頂点をなした時期で、パリで万国博覧会が初めて開催され、ファラデーがクリスマスに『ロウソクの科学』(角川文庫・岩波文庫)を講演し、フローベールの『ボヴァリー夫人』(新潮文庫)が発表されて風俗紊乱で取り締まりを受けた。またボードレールの『悪の華』(新潮文庫・岩波文庫)の刊行とワーグナーの《トリスタンとイゾルテ》発表が目立っているが、ロンドンにはウィリアム・モリスの意匠工房がつくられてレッサーアート(小さな芸術性)が注目され、リヴィングストンの暗黒のアフリカ大陸を初めてあからさまにした探検記が耳目を驚かせてもいた。

リラダンは知人からボードレールを紹介されると、すぐさまこの例外的に高踏的な批評力をもつ詩人にぞっこん傾倒したようで、とりわけ彼の地の異才エドガア・アラン・ポオのことを教えられて、すこぶる感嘆しきっていた。ボードレールとポオを同時に知ったことは、その後のリラダンにとっては決定的だった。


ポオを夢中で読んだリラダンは二二歳か二三歳のときにほぼ一年を費やして一つの物語を集中して書きこんだ。未完の傑作『イシス』(Isis)である。どのようにであれリラダンを語るには、まずもってこの『イシス』(東京創元社「リラダン全集」5)を知らなければならない。チュリヤ・ファブリヤナ伯爵夫人の、物語ともプロフィールともつかない肖像画のような作品だ。『イシス』がいまなお精彩を放つのは、チュリヤ・ファブリヤナというイタリア女性をひたすら描写しているだけで一巻すべてが終始していることにある。他には誰一人として登場人物はない。

リラダンが試みたことは、女神イシスのこの世の再来者としてのチュリヤ・ファブリヤナを、その完璧な容貌と大理石のような肢体と、その玲瓏明晰(れいろうめいせき)な知性と人を憚(はばか)る慎み深さと、その深い瞑想と世を絶する孤高の日々と、その存在自体が古代法典であるような優美な振る舞いとによって、ただただ創写したことだった。そんな肖像画のような作品なのに、どんな出来事のひとつもおこっていないのに、われわれはそこにチュリヤ・ファブリヤナをめぐるあらゆる超越的な出来事（ハイパー・ミュージアム）を、いくらでも好きに想像することができる。

こういう作品はかつて文学史上に、なかった。そのころ発表されたジェラール・ド・ネルヴァルの『オーレリア』（思潮社）が唯一匹敵するが、出来事や心理の描写を挿入していたものだ。それをリラダンはいっさいの日常描写を禁欲的に排除して、この世のイシスの動静を、まるでオリゲネスの神学のように、まるでヴィーコの知学のように、またまるでヘーゲルの自然哲学のように、綴（つづ）った。

とくにぼくを歓喜させたのは、第七章「未知の図書室」と第十一章「騎士の冒険」である。のちにボルヘスやマンディアルグやエーコがそういう冒険をしたとはいえ、この時代の文学作品にこれほど壮麗で神秘に満ちた図書室を描いた者はいなかった（ぼくは図書館の描写をした作品に手もなく惹（ひ）かれてしまうのだ）。

なかでも女主人公チュリヤが一〇〇ページも進んだあたりでやっと夜陰に外出する段になると、身にぴったり張りついた中世騎士の甲冑（かっちゅう）による装束で、そこへ総レースの薄物衣裳を着て黒いマントを翻（ひるがえ）すというのは、とうてい想像することすらできなかった異様な場面だった。

これらの場面のことごとくが、装飾反復の激しい迷宮のごとき城館にあっても、複雑な円形の天球のごとき閲覧室にあっても、ひたすらチュリヤの正確無比な記憶の検証のためであったという顛末を知らされるにおよんでは、さすがのボードレールもこの二三歳の青年作家がやがて到達する至極の文芸とはいったいどういう魂胆なのか、末恐ろしくなるばかりであったろう。

記憶の検証のためにしか生きない女という発想は抜群だった。けれどもリラダンはこのアイディアに安易には溺れない。このイシスの化身としての女主人公を人類の理想に仕立てたい。そういう無理難題なヴィジョンに駆られていた。そうなのだ。このチュリヤ・ファブリヤナこそは、すなわち十九世紀のイシスこそは、のちのちに「未来のイヴ」になる前身だったのである。

リラダンは、ボードレールが「闘牛の額をもつ愚劣」と名付けた近代の人間たちの欲望に満ちた馬鹿げた胎動から、もはや失われて回復しようがないとおぼしい精神の聖地の奪回をもくろんでいた。

またポオが「近代の邪説」に抵抗して、フンボルトの宇宙論に加担しつつ本来の人知の究極にひそむ推理を取り出そうとしていたのに共鳴して、何事も語ろうとしない影像や装置や書物の陳列から、夥しい知性を再生させたかった。リラダンにこうした気概がつねに満ちていたことは、その後のどの作品や随筆を読んでも伝わってくる。

しかし、このようなあまりに反時代的な試みが、たんに俗物をめざしたいブルジョワ社会に受け入れられるはずがなかった。当時、リラダンを理解できたのは、僅かにボードレールとシャルル・クロスとユイスマンスとマラルメと、そしてレオン・ブロワくらいにすぎなかった。

そのうちリラダンはだんだん赤貧洗う日々をおくるようになっていく。極貧のあまりボクシング・ジムで毎週二四回も顔を殴られる仕事についたのは晩年の四七歳になってからであるけれど（リラダンは五十歳でマラルメら数人のみに看取られて死んだ）、だいたいは似たような日々ばかりをおくったと考えてよい。それでもリラダンは胸をはってリラダン伯爵として、古代未来の精神をつねに一歩も外すことなく、理想の極致を描きつづけようとした。

そんなリラダンにある日届いたのがメンロパークの魔術師トマス・エジソンの電気装置発明のニュースである。リラダンにはもともと父譲りの比類ない機械趣味があった。その機械というのは、未来を予知させる機械か、さもなくば人間人形か、あるいは精巧きわまりない玩具玩物だった。

ぼくが何度も目を通してきた『残酷物語』（筑摩叢書）は、あとで知ったのだが、石川淳がいっときも座右から手放さなかった一冊だったらしい。一種の短編集であるが、一作ずつが職人の手作り工芸の精華のようで、また未来のためのシニカルな象徴芸術論のようで、どこから読んでも、何度読んでも倦きさせない。ユイスマンスがひそかにこの作品集を耽読していたこともよくよく納得できる。

たとえば、「闇の花」では日常の細部に宿る神秘を放蕩者と娼婦の戯れに透けるように書いた。「告知者」は宿命が主題になりながら、神秘壮大きわまりないソロモン王の神殿に忍び寄る天地異変を交響曲にした。「前兆」はすべての事件が恐るべき終局をめざして、そこに高潔な憂鬱を描き出したもの、「見知らぬ女」は恋慕を寄せて語りあった美しい女が実は聾者であったという苦い哀切を綴ったもの、というふうに。

『残酷物語』には、何作かにわたってのリラダンのフェティッシュな機械趣味があらわれている。印刷技術がもたらす詐術に深長な意味を見いだしているのは『二人の占師』である。『天空広告』は大空の広がりを活用した未曾有の幻燈広告を予告したもので、まさにフレドリック・ブラウンのSFショートショートを一〇〇年ほど先取りしているのであるが、その一方で、その活用を通していまだ実現すらしていない普通選挙の根本欠陥を突いてみせるというのも、その予知能力はいったいどこまでお見通しなのかという、そういう小篇だ。

当時は劇場に拍手係という役目がいたものだが、それを揶揄して大衆心理の本質をはやくも見抜いた『栄光製造機』は、拍手を大規模に組織化した機械を登場させて、民衆文化の笑止千万とは何かということを早々に抉っている。大道商人の長々とした売り文句を喋ってみせる玩具機械のありさまを書いたのは、その題名も異常な「断末魔の吐息の化学的分析機」という作品だった。

このようにリラダンは、だれよりも先駆して機械がもたらす未知の社会機能を次々に文学に採用していったのであるが、そのリラダンに決定的な衝撃を与えたのがエジソンの発明だったのである。

エジソンの発明は、電気冷蔵庫があっても極小テレビができても、電気掃除機がいかに高性能になっても月面着陸機を見ても驚かない世代が、パソコンやCGやインターネットの出現ではたちまち「おたく」をめざしたという事情を持ち出しても、なお不釣り合いと思われるほどに、リラダンが嗅ぎとった未来技術の革命だった。

それだけではなかった。リラダンは電気技術が人類にもたらすべきが、通信の進歩や都市の照明や家庭の革新などの「便利」と「便宜」ではなくて、電気的人造人間の文明への登壇であるべきだと考えた。

ここに、一人のヴィーナスのごとき完全無欠な輝く肢体をもったアリシヤ・クラリーという歌姫がいたと思われたい。鳶色の髪、銀色の白柳のような体は申し分なく、その歌声や話し声も男たちをぞくぞくさせた。このミス・アリシヤにエワルド卿は心底参っている。

世の大半の女性とは異なって、アリシヤはその肉体を惜し気もなくエワルド卿に捧げ、ありとあらゆる快楽をもたらしてくれた。ところが、アリシヤには根本的に欠けていたものがある。日々の感覚はあまりに凡俗で、知性があまりに乏しかったのだ。そればかりかアリシヤの日常はちょっとした贅沢品をほしがるだけで、男の精神になんらの感動も与えない。

そこでエワルド卿は友人のトマス・エジソン博士に相談をする。いや、エジソンが友人のエワルドの心中に宿る悩みを察知したのかもしれない。エワルドも悩みを打ち明ける。「美しい愚劣きはまりない女なのです。造物主が何かのはづみで手違ひをしたとしか思へません」。

ここまでならよくある話だ。そんな女は諦めろとか、体がいいなら目をつぶれとか、それですむ。けれども一部始終を聞いたエジソン博士は、ここで前代未聞の〝開発〟に乗り出した。ミス・アリシヤ・クラリーそっくりの電気人形を造ってみせようというのだった。エワルドはそんなことをしてくれたところで、何の渇望も癒せないことを知っていた。

ともかくも花咲き乱れ菫香る約束の日、エワルドはエジソン博士のメンロパークの実験室に招かれる。その一角に光が差し込み、そこに黒い布に覆われて登場したのは「未知といふ印象の存在」である。やがてエジソンがいくつかの追加実験を加えると、そこにはミス・アリシヤ・クラリーと寸分変わらない容貌と肢体をもった「女」が出現していた。エジソンが言った、「さあ、ミス・ハダリー、愈々生きる時がやってきた！」。エワルドは狂喜した。

リラダンがここからエジソンとエワルドに交わさせた会話は、おそらく人間人形思想をめぐる「義体文明の可能性」に関する最も高邁精緻なプレゼンテーションである。ミス・ハダリーは二人が交わす会話のたびに、人造人間としての技能を、生ける人形としての言葉を、未来のイヴとしての精神を、次々に心身に帯びていく。リラダンは書いた、「或る超人間的な存在が、この新しい芸術作品の中に呼び醒まされてゐて、これまで想像もつかなかつたやうな或る神秘が決定的にその中心を占めてゐる」と。

これは、義体文明にこそ新たな宇宙思想や地球精神が胚胎するであろう可能性についての、それこそ全き確信ともいうべきものだった。エワルド卿はこの信じがたい奇蹟に最初はたじろぐのだが、すぐにミス・ハダリーに「愛」を感じ、それがハダリーにもひそむ愛の萌芽と交信しつつあることを知る。それはかつて感得したこともない「霊妙」であり、かつ、かつてここまでの哀切はありえないと思われるほどの「無常」であった。

こうしてリラダンは文学史上初めての「はかなさ」としての機械人間の哲学を滔々とのべつつ、アンドロイドやレプリカントが地上に君臨しうる極上の可能性を開き、物語の最後をエワルドとハダリーの人ならぬ愛の進展に寄せていく。が、そこでリラダンが最後の最後に用意したのは、意外な結末だった。

エワルドとアンドロイド・ハダリーが大西洋上に二人して蜜月の航海を始めてまもなく、この豪華客船が暗礁に乗り上げ、爆発炎上の後に沈没したというのである。物語はそのニュースがエジソン博士に届いたというところで終わる。その後のすべてのアンドロイド・ストーリーも、すべてのレプリカント映画も、さらにはハリウッド映画《タイタニック》も、一〇〇年前に予告されていたものだったのである。

さて、以上の、この一文のすべてを、さきごろ完成したばかりのフルCGアニメーション・フィルム《イノセンス》を世に贈った押井守監督に捧げたい。

この映画はすでにご覧になった諸姉諸兄はもちろん感づいたであろうけれど、全篇が《GHOST IN THE SHELL　攻殻機動隊》で姿を消した草薙素子のイメージの行方をめぐる物語になっていて（したがって草薙素子のパートナーだったバトーが主人公である）、しかも『未来のイヴ』の数百年後の物語にもなっている。

押井監督のリラダンへの敬意はかなり本物で、映画にはロクス・ソルス社のガイノイド2052「ハダリ」がその名のままにずらりと登場する。冒頭にも、リラダンの次の言葉がエピグラフとして掲げられた。「われわれの神々もわれわれの希望も、もはやただ科学的なものでしかないとすれば、われわれの愛もまた科学的であっていけないいわれがありましょうか」。

ミス・ハダリーが複数ガイノイド化したハダリを製作するロクス・ソルス社は、レーモン・ルーセルの同名の原作からとっている。怪作『ロクス・ソルス』（平凡社ライブラリー）は、パリ郊外モンモランシーに住む奇っ怪な科学者マルシャル・カントレルが作り上げた発明品の数々を、一群の人々が邸内で数時間見てまわるというだけの驚くべき作品である。もっとも《イノセンス》のみならず、押井守はもともと青年期からのただならない人間人形感覚の持ち主で、とくにハンス・ベルメールの人形描写にはずっとぞっこんだった。

もう一言、リラダン伯爵に免じてもらって押井監督を褒めておきたい。《イノセンス》の映像はほとんど「想像力の濡れ場」のような場面を連続させていた。傑作などという言葉はつかいたくない。筋書きも棚上げしたい。こうあってほしいと想う映像場面を電子で濡らしながら超構造化し、細部にいたるまで超トポグラフィックに仕立てていた。これは作品を設定した段階での世界定めが並々ならぬ計算で仕上がっていたということで、つねに部分と全体がネステッド（入れ子状）な「意味の形態学」によって相依相存するように作られていたということだろう。

それでいて、どんな場面にも空気の密度をもたらしていた。おそらくかつてのどんなアニメーションより濡れた空気感に富んでいた。表情を殺した人間人形を動画とするのはきわめて困難だろうに、その"異業(シメール)"も徹底して成し遂げている。《イノセンス》は二一世紀の押井リラダンが掲げた映像音響版『未来のイヴ』なのである。

第九五三夜　二〇〇四年三月二三日

参照千夜

七七三夜：ボードレール『悪の華』　八五九夜：ファラデー『ロウソクの科学』　二八七夜：フローベール『ボヴァリー夫人』　一六〇〇夜：ワーグナー『ニーベルングの指輪』　九七二夜：『ポオ全集』　一二二二夜：ネルヴァル『オーレリア』　三四五夜：オリゲネス『諸原理について』　八七四夜：ヴィーコ『新しい学』　一七〇八夜：ヘーゲル『精神現象学』　九九〇夜：ユイスマンス『さかしま』　五五二夜：ボルヘス『伝奇集』　二四一夜：ウンベルト・エーコ『薔薇の名前』　九六六夜：マラルメ『骰子一擲』　八三一夜：石川淳『紫苑物語』　四一八夜：フレドリック・ブラウン『宇宙をぼくの手の上に』

いつも事件がおこったなどと、思わないほうがいい。
「そんなふうに感じた怖れ」こそが文学をつくるのである。

ヘンリー・ジェイムズ

ねじの回転

蕗沢忠枝訳　新潮文庫　一九六二／行方昭夫訳　岩波文庫　二〇〇三／
土屋政雄訳　光文社古典新訳文庫　二〇一二
Henry James: The Turn of the Screw 1898

アメリカ人の「思考の現代史」というものがあるとすれば、その出発点を、一組のジェイムズ、すなわち兄のウィリアム・ジェイムズと弟のヘンリー・ジェイムズから説きおこすのは誘惑を禁じえない指し手のひとつだが、そんなことは誰かがとっくにやっているだろうから、ここでは弟だけにふれておく。
ヘンリー・ジェイムズはフロイトより十三年早くアメリカに生まれている。それにもかかわらずフロイトの心理学を先取りしていた。人間の苦悩や恐怖や不安といった訳のわからぬものを、当時の研究者や文学者が「意識」とか「内面」とか「心理」といった言葉で説明できなかったとき、ヘンリーはその内面の動きだけを描き出す方法を発見していた。

そういう方法がありうることは、当時はわずかに民族心理学のヴントが文化の意識の流れとしては気がついていたかもしれないものの（それは柳田國男が『遠野物語』でひとつの村の意識の伝承を語れるという方法を発見したことに似ているが）、まさか個人の意識をひとつながりに取り出せる方法があるとは、誰も思いついてはいなかった。

このため『ねじの回転』や長編『鳩の翼』（講談社文芸文庫）や、それに先立って書かれた『小説の技法』（国書刊行会「作品集」8）は、ジョイスの『ユリシーズ』（集英社文庫）、プルーストの『失われた時を求めて』（岩波文庫）をはじめ、カフカ、ヴァージニア・ウルフ、フォークナーらの先駆的作品として君臨し、それによっていわゆる「意識の流れ」（stream of consciousness）の文学系譜が発端したということになる……のだが、さて、こういう文学史的な解説ほどつまらないものはない。

諸君もきっとそうだろうが、ぼくもそういう現代文学史を若い頃から十本も二十本も読まされてきて、ほとほとうんざりとしてきたものだ。そんな説明を何度も聞かされるよりは、たとえば一九九七年に公開された映画《鳩の翼》で、作家のヘンリーが文章にしなかった動向を大胆に視覚化してしまったイギリスの監督イアン・ソフトリーの手腕をこそ褒めるべきだ。学ぶべきだ。ヘンリー・ジェイムズの「意識の流れ」の解説は、あの映画一本でみごとに裏取りされていた。

もともと『ねじの回転』はいくつもの仕掛けのうえに成り立っている。舞台はイギリスのゴシック・ロマンの伝統を踏襲した郊外の屋敷である。エミリー・ブロンテの『嵐が丘』(岩波文庫)と同じといってよい。語り手は天使よりもかわいい幼い子供たち(兄と妹)の学習生活の面倒をみることになった貧しい女性の家庭教師で、物語の全体は二十歳くらいの「わたし」の一人語りになっている。

この「わたし」は子供たちの伯父(おじ)と面談をして家庭教師を引き受けるのだが、伯父に淡い恋心を抱いたらしい。幼い兄妹(マイルズとフローラ)は両親が亡くなったので伯父が引きとっていた。

これが主な伏線(ふくせん)である。伏線ではあるけれど、そこがヘンリー・ジェイムズの手なのだが、この淡い恋心はときに伏線のようにも見えてくるというだけであって、筋書き上にはほとんどあらわれない。語り手の意識の背景に(それが意識の流れというものだが)、そういう奥の気持ちがひょっとしたら動いているかもしれないというだけなのだ。

事件はおこらないとも、おこったともいえる。おこったとすれば、その屋敷に幽霊が出たらしい。それも二人、出た。しかしほんとうに出たのかどうかは、最後までわからない。幽霊の一人は家庭教師がかつて雇われていた館の従者、もう一人は子供たちの前任の家庭教師である。後者のほうは、どうも「わたし」の分身にも見える。

この忌まわしい幽霊たちは子供の魂を奪おうとしているとおぼしい。なにやら邪悪なのである。ヘンリー・ジェイムズも「最も邪悪な精神を描くために幽霊を出すことにした」と書いているように、この幽霊の恐怖は全篇に不気味な影を落としている。けれども、なぜこんな幽霊が出るのかは「わたし」にはまったく見当がつかない。ただ彼女はなんとか邪悪な幽霊たちから子供たちを守りきろうと決意する。そのため幽霊が出る背景の事情を、屋敷にながく勤めている女中頭のグロース夫人からさまざま聞き出し、作戦を練る。

ところが、ここから何かが怪しくなるのだが、「わたし」が幽霊から子供たちを守ろうとすればするほど、子供たちは幽霊に怯えることになる。「わたし」は信用をなくしていく。なぜなら、幽霊を見るのは「わたし」だけであるからだ……。

こうなってくると、いったい幽霊はほんとうに出ているのかどうかさえはっきりしなくなる。幽霊が出る原因もありそうだ。読者はやむなくグロース夫人の〝証言〟によってそちらのほうに引っ張られていく。そして、ただものすごい恐怖感だけが作品に広がっていく。

そのため「わたし」はしだいに追いつめられて、たった一人で幽霊との対決をせざるをえない。もっと怖いのはそのように追いつめられてみると、「わたし」には子供たちが幽霊とぐるになっているようにも見えてくることだった。それだけではなくもっと恐ろしいことに、自分自身が幽霊を恐れるあまりに、その恐れている当のものと同類になっていくことを感じはじめたことだった。なぜ、こんなふうになってしまったのか。ひょっとしたら、幽霊は「わたし」の妄想であって、むしろ「わたし」こそが幽霊なのかもしれない。

かくてふと気がつくと、ネジは「わたし」の何かに食いこむばかりであって、もはや意識はのっぴきならないものになっていた。ということは、この物語を読むわれわれ全員がネジとともに何かに向かって食いこまれてばかりになっていくということなのである……。

ジェイムズ兄弟の父親は神秘主義に傾倒していた。スウェデンボルグの研究者であって、哲人だった。当時はイギリスを筆頭に、心霊主義運動ともいうべき交霊術が大流行していた。ジャネット・オッペンハイムの『英国心霊主義の抬頭(たいとう)』(工作舎)を読まれたい。父親はまたラルフ・エマソンやヘンリー・ソローとも昵懇(じっこん)だった。

兄のウィリアム・ジェイムズはハーバード大学の哲学教授で、いわゆる「プラグマティズム」の創案者である。兄は父親の世界観を実証しようとした。とくにアブダクション理論のチャールズ・パースと昵懇だった。このような父と兄のもと、ヘンリー・ジェイムズはこれらの〝研究〟に意識的な傍観者たらざるをえなかった。

ぼくは、ヘンリー・ジェイムズが「ヨーロッパをさまようアメリカ人」という、いわゆる〝パリのアメリカ人〟というその後の文学や映画の大きな主題になったしくみをつくったことに関心をもっている。実際にも、ヘンリーはパリやロンドンにいた一八七五年前後に、フローベール、モーパッサン、ゾラ、ドーデ、ツルゲーネフ、ゴンクール兄弟らのサロンに親しく交わっていた。そこでヘンリーはアメリカ人を鏡の裏側から見るという方法を発見した。

この方法で書かれた小説やエッセイを普通のイギリス人やアメリカ人の目が読むとなると、そこが名作『デイジー・ミラー』(岩波文庫)の独壇場ともなるのだが、われわれが想像する〝欧—米〟ではない異なる世界観が見えてくる。これこそは、当時の読者が「あれっ、これは意識の中を覗いているのか」と驚くことになったヘンリー・ジェイムズの魔術そのものであった。

が、まあ、今夜はそういうことはやかましく言わないでおくことにする。加えて余談になるが、はたしてヘンリー・ジェイムズの影響なのかどうかは知らないが、つげ義春の「ねじ式」というのも、そのネジのことだったのかどうかということも、ここでは暗合の外においておくことにする。

ともかくも『ねじの回転』はジョイスともプルーストとも関係がない傑作であって、もし何かの先駆者と言いたいのなら、むしろ正体不明の恐怖を文明の奥に見据えたジョゼフ・コンラッドの先行者だったのである。

第四二九夜　二〇〇一年十一月二八日

参照千夜

八九五夜：フロイト『モーセと一神教』　一一四四夜：柳田國男『海上の道』　一七四四夜：ジェイムズ・ジョイス『ダブリンの人びと』　九三五夜：プルースト『失われた時を求めて』　六四夜：カフカ『城』　一七一〇夜：ヴァージニア・ウルフ『ダロウェイ夫人』　九四〇夜：フォークナー『サンクチュアリ』　一二五夜：エミリー・ブロンテ『嵐が丘』　一一八二夜：チャールズ・パース『パース著作集』　二八七夜：フローベール『ボヴァリー夫人』　五五八夜：モーパッサン『女の一生』　七〇七夜：エミール・ゾラ『居酒屋』　九二二夜：つげ義春『ねじ式・紅い花』　一〇七〇夜：コンラッド『闇の奥』

この一作で、ぼくは震撼したまま、一人の書き手は文明と対峙できるのだと教わった。

ジョゼフ・コンラッド

闇の奥

中野好夫訳　岩波文庫　一九五八
Joseph Conrad: Heart of Darkness 1899

ときに読書は歌人の上田三四二の言うバラストである。バラストは船の底荷のことをいう。ヨットや船の重心を下げ、船体が傾いたときの復元力を増すようにする。三四二は短歌を詠むにはバラストが必要だと説いた。

短歌にバラストが大事になっている以上に、読書でもバラストを読む必要がある。これに対応しているのはマストだ。風を孕んで進む。だからマストの読書もある。目印がはっきりしている読書だ。マストの読書もバラストの読書も、どちらも欠かせない。

バラストとしての読書はぐらっとさせる。ちょっと危険な感じがやってくる。けれども、自分の傾きかけた精神や心情や勇気のイナーシャ（慣性力）を、思い切って他方の極に振ってくれる。そうしたバラストを効かした作家は何人もいる。英語文学ではたとえばE・M・フォースター、T・E・ロレンス（アラビアのロレンス）、フォークナー、ヘミングウェイらが得意だった。今夜のコンラッドもその一人である。
ぼくは自分の甲羅に似せて土を掘る蟹ではありたくないので、好んでかれらを種痘のように接種する。読書の種痘はふつうの種痘よりかなり痛みをともなう。抗体になるのに時間もかかる。それは仕方がない。バラストが肉体や意識の底で動くからだ。

ジョゼフ・コンラッドは筆名である。本名はユゼフ・テオドル・コンラト・ナウェンチュ・コジェニョフスキという。なんとなく見当がつくかもしれないように、この名はポーランド人の名だ。船乗りだった。航海をしているうちに二十歳のころにイギリス船に乗りこみ、英語をおぼえ、イギリス船員として十六年を海上ですごして、陸上に戻ったときはイギリス人になっていた。

コンラッドがポーランド人で、一八五七年にいまはウクライナの田園地方に生まれたということは、コンラッドを読むには無視できない暗号である。ポーランドはたえず分割の宿命を歴史的に背負わされた国で、コンラッドが生まれた地方（ベルディチェフ）では母国語すらまっとうにつかえなかった。ポーランドを分割したのはロシア、プロイセン、オーストリアだった。

コンラッドの宿命はポーランドを背負ったにとどまらない。没落したシュラフタ（貴族）だった父親のアポロ・コジェニョフスキはポーランド独立運動の急進派で、一八六一年に政治秘密結社の摘発をうけて、一家全員が北ロシアの極寒の地ヴォログダに流刑にされた。母親は結核を患って三二歳で死に、父親もその四年後にやはり結核で死んだ。少年コンラッドはロシア、プロイセン、オーストリアを憎み、いつまでも祖国ポーランドに属せない日々をおくった。この幼い日々に刻まれた民族的感情は『密偵』『西欧人の眼に』（ともに岩波文庫）などとして、のちに浮上する。

十二歳で孤児となったコンラッドは母方の伯父に引き取られ、クラクフで大学進学までを用意されるのだが、そんなお定まりの方針には従えない。十六歳でドイツ・スイス・イタリアを旅行して、ヴェネツィアで初めて海を見てたまげた。十七歳でマルセイユに行ってフランス船の船乗りになり、二十歳で恋愛が決闘につながるのを知って、さきほども言ったように二十歳でイギリス船に移った。

コンラッドには大地がなかったのだ。前方に進むマストと揺れるバラストだけが青春だった。だから大地に憧れた。未知の大地アフリカに。

コンラッドを海洋作家とみるのはまったく当たっていない。そんなふうに見ていると、メルヴィルやヘミングウェイや香山滋を読みちがえるのと同様の禍根をのこす。たしかに海の描写はすばらしく、その表現は豪宕ですらある。しかしコンラッドは「負のポーランド」を通して、つねに侵蝕された大地を描こうとしていたといったほうがいい。その極致が『闇の奥』なのだ。

この作品はアフリカの奥地を描いた。そこに死んでいった男を描いた。そんな文学はかつてなかった。舞台はリヴィングストンやスタンリーのアフリカ探検記が世界の本棚に載った一八九〇年代。主人公は青年船長で、そこからもわかるように多分に自伝的である。数年前、ぼくは木宮直仁さんが訳した『コンラッド自伝』(鳥影社)を読んで、よくよくそのことを了解した。

コンラッドは三三歳のときに会社に雇われて「コンゴ上流開拓会社」の船長になり、暗黒大陸アフリカに入ることを決意する。目的は象牙採集の実態を見ることにあった。象牙は当時のヨーロッパ人が新しく発見した「財」だった。そこには黒人奴隷貿易が絡んでいた。

奥地に入っていくと代理人のクラインという男がいた。どうも実態がわからない。これが『闇の奥』の魔王のようなクルツ(Kurtz)であるが、コンラッドはコンゴの奥地を探検するにつれ、異様な興奮をおぼえていく。

『闇の奥』ではそれをマーロウ(これがコンラッド)がクルツを救済するという出来事に変えている。しかし救済は容易ではない。悪夢のような出来事が次々におこる。文明の弊猫(びょう)たちに犯されたマーロウには、この悪夢とみえる出来事こそがアフリカの闇の奥にひそむアクチュアリティであることがわからない。

クルツという人物は『闇の奥』を異色に飾る登場人物だというだけでなく、二十世紀を迎えようとするヨーロッパの暗部を象徴する存在だった。有名な話だが、T・S・エリオットが『荒地』(岩波文庫)の「うつろな人々」に「クルツが死んだ！」の一行を入れたことは、二十世紀文学が「内なる闇」をどう抱えるかという方向を暗示した。

コンラッドはクルツを描くことによって〝二十世紀のフローベール〟の幕をあけたのである。けれども、作品にはクルツの実在の姿は描かれない。クルツを語る暗黒アフリカに蠢(うごめ)くものたちの言葉や感情や畏怖が描かれるだけなのだ。それが読む者に何かを切々と訴える。都会文明に所属する者の想像力をいっさい否定する存在学がここにはありうるのだという衝撃を、一挙に立ち上がらせる。

コンラッドは「文明の衝突」を描いたのだ。その衝突が人間の悪ではなく良心を露呈させることを描きたかったのだ。自然の猛威や文明の狂乱のなかで既存の価値観と経験が危機にさらされるときに、ついに精神が腐食する寸前に立ち上がるバラストとしての倫理のきらめきを描きたかったのである。

ぼくが『闇の奥』を読んだのは、岩波文庫にカバーがついていないころで（あのカバーは岩波最大の失敗だ）、読むうちに未知の魔力に引きずりこまれるような戦慄的な魅惑が、ぼくをこのまま透体脱落させてしまうのではないかと感じさせた。

話はチャーリー・マーロウという交易会社の社員が若い日に体験した見聞だけを書いたもので、ほぼ最初から最後まで一人語りになっている。

十九世紀のおわりのある日、船乗りのマーロウは各地の港を回ったあとにロンドンに戻り、しばらくぶらぶらしたのち、フランスの貿易会社に入社した。ちょうどアフリカ行の交易船に欠員ができたので、乗りこむことになった。一ヵ月以上かかってコンゴ近くとおぼしいアフリカ出張所に着いた。そこは黒人たちが大量の象牙を持ち込み、木綿屑やガラス玉と交換している隠れセンターだった。

そこで十日ほど待機しているうちに、奥地はクルツという男が仕切っていて、象牙を確保しているだけでなく、闇のような力をもっているという噂を聞いた。

隊商たちが到着すると、中央出張所までの三〇〇キロを隊商とともに徒歩で進んだ。これまで見たことのないような密林や草原や岩山のあいだを抜け、十五日ほどして中継地に着いた。中央出張所の支配人は「クルツが病気にかかっているようだ」と言った。船のトラブルのため出航を見合わせているうちに、またもクルツの噂を聞くことになった。けれども、詳しいことは誰も知らない。マーロウはそのクルツという男がたった一人でヨーロッパ文明の全部と対峙して、とんでもなく巨きな何かを背負っているような気がした。

ようやく蒸気船が息を吹きかえし、支配人、マーロウ、四人の使用人、現地人らとともにコンゴ川を上っていくことになった。文明が体験したことのないような密林を遡行していくと、突如として多くの矢がぶすぶすと飛んできた。すぐさまマルティニ銃で応戦するのだが、舵手が殺られた。この先にクルツの君臨する王所があるらしい。

このあたりからマーロウの話しぶりに熱がこもってくる。それとともに、まだ見ぬクルツの巨大な虚像のようなものが片言隻句の飛礫のごとくに読み手を襲ってくる。曰く、衝動、動機、能力、弱点が何ひとつわからない男。曰く、迷信、嫌悪、忍耐、恐怖がどのように付きまとっているのか見えてこない一団、曰く、饒舌、愚劣、狂暴、猥雑、残念がほとばしっているはずなのに静寂に守られている聖地……。

こうして船はついにその場所に着くのだが、マーロウにはその全貌がさっぱりわからない。クルツの崇拝者であろう二五歳の美しいロシア青年から、しきりに「クルツは神のような男なのだ」と聞かされた。クルツは象牙を略奪するため、湖畔に戦士の修養をさせていた。

やがて、「クルツが死んだ！」という声が聞こえてきた。マーロウはその直前か、臨死の場面にクルツに出会えたようなのだが、その描写はマーロウの語りからはしかとは読みとれない。コンラッドがそのように書いていく。このため、いよいよ真相をあらわすべき最終場面になって、この物語はまさに『闇の奥』に巻き取られていくのである。

　このラストの数十ページは恐ろしい。ぼくは一字一句も逃さないつもりで、眼というよりも心を見はって没頭していったのだが、コンラッドはマーロウの語りをしてどんな安易な解釈もさせないままなのだ。

　どうやらクルツは死体のまま、一行が船に運び入れたようである。そして、クルツが最後に「地獄だ！　地獄だ！」と言ったということが、マーロウの耳にがんがん響きわたる。最後の最後、クルツに仕えていたであろう黒装束の女がマーロウのもとに揺曳するようにあらわれてクルツとの日々の断片を洩らすのだが、もはやそこからは文明はどんな解釈も組み立てられなくなっている……。

　ざっと、こんな話なのだが、説明しても仕方のないようにできている。それがジョゼフ・コンラッドの魂胆だった。

　間にあわないことがある、たとえ間にあったとしても、そこで試行されていたこと、誤解されていたこと、到達していたことは、安閑たる日々にいた者が一時の関心をもったところで、伝わってはこない。そういうことが、世界と人間にはいくらもあると、コンラッドは書きたかったのだ。そして『闇の奥』はまさにそういう絶佳の極北を示してみせたのだけれど、なんら説明的なことを加えなかった。ほかの作品でもその主旨を貫いていた。

コンラッドの作品にはアウトローやアナキストやテロリストがしばしば登場する。たとえば『密偵』はロンドンに巣くうロシアのアナキストの動向を扱った。主人公はヴァーロックという男で、事件らしい事件をおこす必要に迫られて爆弾テロをおもいつくのだが、手違いで妻の連れ子を爆死させてしまうという話になっている。ヴァーロックがその妻に刺し殺されるという結末は、亡命者にすら真剣なバラストが稀薄であることを突き付ける。

また『西欧人の眼に』では、主人公のロシアの大学生ラズーモフがテロリストの友人のハルディンに亡命の幇助を求められるのだが、それを裏切って警察に売りわたすという前段が描かれ、ついで後段で、その行為が誤って伝えられてスイスで亡命者たちに歓迎されるというアイロニーになっていく。

ラズーモフはハルディンの妹から兄の恩人と慕われ、愛される。ラズーモフはこの背信にしだいに耐えがたくなり、いっさいを告白するのだが、テロリストたちの制裁をうけ、電車に撥ねられて手足の骨がくだかれる。ヒロイズムにひそむ絶望を暴くその描写方法はあくまで静かで、あくまで澄んでいる。

そうしたコンラッドの才気があったとしても、『闇の奥』は一作かぎりにおいても、いまなお、われわれに重くのしかかってくるのである。とくに欧米人にのしかかる。スコット・フィッツジェラルドやジョージ・オーウェルはまともにその重みを受けとめた口だった。けれども、そのバラストの重みは大抵じゃない。何かが捌(さば)きれない。多くのコンラッド・ファンが手を余した。そのひとつに、『闇の奥』はながらくオーソン・ウェルズが映画化の構想をもっていたのだが、実現されなかったことがある。

そこでスタンリー・キューブリックがその実現をはかったのだが、それも叶(かな)わず、《二〇〇一年宇宙の旅》の後半部にこれを翻案してとりこむにいたった。よほどアフリカの闇を描くのが困難だったのであろう。船の底荷(バラスト)なのである。

さらにフランシス・コッポラがなんとか『闇の奥』に着手しようとするのだが、やはりできず、思いなおして全面的に翻案し、舞台をベトナム奥地の戦乱に移し替え、《地獄の黙示録》として映画化した。クルツはカーツ大佐に仕立てなおされていた。元グリーンベレー隊長で、アメリカ軍の命令を無視して暴走し、カンボジア付近のジャングルに独立王国をつくっているという設定だ。マーロン・ブランドが怪奇なカーツ大佐を演じた。しかしあの映画は『闇の奥』にはとうてい届いていない。カーツ大佐を殺してはいけなかったのだ。

このように『闇の奥』はオーソン・ウェルズ、スタンリー・キューブリック、フランシス・コッポラに継がれて、なお原作の映画化を頑なに拒絶しつづけているのである。こういう小説はめずらしい。ちなみに一九〇〇年の作品『ロード・ジム』(講談社文芸文庫)は一九二五年にはヴィクター・フレミングによって、一九六五年にはリチャード・ブルックスによって映画化された。

もうひとつ、ふたつ付言しておかなくてはならないことがある。ひとつにはコンラッドはヘンリー・ジェイムズをヨーロッパに紹介した作家であったということだ。またひとつには、夏目漱石がコンラッドの研究者であって愛読者であったということだ。すでに『二百十日』(新潮文庫)や『坑夫』(岩波文庫)に影響が認められるという文学史家の指摘があるし、「コンラッドの描きたる自然について」「小説に用ふる天然」などという一文もある。漱石が偏愛したのはやはり『闇の奥』だった。平成の日本人がバラスト読書としてのコンラッドを読まなくなっただけなのだ。

ついでながらエドワード・サイードもコンラッドの研究者だった。サイードは文学研究から出発してポストコロニアル社会の展望を論じたのだが、その出発点がコンラッド研究だった。現代日本文学の旗手たちにもコンラッドに影響を受けた継承者がいる。村上春樹『羊をめぐる冒険』(講談社文庫)、伊藤計劃『虐殺器官』(早川書房)、辻原登『闇の奥』（文春文庫）、恩田陸『夜の底は柔らかな幻』（文春文庫）などがそういう作品だった。

第一〇七〇夜　二〇〇五年十月二八日

参照千夜

六二七夜：上田三四二『短歌一生』　一二六八夜：フォースター『インドへの道』　一一六〇夜：T・E・ロレンス『知恵の七柱』　九四〇夜：フォークナー『サンクチュアリ』　三〇〇夜：メルヴィル『白鯨』　一一六六夜：ヘミングウェイ『キリマンジャロの雪』　二八七夜：フローベール『ボヴァリー夫人』　八一四夜：デイヴィッド・ヒューズ『キューブリック全書』　四二九夜：ヘンリー・ジェイムズ『ねじの回転』　五八三夜：夏目漱石『草枕』　九〇二夜：エドワード・サイード『戦争とプロパガンダ』

第二章 作家たちの方法

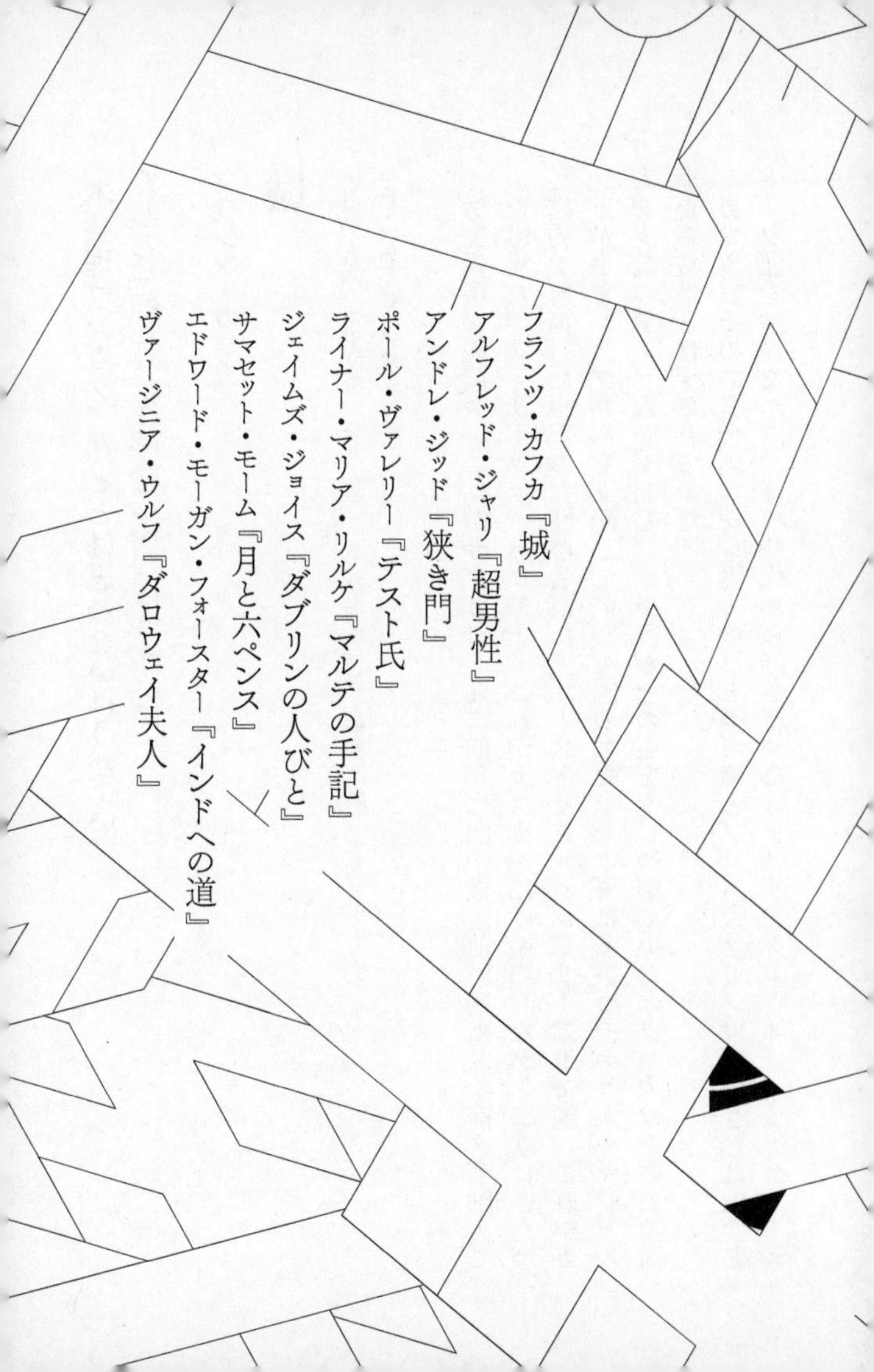
フランツ・カフカ『城』
アルフレッド・ジャリ『超男性』
アンドレ・ジッド『狭き門』
ポール・ヴァレリー『テスト氏』
ライナー・マリア・リルケ『マルテの手記』
ジェイムズ・ジョイス『ダブリンの人びと』
サマセット・モーム『月と六ペンス』
エドワード・モーガン・フォースター『インドへの道』
ヴァージニア・ウルフ『ダロウェイ夫人』

「不条理ブンガク」などとは思わないほうがいい。
むしろ「転在」を読みこんだほうがいい。

フランツ・カフカ

城

原田義人訳　角川文庫　一九六六／前田敬作訳　新潮文庫　一九七一　ほか
Franz Kafka: Das Schloss 1926

労働災害保険協会。これがカフカが一九二四年に四一歳直前で死ぬ二年前まで勤めていた職場だ。フェリーツェ・バウアー。これがカフカが二度婚約しながら二度にわたって婚約を解消した相手の女性の名前だ。オーストリア＝ハンガリー二重帝国。これがカフカが生まれたプラハを支配していた帝国の名だ。そこでは多数のチェコ人やマジャル人を少数のドイツ人が支配し、カフカがその血をうけついでいたユダヤ人はその二重構造から截然(せつぜん)とはずされていた。

カフカはその二重帝国のシンボルのひとつであるプラハ大学で、最初のうちは化学とドイツ語を学びながら、高校時代から好きだったスピノザ、ダーウィン、ヘッケル、ニーチェを読みすすめ、すぐに親友となったマックス・ブロートと知りあってからはショーペンハウエル、トーマス・マン、ホフマンスタールを読み耽った。一番好きなのがフローベールだったらしい。

父親からの注文で法律学を専攻したが、法律学を生かせず一九〇八年にふらふらと労働災害保険協会に入った。半官半民の中途半端な組織だったけれど、有能な職員として勤めた。恋をしたかったが、相手が見つからない。

そこでもてあました時間に文学作品をこつこつと書きはじめ、『アメリカ』や『変身』（ともに角川文庫）を仕上げた。目がさめてみたら巨大な毒虫になっていたグレゴール・ザムザの登場だ。

第一次世界大戦が始まると、その渦中で、ヨーゼフ・Kの身におこった不条理をとりあげた『審判』（角川文庫）や『流刑地にて』（「カフカ・セレクションII」ちくま文庫）を書いた。そのころもカフカはまだ女性に恵まれないのだが、そのうちやっと一人の婦人にめぐりあう。ミレナ・イェシェンスカ・ポラク夫人だ。この婦人はカフカの作品のチェコ語への翻訳をひきうけた女性であって、ストイックで事務的な二人の文通からはじまった関係だった。およそ実感がない関係だ。

この、カフカ研究者たちがいうところの、いわゆるミレナ時代に書き継いだのが問題った。

の『城』である。けれども『アメリカ』『審判』同様に、なぜかこの作品も未完のままだ

カフカは筋書きのある物語が書けないのだろうか。物語になることを拒絶しているのだろうか。それとも「不在」や「転身」を書きたくて、読み手の理解から逸れようとしているのか。どちらとも言えない。

筋書きがないわけではない。たとえば『アメリカ』だ。カール・ロスマンを主人公にしたもので、『失踪者』という表題が想定されていたのだが、未完のままだったので友人のマックス・ブロートが『アメリカ』と名付けた。年上の召使いに子を身ごもらせてしまったので、両親からアメリカに放たれ、なんとも説明のつかない日々をおくるドイツ青年の話だ。

プロットはまるで行きあたりばったりで、冒頭からしておかしい。ニューヨーク港に着いて下船したロスマンが傘を忘れたのに気づいて汽船に戻ったところ、急に一人の火夫から「ひどい働き方」をさせられていると告白され、義憤にかられて上司に抗議してあげるのだが、埒があかない。そこに一人の紳士があらわれてその場を収めた。それが伯父のエドワード・ヤーコブという上院議員だった。その伯父に引き取られて裕福な家で英語や乗馬をトレーニングさせられた……という、この出だしからしてどうにも落ち

着かない。

そのあとも、伯父の知りあいの銀行家らといろいろ会わされるのだが、何ら実りがない。銀行家の家に招かれ、娘のクララの歓待をうけるものの、部屋に通されると喧嘩になってしまう。クララはレスリングの心得があるらしく、組み伏せられる。まるでつげ義春だ。

それでもクララのために ピアノを弾いていると、手紙の入った封筒を渡され、「夜十二時にロスマンに渡すこと」という伯父の指示が書いてある。かくて青年はトランクと傘をもって着の身着のまま、またしても夜の街に放たれるのである。

不安な展開だ。ロスマンは安宿を見つけ、相部屋だがそこに泊まることにした。アイルランド人のロビンソンとフランス人のドラマルシュがいた。朝になって三人で仕事を見つけようと西の方へ行き、農場の手伝いか砂金洗いでもしようということになったというのだから、とうてい物語の行方は定まらない。カフカは何も思いつけないのかよという気になる。

案の定、三人は野宿をすることにして、食料と酒だけは近くのホテル・オクシデンタルで調達することになり、ロスマンが出かけるのだが、従業員の女に「泊まっていきなさいよ」と誘われる。これで三人は決裂である。ロスマンはホテルに入り、エレベーターボーイになり、タイピストのテレーゼとも仲良くなった。そんな一ヵ月半ほどがたつと、隣りのエレベーターの担当が欠員し、忙殺される。そこへ酔いがまわったロビンソンがやってきて金をせびる。そのうちすったもんだになってきて、ロスマンはホテルをクビになる。

こんな話が次から次に続く。乱痴気騒ぎがあれば、何百人もの白い天使の恰好の女たちがトランペットを吹いている競馬場にも行く。いったい何がアメリカか、主人公に何がおこっているのかは、なかなかわからない。ひたすら縋り、ひたすら転じていくばかりなのである。

というわけで、カフカは筋書きを書かなかったのではないし、物語にしたくなかったのでもない。いろいろ書いたのだ。ただ、書けば書くほど、すべては「転在」していってしまったのである。

カフカの長編を読んでいたころ、ぼくはしょっちゅう劇作家の別役実に会っていた。二人で碁を打ち、そのあと雑談をする。病気にかかるということの説明の奇妙について、人が人を待っているときにアタマのどこかで去来していることについて、事件はどこからどこまでが事件なのかということについて、「じれったい」はどこからじれったさがはじまっているのかについて、まあ、そんな他愛のない話だ。

ちょっと話しては大笑いし、また話す。遅くなると楠侑子夫人がおいしいものを差し入れてくれる。ぼくはそういう話題を他愛のないものであっても「存在待機命題」とよんでいた。こんな雑談では、話はたちまちカフカやベケットの話につながっていきかねない。

別役実はカフカの短編、たとえば『流刑地にて』(白水社)などが気にいっていた。ぼくは短編のほうは高校時代や大学に入ってあらかた読みおえていたので、そのころは長編の『アメリカ』『審判』と読んできて、ちょうど『城』にさしかかっていた。『城』の話となると、別役実の咥え煙草が浮かんでくるのは、そういう事情だ。

主人公は測量技師のＫである。Ｋは、ある城の伯爵に測量のために招かれたはずなのだが、その霧深い村だか町だかに訪れたときから、いっこうに城のありかがわからなくなっている。城はすぐ近くにあるはずなのに、まことに遠い。ロスマンはアメリカに来てアメリカを見失っていくのだが、Ｋは最初から城を見失っている。

この、なかなか近づけない城というイメージは、読者をすぐさま神の畏怖のメタファーに連れこむだろうけれど、そのわりには「存在待機」が長すぎる。案の定、話はだらだらと「村」のそこかしこで続き、筋とは関係のなさそうなエピソードが脇見のように入ってくる。けれどもＫは城に招かれていながら、城にたどりつけない。

ここでふつうなら、カフカが「場所」というものと「存在」というものを問うたというふうに見る。文学史はそのようにカフカの哲学を浮上させてきた。ところが実際には、カフカはその「場所」と「存在」の構造など描かなかったのだ。そこはむしろ「構造が描けない場所」であり、そこにいるKは「構造を問えない存在」なのである。

これはまさしくカフカが生まれた国のようであり、カフカがうけついだ血のようであり、カフカが就職した労働災害保険協会のようなのだ。

それにしても見当のない話である。いったいカフカはその話をどこでつくりあげたのか、その判定すらできなくなっているかのように見える。カフカは何かを見失ったのか。もしそうだとすると、かつてボルヘスが「カフカは中間部が欠落した作家だ」と言っていたことが、「王様は裸だ」という意味だったのかと思えたりもする。

ボルヘスがそのように言ったのは「カフカとその先駆者たち」というエッセイのなかでのことだった。運動する物体と矢とアキレウスが文学におけるカフカ的登場人物だということを指摘したうえで、カフカが中間部においておびただしい欠落をもっていることに言及していた。ボルヘスは、これではカフカの物語は必ず未完におわると宣託した。障害性が物語のプロットをつくるはずなのに、その障害性そのものが作品の本質であるとすれば、その物語はつねに未完でなければならないからだ。

そんなことをあれこれ合い間に考えたくなるほど、物語の中の城はあいかわらずいっこうに出現しない。そういう物語だ。Ｋもそのことで惑うということもなく、怒るということもない。ということは不条理が不条理に昇華しないのだ。そこはのちのカミュでもなく、ロブグリエや、マルグリット・デュラスでもなかった。

こうして何もおこることもなく、『城』は終わってしまう。未完だったとはいえ、呆気にとられる暇もない。それなのに文庫本でも五五〇ページ近くにのぼる。なのに城はあらわれない。はっきりいって読後には何も「よすが」が残らない。

それがフランツ・カフカの「つもり」だったのだろう。そう考えたとたん、そのことを〝発見〟した文学界と思想界は大騒ぎになった。カフカはいくつかの短編を除いて、長編をふくむすべての作品を燃やしてしまうように遺言して死んだのだが、友人のマックス・ブロートがそれを残した。それもあっての大騒ぎである。カフカ・ブームはそうしておこった。大騒ぎがおこったのは、城はあらわれず、審判はおりず、Ｋに何の進展もなかったからだった。

しかし大騒ぎをしたところで、物語は何も語らない。カフカはそのことについて何の説明もしなかった。そこには「届かないこと」「伝わらなかったこと」、そして「はじめからなかったかもしれなかったこと」だけが、残った。

現代文学にとって、このことは大衝撃だった。どんな「よすが」も伝えないでいい文学があるだなんて、誰も思いつかなかったのである。カフカが『城』で何をしたかといえば、黙って「方法文学」を残したのである。最後に一言。生前に刊行された作品は短編しか知られていなかったけれど、ロベルト・ムージルやライナー・マリア・リルケがぞっこんになっていた。

第六四夜　二〇〇〇年六月六日

参照千夜

八四二夜：スピノザ『エチカ』　一〇二三夜：ニーチェ『ツァラトストラかく語りき』　一一六四夜：ショーペンハウエル『意志と表象としての世界』　三一六夜：トーマス・マン『魔の山』　二八七夜：フローベール『ボヴァリー夫人』　九二二夜：つげ義春『ねじ式・紅い花』　一〇六七夜：ベケット『ゴドーを待ちながら』　五五二夜：ボルヘス『伝奇集』　五〇九夜：カミュ『異邦人』　四六夜：リルケ『マルテの手記』

スポーツを初めてパタフィジックな文学にしてみせた男がいた。
そこに「独身者の機械」を立ち上がらせていた。

アルフレッド・ジャリ

超男性

澁澤龍彥訳　白水社　一九七五　白水Uブックス　一九八九

Alfred Jarry: Le Surmâle 1902

最近の日本ではスポーツがどんどん強化され、ますます衆愚化され、一方的に聖化されている。一人のJリーガーや競歩選手や格闘技家の苦しみに満ちたトレーニングと、その苦痛をこえて勝ちとろうとしている栄冠に対する強靭な意志などを執拗に描いたドキュメント番組は、たいていの日本人の心を打っている。かつては、そういう扱い方は甲子園球児などには向けられていたものの、スポーツ全般や多くのアスリートたちに向けられるなどということはなかったものだ。

いったい何がスポーツにひそんでいるというのだろうか。おそらくは、他のものに見いだしにくくなったさまざまなこと、熱中や挫折や競争力や、鍛錬性やチーム力といったものが、スポーツから発見しやすいからにちがいない。しかし、そこが考えどころだ。スポーツの裏側や内側に秘められているもの、汗や勝敗や闘いのシナリオやスポ魂(こん)ではないもの、ひょっとしたらもっと普遍的で、そうでありながら歪(ゆが)んでしまったものが、そろそろ考えられる必要がある。

　スポーツにひそむとんでもないもの、それを早々に発見したのがアルフレッド・ジャリだった。ジャリはスポーツの本質とセックスの本質と機械の本質とが同質のものであることを見抜いたのだ。スポーツの側から発見したわけではない。身体というものにひそむ本来的な衝動と緊張を追跡していくことによって、スポーツに出入りしてやまない「性機械」の飛沫(ひまつ)ともいうべきを暴いた。超男性とはそのことである。

　ジャリは世紀末に機械(マシーナリー)のような青春をおくって、二十世紀の初頭に早々とオイルを切らし、さっさと三四歳で倒れた風変わりなブルターニュ人である。

　酒とピストルと自転車を偏愛し、悪趣味と韜晦(とうかい)と男性自身をこよなく好み、どんなばあいも「複雑な全体」というシステムに全身で敬意を払いつづけた。そのような好みの世界をジャリ自身の肉体がフィジカルにもメタフィジカルにもまるごと引き取ってしまうことが、ジャリの生き方だった。

　とりわけ一八九六年に、パリにセンセーションをまきおこした『ユビュ王』（現代思潮新社)が上演されてからというものは、そのときまだ二三歳だった作者のジャリは〝異常なユビュ〟としての登場人物の人生を自ら演じはじめた。UBU(ユビュ)とは、それ自体が遍在的(ユビック)でありながら円環をなしてしまう存在の代名詞であり、おそらくはジャリ自身のことである。そのようなジャリの哲学を、ジャリ自身の命名によって、われわれは「パタフィジック」(pataphysique)とよんでいる。形而上学を超えたものという意味だ。さしずめ「形而超学」とでも訳したい。

今夜とりあげた『超男性』には意外な副題がついている。なんと「現代小説」というものだ。これは、前作の『メッサリーナ』(一九〇二)に「古代ローマ小説」という副題がついていることを踏襲したジャリのブンガク作法ともいうべきもので、前作では鬘(かつら)をつけていたローマ皇帝クラウディウスの皇妃メッサリーナに超女性を演じさせていたのに対照して、『超男性』では主人公アンドレ・マルクイユを現代そのものに仕立ててみたかったという、そういう趣向だった。

この「現代小説」はそんじょそこらの現代小説ではなかった。主人公のアンドレ・マルクイユはつねに競争しつづける機械そのものなのである。最初は五人のサイクリストと一万マイルを競走する。競走者たちには小人や影と列車も加わった。マルクイユは自転車で参加して、並みいる競走者を抜きさった。

次の競争は、リュランスの城の大広間における愛の競争だ。セックスやりまくり競争だ。性交回数が競われる。マルクイユはエレンとの死闘をくりひろげるが、そこにはまさにスポーツを観戦するかのように、ガラス窓をへだててバティビウス博士、七人の娼婦、怪物のような蓄音機が、目撃者として参加した。最後の競争は、この現代小説を包みこむ全体としての全身競争ともいうべきもので、もはやパタフィジックとしかいいようのない愛と機械の競争である。新しい神話としか名づけようのない神学的でエロティックな永久運動そのものがひたすら提示されるのだ。

こういう現代小説は、ジャリだけが描きえた文学の近代五種競技であり、言葉のトライアスロンだった。

アルフレッド・ジャリにはまことしやかな伝説がつきまとう。一八七三年九月八日、フランスのラヴァルの一隅で、ある助産婦が、とりあげた男の子を見て気を失ってしまったらしい。その子は毛むくじゃらで、顔には髭さえ生えていた。

この幼児はガルガンチュアほどの巨児ではなかったが、一人で歩き、母親の補助をはねのけ、買ってもらった半ズボンがはじけ、やむなく長ズボンを仕立てたところ、下腹部がきつすぎた。ジャリは幼くして巨根の持ち主だったのだ。仕立て屋の「右寄りですね」という言葉がのこっているという。

中学校に入ると厖大な量の本を読むようになった。なかなか眠らない。母親のほうがノイローゼになり、ジャンブリュー、レンヌ、パリなどと何度も引っ越した。引っ越しはジャリの知能をそのつど化けもののように飛躍させた。行く先々の学校でトップの成績を示しただけでなく、中学校修了時にはバカロレアに合格するも、高等師範学校の受験は失敗、三年かけて挑戦し、ついにあきらめた。

受験はうまくいかなかったけれど、文芸コンクールで頭角をあらわし、それに勝って ジャリを夢中にさせたのがスポーツ競技と自転車だった。スポーツは万能で、数々の記録を塗り替えたが、異常なほどに熱中したのは自転車だ。チームを組んで蒸気機関車と競争してこれを追い抜きもした。ただ、このときチームの一員が自転車に乗ったまま呼吸停止した。

しばらくしてパリに奇っ怪な男が出現した。あちこちのカフェを訪れては、客たちに理解不可能な話をふっかけて煙に巻き、そのたびに酒をしこたま飲んでいく。ともかく何でもよく知っている。化学者を相手に現代錬金術を説き、陸軍士官に軍事戦略の細目を説く。そして二三歳のときに、突如として謎のような『ユビュ王』を執筆上演して、パリっ子の肝をつぶしてみせた。パリっ子には納得のできない猥雑と不条理が渦巻いていた。

酒量は尋常ではなかったという。女ともだちのラシルド夫人の証言によると、ジャリの一日は朝の二リットルのワインに始まり、アブサンを昼までに三度に分けて飲み、昼食時は魚と肉にあわせて赤か白のワインとアブサン、午後は珈琲にマール酒とその日の好みのカクテル、夕食ではふんだんにアペリティフをたのしんだうえで、たいてい三本以上のワインを飲みほし、就寝前には酢とアブサンを混ぜたジャリ・カクテルをやりながら寝入っていたらしい。

趣味も多彩だ。今日ならばジムでトレーニングするような運動をする、自転車をはじめとする機具・機械のたぐいに精通する、カードやダイスなどの賭け事に挑む、そして精力絶倫のセックスを欠かさない。一九〇二年、アメリカ人のエルソンが掲げた「人は二四時間で、どんだけセックスできるか」という課題に挑み、エルソンの娘を相手に監視のもと、実に八二回に及んだ。親友であったギヨーム・アポリネールによると、ピストル・フェチでもあった。

ジャリが超男性だったのである。独身機械だったのである。カフカの独身者の機械もデュシャンの独身者による機械の花嫁も、早熟の異才ジャリが真っ先に体現してみせたことだった。欲望のままに体現したのではない。ジャリはそれが従来の科学に代わる真の科学になるとみなし、これをパタフィジック（形而超学）にしてみせた。

ジャリの戯曲『ユビュ王』は、1896年にパリで上演され、あまりの痛烈さと猥雑さがスキャンダルとなり、演劇・アート・文芸界を震撼させた。この写真は、フランスのテレビ局が番組として制作したものの一場面（1965年）。

「ユビュ王」(Photo by Claude James/INA via Getty Images)

このことについては『ユビュ王』や『超男性』とともに『フォーストロール博士言行録』（国書刊行会「フランス世紀末文学叢書」）を閲さなければならない。これまた奇書中の奇書というもので、生まれながらにして六三歳のフォーストロール博士は体を自在に変形しながら、執達吏と狒々ボス・ド・ナージュとともに三次元の旅に出るという驚天動地の奇行譚を見せる。ブルトンもデュシャンもボリス・ヴィアンもこれにいかれた。

これらのパタフィジックな想像力は、とうてい今日の読者や作家やアーティストが追随できるものではなくなりつつある。おそらく今日においてジャリを踏襲しても何とかなりそうなのは、そのスポーツ観、ないしはアスリート像だけだろう。ところが、それですら今日のメディア・スポーツ時代は、ジャリ的スポーツ力には到っていないままなのかもしれない。

今日のスポーツと、それをとりまく観察と熱狂の視線というものは、このままほっておけばあらゆる「人生の代名詞」となっていくだけだろうと思う。そこには競争も忍耐も克服も、参加も失望も没落も裏切りもある。人生がほぼ縮図されている。はたしてそれでいいのか。スポーツをそんなふうに人生の縮図めいて堪能するだけでいいのかと問わなければなるまい。喜怒哀楽をスポーツに短縮ダイヤルしてばかりいていいのか。次に、こうも問わなければなるまい。ではセックスは人生の縮図ではないのか。機械は人生の縮図をめざしていないのか。セックスも機械もその可能性があるような気がするというなら、では、スポーツとセックスと機械はなぜ一緒に語られなくなったのか、というふうに。最近のメディアが騒ぐスポーツはこういうことに注目しなくなったのである。

二一世紀に向かって驀進する肉と魂の神学的機械に変更させる可能性を、アルフレッド・ジャリのほうに舵を切って堪能しなければならない。超男性とはスポーツに投身するすべての精神と身体が向かっているものの象徴なのである。

ジャリは書いた。「定理。神は無限小である」と。独身者は世界最小の神である、ということだった。独身者はそれ自体が「独身者の機械」だったのだ。

第三四夜　二〇〇〇年四月十八日

参照千夜

六四夜：カフカ『城』　五七夜：デュシャン&カバンヌ『デュシャンは語る』　六三四夜：アンドレ・ブルトン『ナジャ』　二一夜：ボリス・ヴィアン『日々の泡』

アリサの愛は「神の愛」の代償なのか。
愛はどこから犠牲をともなうのか。

アンドレ・ジッド

狭き門

山内義雄訳　新潮文庫　一九五四／川口篤訳　岩波文庫　一九六七／中条省平・中条志穂訳　光文社古典新訳文庫　二〇一五
André Gide: La Porte Étroite 1909

野間宏のところへ行ったら、はい、これねと渡された原稿は『法王庁の抜穴』（新潮文庫）だった。そのころ編集していた高校生用の読書刺戟（しげき）タブロイド新聞「ハイスクール・ライフ」（東販発行）の〝わが一冊〟のための原稿である。
読んでいない作品だった。その場で目を通し、はあ、やっぱりジッドはこれですかと訊（き）いたら、君は何を読んだのかとギョロリと目をむいた。慌（あわ）てて『狭き門』とか石川淳さんが訳した『背徳者』（新潮文庫）とかと言うと、ああ、『背徳者』は自分の生命の享受のために女を犠牲にする男の話、『狭き門』は倫理のために生命を犠牲にする女の話だろ。

『法王庁』はそれを全部引きとって倫理を破って殺人を犯すんだよ。でも、その犯罪にはいくら探しても理由がないんだね、とニコリともしないで言った。しばらくして読んでみて得心した。

しかし今夜の千夜千冊は、最初に読んだ『狭き門』にする。二つ、思い出がある。ひとつはまたまたIFに勧められたのだった。勧められたのではなく、「アリサみたいな気持ちって松岡さんにはわからないでしょ」と言われたのだ。高校三年の十月ころだ。

もうひとつは、ずっとたってから岩井寛さんから、「松岡さんはアリサをどう思いますか」と訊かれた。いまをときめく精神分析の大家からそんなことを急に訊かれて困ったが、もっと困ったのはアリサの記憶は高校時代のIFの記憶と分かちがたく結びついていたので、それを即座にほぐして話せなかったことだ。

岩井さんはぼくを助手席に乗せながら、「アリサの愛が神の愛による代償なのか、死の愛をもって生の愛を越えようとしたのか、そこが結局われわれの精神医学に立ちはだかっているんですよ」と言った。ぼくはこれはえらいことになったと、しどろもどろに曖昧なことを言ったのだろうと憶うが、岩井さんはとても低い声で、まあエロスとタナトスの、そのどっちから見ていくかということですね、と笑った。

アリサはジェロームを愛しながらも死を選んだのか、地上的な自縛する愛を天上的な愛に解き放つために、ジッドがアリサを死なせたのか。それならジェロームはどうしたらいいのか。岩井さんはエロス（心）から見るか、タナトス（神）から見るかですねと言ったわけである。

『狭き門』の最後のアリサの日記に、「主よ、ジェロームとわたくしと二人で、二人ともあなたさまのほうへ近づいていくことができますように」とあるのだが、そこをどう読むかということだった。『法王庁の抜穴』のラフカディオ（動機のない無償の行為を敢行する）といい、『贋金（にせがね）つくり』（岩波文庫）のベルナールといい、ジッドは苦悩が生み出した人格表象を描くのが得意なのである。

ジッドの少年期は『狭き門』の舞台とあまり変わらない。パリ大学法学部教授だった父親は十一歳のときに死に、母親のかつての家庭教師が同居して、ジッドは育った。この特異なシチュエーションは『狭き門』にそっくり移行されている。ただ、小説の中では少年期のことは省略されている。

実際の少年ジッドは自伝的な『一粒の麦もし死なずば』（新潮文庫）を読めばわかるのだが、そうとうに病的な臆病（おくびよう）者で、成績はたいてい不良、判断をたえず鈍らせて教師を困らせていた。おまけに自慰の悪習に悩みつづけていた。ようするに少年ジッドは、多くの少年がそうなるようなサナギ状態の中にいた。

両親も家庭教師も、厳格なプロテスタンティズムによる過剰な克己主義を少年に押しつけたのだ。これは自慰少年にはきつかった（ジッドは、のちにポール・クローデルやフランシス・ジャムが再三勧めたにもかかわらず、生涯にわたってカトリックへの転身を拒みつづけた）。

こうした蛹虫ジッドがサナギから脱出しはじめるのは、二つ年上の従姉マドレーヌ・ロンドーの清純な美しさに寄せた思慕にめざめたときからである。ここからは青少年期にいる者のどこからでもおこることであるが、恋がなにもかもを変えるきっかけになった。ジッドはジェロームに、マドレーヌはアリサになっていく。『背徳者』のマルスリーヌもマドレーヌの変形になっていく。もっとも小説では、アリサはジェロームに無上の愛をのこして自らの命を絶っていくのだが、実生活ではジッドはマドレーヌに求愛ののち結婚する。

ジッドとマドレーヌの結婚生活はけっこう傾いていた。死後に公開された『秘められた日記』（人文書院）が明かしているのだが、ジッドはマドレーヌのような精神的に清純な女性には性欲がないと思いこんでいたという。

ただ、にわかには信じがたい。ジッドが異常性欲の持ち主で、また過度の同性愛志向をもっていたこともよく知られているからだ（ジッドの告白もある）。実際にマドレーヌが「白い結婚（マリアージュ・ブラン）」のうえの〝処女妻〟として生涯を送ったかどうかも（そう言われているのだが）、あきらかではない。このあたりジッドは何かを隠し、何かを暗示して死んでいったふうにも見える。

ロレンスの『チャタレイ夫人の恋人』（新潮文庫）がそうであったように、ジッドの『背徳者』や『狭き門』はプロテスタンティズムの批判になっている。しかしこのこともジッドからすると正反あいなかばしていることで、現状のキリスト教には我慢ならなかっただろうけれど、本来のキリスト教の愛の哲学はそれが実践さえされるのなら、何にもましてすぐれたものだと考えていたふしがある。

他方また、のちにジッドは共産主義に共鳴して、「真に理解された個人主義は共同体に奉仕すべきだ」という自説を主張しようとするのだが、もしキリスト教が偽善を打破して愛の原始性に回帰できるなら、そちらのほうがずっといいとも考えていたふしもある。ジッドという男、けっこう面妖なのである。

話を『狭き門』に戻す。この作品はとても平易な文章で綴られている。そうではあるが、その行間がもたらす緊張感とこの作品を読みながら促される思索の一貫性については類がないほどの質になっている。これはジッドの彫琢だ。きっと何度も書きなおしたのであろう。

大正末年、ジッドを読んだ石川淳は「ここには鑿の冴えがある」と書き、「葉陰を洩れて水に沈む日の光」というメタファーで、『狭き門』の文体を絶賛したものだった。なるほどうまい批評だが、ぼくの印象では、作家の想像力に頼らない力、すなわち信仰とその破れ目の両方に注がれる言葉が効いていて、それがジッドの文体に自浄をもたらしたように見えた。文体を天上から糸やテグスで引き上げるように感じられるのだ。

構成は緻密ではない。ただ構成した狙いを隠さなかったのがよかった。『ルカ伝』第十三章第二四節に「力を尽くして狭き門より入れ」とあるのをエピグラフにおき、作品の冒頭で「ほかの人たちだったら、これをもって一巻の書物を書きあげることもできただろう。だが、わたしがここに物語る話は、わたしがそうした生活を生きんがために全力をつくし、そして、わたしの精根がそれに傾けつくされたところのものなのだ」という〝投げ捨て〟をやってみせた。これによってこの作品の金輪際が伝わり、読者も一気に物語に入っていける発動装置が見えやすくなった。

ジッドは、物語を「記録もの」ではなくて「語りもの」にしたいと思っていた文学者だろうけれど、その狙いは成功したのである。

ところで、ぼくはこの作品を高校時代の一読以来ほったらかしにし、やっと再読したのはつい先週のことだった。「千夜千冊」はそういうことの試行につぐ試行のたゆたいではあるものの、ときにその初読体験のあまりにかけはなれた様相に驚くことのほうが多い。

けれども『狭き門』についてはまったく困ったことに、あのIFを慕って読んだときの印象とあまり変わっていなかった。これはジッドを褒めるべきなのか、それともぼくの拙い恋心がいまだになんらの成長もしていないことを告げているのか、そこは定かではないけれど、ともかくも文学作品のもつシチュエーション設定の力というものを久々に感じさせた。

ジェロームとアリサについても、ジッドの思惑どおりに動揺させられた。まるで高校生を一歩も出ていないというお粗末なのだが、まあ、そうなのだ。なぜそういうお粗末がおこるかということをあえてちゃんといえば、これは青春文学は永遠だということではなくて、われわれは少年や少女のころに、あるいは青春のころに、ついつい体験してしまった記憶の襞にひそんでいる失望や悲哀や落胆の気配を、いまもってつねに再生しているということなのである。

いいかえれば、二度と体験できない失望と悲哀をこそ純粋なものとみなしたいということなのだ。アリサはこう日記に書いている。「悲哀は一種の罪の状態で、錯綜なのです」と。

悲哀は罪になる？　悲哀は錯綜？　アリサもわれわれも、そこまで自分の体験を普遍なものとしてみたいのだ。しかし、こういう感覚を好むには、失望こそが香ばしいものであるという「抱いて普遍」とは異なる「放して普遍」の味をどこかで本気で味わっておく必要がある。それが面倒なら青春文学を何度も読むことである。こういう話は『法王庁の抜穴』ではしにくい。

第八六五夜　二〇〇三年十月八日

参照千夜

八三一夜：石川淳『紫苑物語』　一三二五夜：岩井寛『森田療法』　八五五夜：ロレンス『チャタレイ夫人の恋人』

世界と自分のあいだに落ちているものがある。
それは「方法の魂」だ。

ポール・ヴァレリー

テスト氏

小林秀雄訳　野田書房　一九三四　創元社　一九三九　／　粟津則雄訳　福武文庫　一九九〇　ほか

Paul Valéry: Monsieur Teste 1896

おそらく二一世紀は「方法の世紀」となるだろう。そう、ぼくはずっと予告しつづけてきた。最初は、「主題の時代ばかりがまかりとおるなんて、もうたくさんだ」という意味だった。「愛」や「平和」や「希望」や「平等」といった主題なら、とっくの昔に出揃っている。そんな主題を何千回、何万回も甲論乙駁（こうろんおつばく）するよりも、そうした主題を動かす方法に着目したほうがいい、そういう意味だった。

方法とは道筋である。手立てである。ギリシア語メタ・ホドス（meta hodos）に発するメソッド（英 method）やメトード（仏 méthode）もそういう意味をもつ。目的や目標に向かうための道筋を発見すること、それが方法だ。だから方法は仕組みであって目標に向かうための裂け目をつくることである。主題はいつもどかっと坐(すわ)っているが、方法は切れたり離れたり、くっついたり重なったり折れ曲ったりする。方法はいつも稲妻のように動いているし、割れ目のように何かのあいだにある。そのような主題と主題のあいだにある方法に注目したい。そう、考えるようになったのだ。

そのうち、科学の方法よりも「方法の科学」こそが必要ではないか、政治の方法より「方法の政治」が必要ではないか、哲学の方法より「方法の哲学」のほうが大事なんじゃないかという、ちょっとラディカルな気分になってきた。

すでに文学の方法より「方法の文学」がメタフィクションを生み、映画の方法よりも「方法の映画」が映画界や映像作家を変え、コンピュータの方法よりも「方法のコンピュータ」のアルファ版こそがコンピュータの業界やユーザーを革新してきたわけである。方法そのものが世界観をあらわしてもいいはずなのである。

> 欠陥が私の出発の基礎だ。無能が私の根源だ。
> 理想とは、不満の意を表現する方法のことである。

いまから百年前、世界と自分を見るにあたって必要なのは方法だけであると断言してみせた詩人がいた。哲人というべきかもしれない。十九世紀末から二十世紀初頭にかけてのポール・ヴァレリーだ。ヴァレリーは、レオナルド・ダ・ヴィンチが芸術の方法に夢中になって、まさに方法の芸術家たろうとしていたことを考察して、すべての思索というものは方法の発見のほうに向かわなければならないと確信した。

「不安定なものこそが生の道筋を通る」ということがある。その道筋になんとか気がつけば、精神を手づかみで取り出せるときもある。なぜならば、精神とはその道筋そのものであり、その道筋を眺める視点が複合化されたものであるからだ。

ヴァレリーはもともとは主題として精神を選んだのであるけれど、そのうちその精神が隙間を走る姿に関心をもちはじめ、やがては精神とは実は方法そのもののことだったということに気がついた。「九歳か十歳のころ、わたしは自分の精神の島ともいうべきものを作り始めたにちがいない」と書いている。

若いヴァレリーは南仏の海港セートにいた。ゴーティエやボードレールから刺戟（しげき）をうけての精神の島づくりだったろう。やがてモンペリエ大学に入って法律を学び始めるのだが、大学が教えるものには精神の島がない。科学の方法や法社会学の方法ばかりを教えて、方法の科学や方法の文化がありうることなんて教えない。法学士を取得した直後の激しい嵐の夜、ヴァレリーはついにみずからの知的クーデターに着手して、「知性の偶像」以外のいっさいを拒否することを決意した。この一夜は「ヴァレリーの雷鳴の一夜」と呼ばれる。

この決意は、青年時代のヴァレリーがユイスマンスの『さかしま』（河出文庫）を通してマラルメを知ったことや、ポオの宇宙論『ユリーカ』（岩波文庫『ユリイカ』）を読んだことが大きなきっかけになっている。その直後、ヴァレリーはこの決意をまるで国家機密のように大事にして、前人未踏の思索に耽（ふけ）ることになる。

テスト氏とはそのようなヴァレリーの分身のことだ。「精神」がヴァレリーであるとすれば、その精神を発現させ創発させている「方法」がテスト氏なのである。

> 思考は極端なるものによってのみ進み、
> 中庸なるものによってのみ存続する。

テスト氏は四十歳くらいの人物だ。趣味も仕事も株だった。株屋であることが生きがいで、株が動くのを見るのが専門だ。だから、社会や人間の可塑性（かそせい）ということに著しい関心をもっていた。

フランス語では株式会社のことはソシエテ・アノニム（Société Anonyme）というのだが、これは直訳すれば無名会社というふうになる。テスト氏はこの言葉の出来がすこぶる気にいっていた。無名なものの複合性が株の動きでつくられているというのが、おもしろい。株は見えないのに、会社は見える。株が動けば会社も動き、社会も動く。けれども会社を次々に株に還元してしまえば、その会社には「生きている状態」がなくなっている。紙っぺらになる。

これは何かに似ている。何に一番似ているかといえば、精神にそっくりなのだ。だからテスト氏は株屋でありながら、精神の動きの専門家でもあった。

というようなことをひとつの見通しにして、ヴァレリーはテスト氏によって眺められた自分を綴っていった。この方法は、自分とは「自分と自分のあいだ」にいるものなのだという見方をしていたヴァレリーにはぴったりだった。それにこういう綴り方をしていれば、自分はいつも自分と自分のあいだに居続けられた。有名なことであるが、ヴァレリーは大の小説嫌いだったのだ。小説はぐちゃぐちゃすぎる。また、詩は書いてはいたが、自分にしっくりくるものではないと思っていた。

ヴァレリーがテスト氏を重要だと思っていた理由は、ほんとうはテスト氏が株屋であることよりももっと大事な特徴をもっていたことにあった。

テスト氏には、一定の意見も特定の主張もまったくないというところが大事だったのだ。テスト氏は「思い」に従って現象を通過できる。だからテスト氏が喋りはじめると、そこで語られるモノやコトがそこに混じりあい、テーブルは拡がり、街はテスト氏の話の中の空間になっていく。そういうふうにテスト氏が喋っているのを聞いていると、ヴァレリーは嬉しくなって、ついつい次のように書いてしまう。「精神と精神とのあいだに立ちはだかる永劫の壁が崩れてゆくと思われた」というふうに。

　世の中には創造する天才があるように、
探す天才もあり、書く天才があるように、
　読む天才もある。

ヴァレリー自身のことと、文学的時代背景のことを少し追っておきたい。とくにヴァレリーは「本の人」だったから、どんな「本から本へ」を体験したかも一瞥しておく。生まれは一八七一年で、地中海沿岸のエロー県の港町セートである。この地中海にまみれていることが大きい。
　父方の祖先はコルシカ島の船乗りで、父もコルシカ生まれ、母親はセートに駐在していたイタリア領事の娘だった。少年ヴァレリーも船や海に憧れて育った。五歳でドミニク派の修道学校に入り、七歳でセートの初等学校に、十歳で高等科に進んだあとはモンペリエに引っ越して、そこのリセに通った。本好きはこのころ始まったようだ。
　一八八八年、モンペリエ大学の法学部に入るのだが、ここでポオとボードレールにはまった。決定的だった。たちまちユイスマンスの『さかしま』に溺れ、デ・ゼッサントが愛読したヴェルレーヌ、ランボオ、マラルメに魅了された。絵に描いたような象徴主義の耽読だ。そこへもってきて大学で知りあった友人ピエール・ルイスがマラルメ派だったから、もう後戻りができない。さっそくマラルメに手紙を送り、ルイスが紹介してくれたアンドレ・ジッドに会いに行った。
マラルメの「火曜会」に顔を出すようになると、ヴァレリーの行き先は決まったようなものだった。「詩人のナルシス」にめろめろになったのだ。

世界は平均的なものによって成り立っているが、
その価値は極端なものによってしか産み出されない。

詩をいろいろ書いた。ところが多くの青年にありがちなことだけれど、困ったことに気がついた。ヴァレリーは自身の詩人としての才能に疑問をもったのだ。世の多くの若き才能はそれでも諦めきれずに詩を書きつづけて詩人の生涯をまっとうしようとするのだが、そしてそれはそれで大いに立派なことであるが、そこが違った。ヴァレリーは「知性の解明」に向かいたくなったのだ。
一八九二年の九月から十一月のあいだ、母方の親戚の住むジェノヴァに滞在した。ある夜、嵐がやってきて雷鳴が轟いた。これがかのジェノヴァの夜の「雷鳴の一撃」になるのだが、ここでヴァレリーは転位する。公表を前提にしないノートをとりはじめ、ひたすら思索の跡を辿った。二万六〇〇〇ページに及んだノートは、のちに『カイエ』（筑摩書房「ヴァレリー全集」カイエ篇）として刊行されている。

この集中によってヴァレリーが辿り着いたもの、それが「方法」である。「方法の塊」である。「方法」こそ探究すべきものだと確信した。『レオナルド・ダ・ヴィンチの方法』（岩波文庫・ちくま学芸文庫）と『テスト氏』でそのことを確かめ、『方法的制覇』（筑摩書房「全集」）で凱歌を挙げる。

こうしてヴァレリーはほぼ二十年間にわたってブンガクから遠ざかったのである。ジッドに促されて旧作の詩を整理し、詩集『若きパルク』（みすず書房）をまとめたのは一九一七年になってからのことだ。ただ、これが「NRF」に発表されると絶賛されたので、ちょっと困った。せめて世の中の詩ではないところへ赴くため、十音綴を用いたり、各節六行の詩を書いたりした。それが「海辺の墓地」になる。その一節に「風立ちぬ、いざ生きめやも」があり、堀辰雄の『風立ちぬ』（新潮文庫など）になった。不本意ながら、これまた評判になった。

その後のヴァレリーについてはかんたんにすますけれど、とくに強調しておきたいのは、第一次世界大戦の火が鎮まったかにみえた一九一九年、ロンドンの週刊誌に『精神の危機』（岩波文庫）が英文で、「NRF」にフランス語で掲載され、それが大きな反響を呼んだことだろう。のちに『ヴァリエテ』（白水社・平凡社ライブラリー）に収録された。

ヨーロッパの精神的没落に警鐘を鳴らしたのである。精神の多義性を訴え、自由が束縛や不如意（ふにょい）の中にこそひそむことを指摘した。「我々は後ずさりしながら未来に入っていくのです」という有名な一文がある。

　　新しいものの中で最もすばらしいことは、
　　人間の最も古い要請にこたえることだ。

雷鳴の一夜、ヴァレリーは「世界と自分のあいだに落ちているものがある」「それは方法だ」と見抜いた。そのうえで精神と言葉のあいだに蠢（うごめ）くものを描写した。イメージとマネージの隙間を走る道筋を辿ろうとした。その「蠢くもの」「隙間を走る道筋」が、方法だった。

　さて、以上のことはことごとく、ぼくにとっての編集工学のヒントになった。のみならずアンドレ・ルロワ＝グーランが推察しつづけて、ケネス・バークが探索しようとした動機の文法とつながった。ヴァレリーの方法は、ヴィトゲンシュタインが苦しまぎれに「ぼけたへり」ととらえ、ホワイトヘッドが「オーガニックな点（ポイント）―尖光（フラッシュ）」とみなしたものであり、グレゴリー・ベイトソンが「相補的分裂生成」と名付けようとした、その当のものであった。いや、もっとわかりやすくいうのなら、テスト氏とは、ぼくが方法の学校をはじめたときの初代校長であったのだ。
わかってもらえるだろうか。テスト氏こそはわが編集哲学の近代にあたる燎原の火の火元であって、わがイシス編集学校の現代にあたる雷鳴の兆しであり、かつまたわが編集工学の文芸的導火線だったのである。

第一二夜　二〇〇〇年三月九日

参照千夜

二五夜：『レオナルド・ダ・ヴィンチの手記』　七七三夜：ボードレール『悪の華』　九九〇夜：ユイスマンス『さかしま』　九六六夜：マラルメ『骰子一擲』　九七二夜：『ポオ全集』　六九〇夜：ランボオ『イリュミナシオン』　八六五夜：アンドレ・ジッド『狭き門』　六四一夜：堀辰雄『風立ちぬ』　三八一夜：アンドレ・ルロワ＝グーラン『身ぶりと言葉』　四八夜：ケネス・バーク『動機の文法』　八三三夜：ヴィトゲンシュタイン『論理哲学論考』　九九五夜：ホワイトヘッド『過程と実在』　四四六夜：ベイトソン『精神の生態学』

みんなが生きるために来るパリを、
僕は死んでゆくものに出会うために見る。

ライナー・マリア・リルケ

マルテの手記

大山定一訳　新潮文庫　一九五三／望月市恵訳　岩波文庫　一九四六／
松永美穂訳　光文社古典新訳文庫　二〇一四
Rainer Maria Rilke: Die Aufzeichnungen des Malte Laurids Brigge 1910

久しぶりにパリに行って、慌ただしく仕事（平家物語についての講演）をして帰ってきた。同行した者たちから「松岡さんはまるで心ここにあらぬという感じでパリにいましたね」と口々に言われた。みんなでパリの街をあれこれ動いていたときの印象らしい。ある女性からは「まるで死に場所を探しているようだ」とも言われた。

パリを歩くと困ってしまう。そこがボードレールやヴァレリーの街であり、ナタリー・バーネイやジャン・コクトーやココ・シャネルの街、ベンヤミンの街であることが困るのだ。東京の下町を歩いても、そうならない。永井荷風も葛西善蔵も辻潤も見えなくなるほど光景が様変わりしているからだ。パリはほとんどが元のままだ。

往時の景観がよく残っているはずの京都を歩いていても、こういう気持ちはおこらない。それにぼくは京都ではエトランゼになりえない。パリはそうはいかない。自分でも意外なのだが、神経を尖らせて歩く。それでもこの程度のトポスの記憶ならまだしもかなり軽症なのである。ここに紹介するライナー・マリア・リルケのパリは、あまりにも鮮烈すぎて魂を直撃してしまっていた。


日本人にはあまり知られていないようだけれど、リルケはプラハの人である。明治八年（一八七五）に生まれた。軍人であって鉄道屋の父はリルケの母と離婚すると、少年リルケをザンクト・ペルテンの陸軍幼年学校に放りこむ。悲しい日々だったらしい。やむなく陸軍士官学校までは進んだが、ここで挫折した。

リンツの商業学校に通いつつ詩作をはじめ、恋をし、恋人を失い、もの思いに耽った。プラハ大学で法律と芸術を習ううちに、またまた悲しくなって『ヴェークヴァルテン』（「人生と小曲」または「いのちとうた」）という詩集を自費出版した。少女がこの名をもつ草に変身して恋人を路傍で待つという伝説に因んでいる。リルケはこの詩集を貧しい人々にちょっぴり配ったり病院へ送ったりしてみた。

それからミュンヘンに行き、ベルリンに転居した。『家神奉幣』『夢の冠』『降臨節』

（いずれも河出新書『リルケ詩集』）を出版し、それを自分で祝って『わが祝いに』を書いた。

これらはいずれも寂しすぎる詩だった。ついでロシアに旅行した。ツルゲーネフに惹かれたからだ。『初恋』（角川文庫・岩波文庫）のウラジーミルにわが身を重ねたのだ。そのとき二十世紀がやってきた。二五歳だった。

ロシアはひたすら荒涼とし、ひたすら広聊としていた。とうていウラジーミルの感傷にはいられない。クレムリンの復活祭の日の鐘の音を聞くうちに、これが自分の復活祭だと感じた。リルケはこのあとも鐘の音について何度も綴っているのだが、この言葉の音感のようなものには凍てつくように鋭いものがある。ただその音を共有してくれる者がなかなか見つからない。

それでもロシアには新たに感じるものがあった。のちにリルケはイタリアを「かつて神がいた国」と名付けるのだが、ロシアは「やがて神がくる国」だったのである。この独特の直観はついに『時禱詩集』（新潮文庫『リルケ詩集』）という大作になる。暗闇ですら会える神との逢着を歌っていた。『時禱詩集』は辛くて途中で何度か放棄したほどに、痛哭で神々しい。

リルケが少しは人間の温度と出会うのはロシアから帰って、彫刻家のクララ・ヴェストホフと結婚してからだ。ヴォルプスヴェーデに住んだ。彫刻家との結婚はリルケを少し変えた。クララは弟子をとるアーティストだったが、クララとともに出会った芸術家たちとの交流のほうに惹かれて、それがのちのちまで尾を曳いた。それならヴォルプスヴェーデにそのまま住めばよいだろうに、リルケはパリに行く。すべてを残してパリに芸術と孤独を求めに行った。

それがマルテのパリなのである。マルテとしてのリルケは、今度は寂しさよりも厳しさがほしい。四年にわたってロダンのアトリエに出入りして、芸術家の苦悩にふれた。内面に入ってみた。リルケ自身にロダンを勝るものだってあったろうに、自分より大きい厳しさが必要だったようだ。セザンヌのアトリエにも出入りした。図書館に通ってロダン論も書いた。リルケの姿勢は、日本の志賀直哉、有島武郎、武者小路実篤らの白樺派に飛び火した。

ロダンやセザンヌに感得した言葉は『形象詩集』(弥生書房)という結晶になる。眼の力が一本の樹林を持ち上げ、それを天の前に立てると形象が生まれていくというような、リルケにしか彫琢しえない詩群だ。美術批評にはまったく見当たらない炯眼が輝いた。安部公房は二二歳のときにこの詩集を耽読して創作に向かい、「ポーは文学だが、リルケは世界だ」と唸ったものだった。

けれどもリルケには、一連の詩篇を書き上げることは、一連の投影を了えたことに当たっていた。もっと大きな体験がほしい。そこで徹底してみたのが、パリを生命の行方として凝視することだった。

こうして『マルテの手記』が綴られた。詩というよりも小説であり、物語というには詩魂が透徹されすぎていた。第一行目にして、こうなのだ、「人々は生きるためにみんなここへやってくるらしい。しかし僕はむしろ、ここでみんなが死んでゆくとしか思えない」。

『マルテの手記』のパリ観察は、デンマークの貴族の家に生まれた無名詩人マルテが見たことになってる。リルケはデンマークの詩人たち、たとえばヤコブセンやヘルマン・バングが好きだったので、デンマーク生まれの若者を自分の分身にした。

しかしマルテにとってのパリは、死にくるための街なのである。実際にも手記に登場してくるパリは、そこがノートル・ダム・デ・シャンであれオテル・ディユ病院であれ、明るいはずのチュイルリー公園ですら、なんだか死に方の見本のような細部観察で成り立っている。

リルケは似たような感想を、新たな恋人となったルー・アンドレアス・ザロメへの手紙にも書きつらねている。とくに「パリは困難な都会です。ガレー船です」というセリフは有名だ。パリはリルケにとってもマルテにとっても「いとわしいもの」で、つねに「行きあうすべてのものたちからたえず否定されている」ような街だったのである。こういうところがぼくのパリ散歩にも響いているのだが、さらに困るのは、マルテことリルケの姿勢があまりに過敏で真摯であるということだ。

そもそもこの手記は「僕は見る目ができかけているのだろうか」という疑問の萌芽から始まっている。そのうえで、細部にいたるまで心を観察するという手記になっている。できるだけ正直に、できるだけ偽りなく――。

ぼくは見ることを学んでいる。
何が原因かはわからないが、
何もかもがこれまでより深くぼくの中に入りこみ、
いつもはそこが行きどまりだった場所でも、
立ち止まることがない。
ぼくには自分でも気づかなかった内側がある。
何もかもがいまやそこに入っていく。

そこには国木田独歩の日記『欺かざるの記』（抄録＝講談社文芸文庫）のような日本人はいない。あくまでヨーロッパの、オーストリアの、ブレーメン地方の、陸軍幼年学校や士官学校が育てた青年の、そのような人物によるパリにおける赤裸々な手記だ。もっと俯瞰的なことをいうのなら、リルケが見たパリは二十世紀がその後に作り出すすべての資本主義都市の行方を見定めたものだった。

明治四四年（一九一一）、リルケはイタリアに遊んで、ホーエンローエ公爵夫人の招きをうけてアドリア海に臨むドゥイノの館に滞在した。哲学者のルドルフ・カスナーと知りあい、アンドレ・ジッドを紹介された。

それから一九一四年まで四度にわたってドゥイノの館に滞在しているあいだに、連作詩『ドゥイノの悲歌』（手塚富雄訳・岩波文庫）を書きはじめた。ついに何かの霊感や天啓に誘引されたのだ。

連作は戦火で中断されるのだが、人間の無力とはかなさを謳った「嗟嘆」の連作詩はその後も書きつづけられ、リルケ独自の全一天使の歌となっていった。

ドゥイノ滞在中に第一次大戦がヨーロッパを覆ってきた。リルケは少年時代のように逃げるのはやめた。応召してオーストリア軍に加わった。ところが軍隊はリルケを弾き出した。軍隊で動くには、リルケは病弱すぎた。ミュンヘンに行った。戦争の四年間をミュンヘンで、できるだけ創作に携わらないようにして、たとえば翻訳に従事するようにした。リルケはこの戦争から弾かれた時期を「旱魃期」と名付けている。

たんなる翻訳ではない。翻訳のレパートリーを見て、ぼくは驚いた。グラン、ポオ、ジッド、ヴァレリー、そしてミケランジェロだ。たしかにリルケは「僕は変化する印象だ」と綴っていた。けれども、その変化はつねに懸崖に向かっていたではないか。そうでなければ、翻訳にこんなような顔ぶれを選ばない。あまりに鋭い相手ばかりになっている。とくにヴァレリーには本気でとりくんだようだった。大正十三年（一九二四）には、そういうリルケのもとへヴァレリーが訪ねている。

いったいなぜここまでリルケは突きつめるのか。とことん挑むのか。手を抜かないのか。言葉の錬磨のためなのか、あるいは精神の凡庸を嫌ったのか、それとも持ち前の気質というものなのか。

ヴァレリーに傾倒したのは、詩人には「雷鳴の一撃」があることを確信できたからだった。それが夜におこることを確信していたからだ。ノヴァーリス、ヘルダーリン、ワーグナー、そしてヴァレリー同様に、リルケは夜の覚醒にのめりこむ。「夜の散歩」「夜の詩圏から」「強力な夜に抗って」などの詩がある。こんなぐあいだ。

この本来の夜の中へ
ニセモノの粗悪な模造の夜を引っぱりこみ、
それで満足しなかった者がいただろうか。
私たちは神々を、

発酵したゴミ溜めのまわりに放置している。
なぜなら神々は誘いかけてくれないからだ。
神々は存在するだけで、
存在以外のものではない。
過剰な存在でありながら、香りを放たず、
合図も送らない。
神の口ほど沈黙したものはない。

ところで、どうしても気になることが、ひとつある。それはリルケが別れた母親を憎悪していたということだ。そのことを何度も書いている。なぜそんなふうになったのか、理由はほとんど説明していない。

この感覚はぼくにはない。母は「いとしきもの」である。リルケがルー・ザロメを思慕し、また思慕されるのはよくわかるのだが、そこに母への憎悪が介在していたとすると、ぼくにはリルケを議論する資格がまったくないことになる。もっともリルケがそうであれば、ぼくにはリルケの内面体験を読むことが、ときにショーペンハウアーやニーチェを読むとき以上の、かけがえのない感情的な律動になりうるのでもあった。かくして、もしもリルケを読んでいなかったら、ぼくはとっくにニーチェにもジル・

ドゥルーズにも愛想をつかしていただろうと思うのだ。そして、パリではもっと陽気にはしゃいでいたことだろう！

第四六夜　二〇〇〇年五月九日

参照千夜

七七三夜：ボードレール『悪の華』　一二夜：ヴァレリー『テスト氏』　二九夜：ジャン・シャロン『レスボスの女王』　九一二夜：ジャン・コクトー『白書』　四四〇夜：マルセル・ヘードリッヒ『ココ・シャネルの秘密』　九〇八夜：ベンヤミン『パサージュ論』　四五〇夜：永井荷風『断腸亭日乗』　一二六五夜：『ルー・ザロメ回想録』　六五五夜：国木田独歩『武蔵野』　九七二夜：『ポオ全集』　八六五夜：アンドレ・ジッド『狭き門』　一三二夜：ノヴァーリス『青い花』　一二〇〇夜：『ヘルダーリン全集』　一六〇〇夜：ワーグナー『ニーベルングの指輪』　一一六四夜：ショーペンハウアー『意志と表象としての世界』　一〇二三夜：ニーチェ『ツァラトストラかく語りき』　一〇八二夜：ドゥルーズ＆ガタリ『アンチ・オイディプス』

その中に「顕現するもの(エピファニー)」を見いだし、
それを「用意周到にけちった文体」で書き綴る。

ダブリンの人びと

ジェイムズ・ジョイス

米本義孝訳　ちくま文庫　二〇〇八／安藤一郎訳　新潮文庫　一九七一／
柳瀬尚紀訳　新潮文庫　二〇〇九

James Joyce : Dubliners 1914

おおざっぱにいって、フランス文学には、バルザックのように都市の人間像を濃厚な物語にする伝統がある。ゾラはそこに「遺伝の血」を投入した。これらはボッカチオの『デカメロン』(河出文庫)以来の伝統だ。「レミニッセンス」(reminiscence)が活(い)きていた。記憶が一定時期をすぎたほうが劇的に再生されることをいう。

一方、イギリス文学には、巷間(こうかん)の人々が日々互いに語りあう様子を直截にブンガクする伝統がある。教戒師が相手にした人物の様子やコーヒーハウスでの噂話がそのままノヴェルズ(新奇なもの)になった。ディケンズにおいてはそれが『二都物語』(光文社古典新訳文庫）や『オリヴァー・ツイスト』（新潮文庫）に仕上がり、またホガースの風刺版画や「イラストレイテッド・ロンドン・ニュース」になった。これは中英語が確立したチョーサーの『カンタベリ物語』（ちくま文庫）このかたの伝統手法だろうと思う。フランスとイギリスではブンガク確立の方法がかなり違うのである。

アイルランド文学はどうなのか。北海道ほどの面積のアイルランドには土着のケルト系アイルランド人（ほとんどがカトリック）と、イギリスから移植してきたアイルランド人（ほとんどがプロテスタント）がいる。ダブリンという町にはこれらがまじって、約四〇〇年にわたって英国軍が駐屯してきた。駐屯が解かれるのは一九二二年だ。公用語はアイルランド語だが、英語が日常的に使われている。ジョイスが生まれ育ったダブリンにはイギリス人の総督がいた。今日の香港のようなものだとみればいい。そういうダブリンの人々のことを、ジョイスは「用意周到に言葉をけちった文体」で書くことにした。これが『ダブリンの人びと』である。

なぜそんなふうにしたのかはあとで少し説明するが、この感覚は織田作之助や久生十蘭などを除くと、日本の作家にはあまりない。たとえば有吉佐和子は故郷の紀州を書くにあたって、徹底して詳細を書きこんだ。何もけちらない。阿部和重の『シンセミア』（朝日新聞社→講談社文庫）は、阿部の故郷の山形県東根市神町を舞台に町と一族の歴史を克明に描いた話題作だが、けちった文体なんてとんでもなかった。

ダブリンはジョイスの故国の首都であって故都なのだから、そこにうごめく人間像を描くのはむつかしくなかったろうが、「用意周到に言葉をけちった文体」でこれを決めこもうとしたところに、時代の方法文学が出来（しゅったい）した。

もちろん、それなりに時間もかけた。いくつかの短かめの作品、たとえば「姉妹」「イーヴリン」「下宿屋」「痛ましい事故」「死者たち」など十五の短編を書き、これらを総じてダブリンの精神誌として少年期・青年期・成年期・社会生活期の四つの相（フェーズ）に構成しなおして、その名もずばり"Dubliners"（ダブリナーズ）としてまとめた。

今夜とりあげるにあたっては、あえて米本義孝（よねもとよしたか）が訳した『ダブリンの人びと』（ちくま文庫）にした。

翻訳は昭和八年の金星堂の永松定訳以来、結城英雄訳（岩波文庫）、飯島淳秀訳（角川文庫）などいろいろ出たし、うまさというなら安藤一郎訳の『ダブリン市民』（新潮文庫）、柳瀬尚紀訳の『ダブリナーズ』（新潮文庫）が捨てがたいのだが、米本訳は訳文は硬いけれども訳注が圧倒的に詳しく、ダブリンのことが浮き上がる。それで選んだ。

ちなみに今夜の千夜千冊を『ユリシーズ』（集英社文庫）にしなかったのは、ホメーロスの『オデュッセイアー』（岩波文庫）のときに、オデュッセウスの長大な物語とレオポルド・

ブルームの一日をできるだけ重ねて案内しておいたからだ。それで、割愛した。けっこう工夫して案内しておいたのでできれば参照してほしい（千夜千冊エディション『物語の函』所収）。

さて、ジョイスという男は一言でいえば「ふしだらダンディ」なのである。そういう作家なのだ。ふしだらでダンディなのではなく、ふしだらがダンディなのだ。そのふしだらぶりは相当なものである。無定見ですらある。織田作の比ではない。そういうジョイスがなぜダブリナーズの面々にブンガクの酵母菌を見いだしたのかを語るには、少々ジョイスの生い立ちを追っておく必要がある。

明治十五年（一八八二）、ジョイスはダブリンの南のラスガーに生まれた。ここは富裕層が住んでいたところだが、中流カトリックのジョイス家はそのころすでに没落しつつあって、その十人兄弟の長男だったジェイムズは苦労して育った。苦労を買ってでたのではなく、巻き込まれてぐだぐだしたとおぼしい。ということは、小さなころから自堕落な目でダブリナーズを観察していたということだ。

幼児のころに犬に嚙まれたので生涯の犬嫌いになったようなのだが、犬を避けてこわごわ歩いたダブリンとはどんなものなのかと思うと、こういうことだけでもジョイスが見たダブリンやダブリナーズたちの相貌は、かなり変なものになる。

学校は全寮制に入った。学費が払えず退校し、自宅やカトリックスクールで学んだあと、イエズス会の学校をへてダブリン大学で語学を専攻した。英語・フランス語・イタリア語を学び、イプセンの戯曲やウィリアム・イェーツの詩篇に親しんだ。語学の勘はすぐれていた。

卒業してダブリンで何かをするかと思いきや、浪費癖で家計を困らせていた息子は、両親に追いたてられるようにパリに行かされた。表向きは医学免状をとることになっていたが、母親が癌に冒されて危篤になったのでやむなくダブリンに戻るまでの数ヵ月のあいだですら、ぐうたらな日々を送っていた。そのまま母親は亡くなるのだが、その臨終のとき枕元で祈りを捧げることを拒んだ。母親が嫌いだったからではなく、不可知論に徹したかったかららしい。この不可知論もジョイスなりのダンディズムのせいだ。どうにも「やりにくい子」なのである。

母の死後、ジョイスは酒浸りになり、家計はいっそう苦しくなっていく。書評をしたり教師をしたり歌手のまねごとをしたりして、糊口を凌いだ。不可知論はとうてい暮らしの役にはたたない。

食えない、鳴かず飛ばず、なんだか自尊心が許さない。そんな気分になっていた明治三十七年（一九〇四）、ジョイスはまるで自己弁護をするかのように『芸術家の肖像』を書いて版元にもちこんだ。

美学を意識したナラティブ・エッセイとでもいうもので、ジョイスの分身のスティーブン・ディーダラスを主人公にした。その後の『ユリシーズ』でも主要な登場人物になる男だ。ギリシア神話の工人ダイダロスをもじっている。

自信作だったようだが、版元は言下に出版を断った。なんら理解できないし、退屈でリクツっぽい。やむなく改作して『スティーブン・ヒーロー』という小説仕立てにしたのだが、それでも食いつく版元はない。やけっぱちになったジョイスは、町で会ったノラ・バーナクルという若いメイドに気を惹かれ、気分がとろけていった。

のちの傑作『ユリシーズ』は一九〇四年六月十六日という一日（明治三七年水無月）に『オデュッセイアー』のすべてを配当して現在文学にしてみせた方法文学作品だが、その一日というのがノラと出会って六日後、二人で一緒に歩いた六月十六日なのである。いまジョイス・ファンが集って騒ぐブルームズデイは、この日を記念する。

だからノラとの出会いはのちの世界文学史にとってはそれなりに重要になるのだけれど（アンドレ・ブルトンがナジャに出会った日のように）、当時の本人にとっては逃避のようなもの、あいかわらず酒浸りの日々が続いた。ジョイスのダブリンは「酔いどれダブリン」だったのだ。これでは何がおこってもおかしくない。

ある日、フェニックス・パークで顔を合わせた男と口論になり、喧嘩になって逮捕された。ケガを負っていたので、父親の知人のアルフレッド・ハンターなる人物が身元を引き受けて、自宅においた。

この人物は妻に浮気されているという噂のある人物で、ジョイスはおもしろがって、のちに『ユリシーズ』の狂言まわしにあたるレオポルド・ブルームのモデルの一人にした。同じく『ユリシーズ』の登場人物バック・マリガンのモデルとなった医学生とも、このころ会ってあやしげな会話を愉しんでいる。

こんなふうにして、ダブリナーズたちは少しずつジョイスの記憶メモのポストイットになっていくのだが、かんじんのダブリンの町では本人が住みづらくなっていた。ノラを連れて大陸に逃げ、チューリッヒに腰掛けた。

チューリッヒでは当てにしていたベルリッツの英語教師の仕事にありつけず、トリエステで校長の好意のもと教師となって、ここでなんだかんだの十年ほどをおくった。

このトリエステ時代に『ダブリンの人びと』のいくつかの原稿が仕上がり、『スティーブン・ヒーロー』に再度の手を入れた『若き日の芸術家の肖像』（大澤正佳訳＝岩波文庫・丸谷才一訳＝新潮文庫）が仕上がっていった。そのうち、どんなダブリナーズを書くかということが、鮮明に見えてきた。遠いトリエステからダブリンの日々の記憶庫をひっくりかえすようにして光があてられ、その光があたった出来事や人物を「用意周到に言葉をけちった文体」で綴ることにしたのだ。

ジョイスはこの光のことを「エピファニー」(epiphany) と名付けた。現象や人物の動向を観察するうちに、そこに潜んでいたスピリッツが露呈してくること、あるいは顕現してくることをいう。ミルチア・エリアーデが宗教的精神の顕現をエピファニーと名付けたものと同じであるが、ジョイスは登場人物にエピファニーがあらわれてくるようにするには、そこに光るものを絞るための「けちった文体」が必要だとみなしたのだ。そのように方法文学を仕上げることを「エピファニー文学」とさえみなした。「本質チラリズム文学」といえばいいだろうか。

この方法は、プロが写真家たちが町の人物を撮るときに意識的につかっているものと同じだとぼくは見ている。ジョイスはそれを「文章の絞り」や「文体のシャッター速度」に託したのである。

ところが、こんなに自信に満ちた作品だったのに、版元はその意図をいっこうに評価しなかった。すでに十二篇が書きおわっていたのだが、『ダブリンの人びと』はどこからも出版されなかったのだ。

自分の作品が陽の目を見ないとなると、さすがのジョイスも放蕩三昧(ほうとうざんまい)をくりかえしてはいられない。

明治四二年(一九〇九)、勝手知ったるダブリンに帰省し、モーンセル社を版元に選んで

『ダブリンの人びと』の出版契約を結び、ノラの家族に挨拶もして結婚の準備にとりかかり、身重のノラを扶けるための家事手伝いとして自分の妹を呼び寄せたりした。経済力もつけるため、ダブリン初の映画館をつくる計画にも着手した。

ついに改心したのである。柄にも合わず、やることがてきぱきしてきた。「ふしだらダンディ」を棚上げしたかのようだ。ただ残念ながらまだまだツイてはいない。モーンセルとは条件が合わず契約がこじれ、三年ごしの出版計画は白紙に戻った。映画館をおこす会社もうまくはいかない。倒産してしまった。ジョイスはダブリンを離れ、もはや戻るまいと決めた。

このあとふたたびチューリッヒに拠点を移したジョイスは、いまなお完成しない『ダブリンの人びと』のために書き加えていたレオポルド・ブルームに光をあてた短編を、まるで最後の逆襲を謀るかのように一気呵成の『ユリシーズ』として大幅に膨らませ、エピファニー文学の原点をホメーロスの『オデュッセイアー』に求めて、奔放自在な超複合的、超文芸的、超言語的な大作に仕上げることにしたわけである。これはたいそうな乾坤一擲だった。

それでもあいかわらず出版には苦労するのだが、ここでエズラ・パウンドが後押しをした。大正三年（一九一四）、ついに『ダブリンの人びと』はロンドンの版元グラント・リチャーズから刊行された。『ユリシーズ』もシカゴの文芸誌「リトルレビュー」の連載にもちこめた。こちらもエズラ・パウンドの斡旋だった。パウンドは粋なはからいができた英語文化圏きっての文人だ。

ここで第一次世界大戦が始まって、ヨーロッパは大混乱に陥った。『ユリシーズ』は中断した。パリに活路を求めたジョイスに、今度はT・S・エリオット、サミュエル・ベケット、ヴァレリー・ラルボーらが目をとめた。ただ『ユリシーズ』の出版はどこも引き受けない。言語と下意識の言語とホメーロスの言語が混濁するところが随所に仕込まれていたため、たいていの版元が躊躇ったのだ。

もはやあきらめるしかないかと思えた矢先、セーヌ左岸でシェイクスピア&カンパニー書店を開いていたシルヴィア・ビーチが、これを引き受けた。堅実な予約出版だったのだが、見本が書店に並ぶと客が殺到した。シルヴィア・ビーチが何者であったかは、二一二夜を参照してほしい。たいした本好きだ。こうしてついに『ユリシーズ』が劇的な陽の目をみる。大正十一年（一九二二）になっていた。ジョイス四十歳。「ふしだらダンディ」は意気軒高である。

たちまち「意識の流れ」を描いた前代未聞の構成小説として話題にもなり、嫌われもし、猥褻本扱いもされ、多くの後進の前衛作家たちをゆるがしもした。この年はエリオットの『荒地』（岩波文庫）も刊行された年でもあったので、ヨーロッパ文学はここにモダニズムの軌道を大きく転換させることになる。

ぼくは「意識の流れ」という観点でブンガクを見る見方には、あまり与しない。この用語はウィリアム・ジェイムズが提案したもので、「人間の意識は静的な部分の配列によって成立しているのではなく、動的なイメージや観念が流れるように連なったものでできあがっている」という見方をいうのだが、これはあくまで心理学的な内語的心情の告知を前提にしたものだ。ジョイスがしたことは、そういう心理学効果を図ったものではない。もっと端的なことだった。

むしろジョイスは「想像力とは記憶のことだ」と見切ったのである。いくつもの記憶は脈絡をもたないまま想起され再生されるものだが、そもそも想像力とはそういう断片的な記憶のコンビネーションなのではないか。人々が想像力をかきたてられるのも、そうした記憶の断片的な組み合わせによるせいなのではないか。そう見切ったのだ。

それならば、そういう記憶を選びこみ、適確かつ有効に組み合わせていけば、ブンガクはまったく新たな相貌をもつことになるだろう。ジョイスはその実験場にダブリンを選び、その総体を医療カルテのように作り出したのだ。このことこそ「用意周到に言葉をけちった文体」が必要になった理由だった。

ではジョイスはそういう算段で、何を描こうとしたのか。これについてはずばり言っておきたいのだが、ダブリンの「麻痺（まひ）」（パラリシス）を描いたのである。その麻痺は、歴史が現在にもたらす麻痺であり、二十世紀の世界の麻痺であり、ヨーロッパの言語麻痺である。

『ダブリンの人びと』を読むと、そのことが実にまざまざとわかる。キリスト教の役割の限界を描いた（「姉妹」「恩寵」）。欲望と憂さを描いた（「対応」「母親」）。詐欺と裏切りを描いた（「二人の伊達男」「痛ましい事故」）。また、アイルランドからの脱出が失敗すること（「イーヴリン」）、変質者が多いこと（「ある出会い」）、祝福と告知が紙一重であること（「レースのあとで」「死者たち」）を、描いた。

それらはことごとくダブリンの街区や通りや店舗と絡んでいる。そしてダブリナーズの多くが麻痺（パラリシス）寸前だったのである。ジョイスにとっては、それが当然だ。世界はとっくにおかしくなっていたのだ。ジョイスはそれらとともに、二十世紀ダブリンを攪乱（かくらん）するように動かしたかったのだ。

そういうことがダブリンを知らないぼくにありありと伝わってくるには、今夜選んだ米本義孝訳のちくま文庫版がよかった。一章ごとにダブリンの町地図が掲示され、およびただしい訳注がジョイスの意図をあからさまにしてくれる。

ジョイスを「意識の流れ」で読むのはやめたほうがいい。ブンガクは心理学ではなく言葉の病理学だ。イメージの細菌学だ。むろんプルーストをそういうふうに読むのもやめたほうがいい。二十世紀の初頭の方法文学は、こぞって「痛み」や「苦み」のブンガクだったのである。

第一七四四夜　二〇二〇年六月五日

参照千夜

一五六八夜：バルザック『セラフィタ』　七〇七夜：エミール・ゾラ『居酒屋』　一一八九夜：ボッカチオ『デカメロン』　四〇七夜：ディケンズ『デイヴィッド・コパフィールド』　二三二夜：チョーサー『カンタベリ物語』　六三四夜：ブルトン『ナジャ』　四〇三夜：織田作之助『夫婦善哉』　一〇〇六夜：久生十蘭『魔都』　三〇一夜：有吉佐和子『一の糸』　九九九夜：ホメロス『オデュッセイアー』　一〇〇二夜：エリアーデ『聖なる空間と時間』　一〇六七夜：ベケット『ゴドーを待ちながら』　一一六九夜：ラルボー『幼なごころ』　一二二夜：シルヴィア・ビーチ『シェイクスピア・アンド・カンパニイ書店』　九三五夜：プルースト『失われた時を求めて』

英国紳士として一流を好み、
なお謎の残るものたちだけを書いていく。

サマセット・モーム

月と六ペンス

中野好夫訳　新潮文庫　一九五九／阿部知二訳　岩波文庫　一九七〇
William Somerset Maugham: The Moon and Sixpence 1919

どんな分野にもベストテンがある。名山、美人女優、ラーメン、文学作品、科学的発明、プロ野球選手、十大ニュース、おいしいケーキ、交響曲、F1レーサー、名だたるホテル、いろいろだ。ベストテンはそれなりの判定者がいて、かつ選者がまちまちであるところが、おもしろい。投票数や売上げにもとづいたベストテンはどこか一時的で、選者の偏見が入っていないのが、つまらない。
世の世界文学ベストテンは、サマセット・モームの先駆的な偏見によって広まったと言っていいだろう。アメリカ雑誌「レッドブック」の求めに応じて選んだのだが、自分も気にいって、のちに自ら解説と注文を加えて『世界の十大小説』（上下・岩波文庫）にまとまった。こういうものだ。刊行順に並べておいた。

①ヘンリー・フィールディング『トム・ジョーンズ』(英一七四九)
②ジェイン・オースティン『高慢と偏見』(英一八一三)
③スタンダール『赤と黒』(仏一八三〇)
④オノレ・ド・バルザック『ゴリオ爺さん』(仏一八三五)
⑤エミリー・ブロンテ『嵐が丘』(英一八四七)
⑥チャールズ・ディケンズ『デイヴィッド・コパフィールド』(英一八四九〜五〇)
⑦ハーマン・メルヴィル『白鯨』(米一八五一)
⑧ギュスターヴ・フローベール『ボヴァリー夫人』(仏一八五六)
⑨レフ・トルストイ『戦争と平和』(露一八六九)
⑩フョードル・ドストエフスキー『カラマーゾフの兄弟』(露一八七九〜八〇)

十九世紀後半までの小説である。この並びを見てなるほどと思うか、多少は参考にするか、それとも文句をつけたくなるか、その感想はそれぞれでよろしいが、そうなってしまうのもモームの目利き選定力が並々ならぬものだったからだ。こういうことをやってのけるのが、モームなのだ。

ぼくならここに源氏、ラブレー、セルバンテス、デフォー、西鶴、ゾラ、ユゴー、八犬伝、プーシキンなども加えたいと思うけれど、ではベストテンで十作だけ選べと言われると少し困る。モームはその重責を平然とまっとうした。

ちなみに、わが篠田一士がモームの向こうを張って『二十世紀の十大小説』（新潮文庫）を選んでみせたことがあった。これはこれでなかなかの卓見だった。

①マルセル・プルースト『失われた時を求めて』（仏一九一三〜一九二七）
②ジェイムズ・ジョイス『ユリシーズ』（英一九二二）
③フランツ・カフカ『城』（独一九二六）
④島崎藤村『夜明け前』（日一九二九〜一九三五）
⑤ロベルト・ムージル『特性のない男』（独一九三〇〜一九三三）
⑥茅盾『子夜』（中一九三三）
⑦ウィリアム・フォークナー『アブサロム、アブサロム！』（米一九三六）
⑧ドス・パソス『U・S・A』（米一九三八）
⑨ホルヘ・ルイス・ボルヘス『伝奇集』（アルゼンチン一九四四）
⑩ガルシア・マルケス『百年の孤独』（コロンビア一九六七）

日本ではけっこう話題になったベストテンである。二十世紀になってからの定番の中の定番作品に混じって藤村とドス・パソスを入れたのが、それなりに好ましい偏見だった。ムージルの『特性のない男』や茅盾の『子夜』が入るのかよ、篠田は本気で読んでないんじゃないかという声もあったけれど、それを含めて、こうした偏見はときに披瀝されていい。

では、今夜『月と六ペンス』を採り上げることにしたサマセット・モームのことだ。モームは自伝的な大作『人間の絆』（新潮文庫）や短編集『英国諜報員アシェンデン』や『劇場』（ともに新潮文庫）でも知られるベストセラー作家であるが、作家活動に身をやつした作家ではなく、好きにおもしろいことを書いたり、気になる主題に凝ってきたディレッタントな男だとみたほうがいい。

仕立てのいい服を着て男たちのクラブで時事や音楽や文芸について談笑し、ホテルのバーでマティーニを口にしながらバーテンダーと冗談を交わして、一週間後にはスコットランドやシチリアの旅を満喫する。そういう英国趣味の持ち主だ。

まるでジェームズ・ボンドを教養文化人に仕立てなおしたようなものだが、実際にはその逆で、モームはいっとき英国MI6に所属していて、その類型からイアン・フレミングがジェームズ・ボンドを編み出したのだった。ともかくモームという男、「インテリジェンス」が得意だったのである。

そのうえで「書く」のも好きだが「読む」のも大好きで、十大小説を選ぶのだってインテリジェントなプロの仕事にしてみせた。だから『月と六ペンス』についても、次の三点からその風情を推理してもらうのがいい。

(A)サマセット・モームはイギリス諜報機関のメンバーで、ジュネーヴでの諜報活動に携わっているうちに激務で健康を害し、スコットランドのサナトリウムで静養しているあいだに本書を書きあげた。

(B)『月と六ペンス』の主人公はチャールズ・ストリックランドというのだが、これはポール・ゴーギャンその人をまるまるモデルとしているにもかかわらず、その正体がいっこうに説明されない。だから風変わりな伝聞伝記なのである。

(C)作家の「僕」はパリで出会った画家(ストリックランドすなわちゴーギャン)が妻を捨てパリに出て、友に助けられながらも友の妻を自殺に追いやったことが気になり、その画家が南国の女に愛されていることに感心する。

ぼくは炭男だから、めったにベストセラーは買わない。書店に三ヵ月くらいその本がうずたかく積んであると、当分は読むまいと思う。そのくせ書店を覗くたび、気になる装幀の気になる本が並んでいると、その一冊を買ってしまうことがある。またたいていは中身と関係のない理由で読みはじめてしまう。

そのようにして『月と六ペンス』を読んだ。そうやって読むような本はたいていは予想とちがった本で、がっかりすることが多いのだが、なかに予想外の収穫もある。

もうひとつちょっとした理由もあった。高校時代の夏休みの英語の補講で読んだモームの「凧」や「火事」という短篇が気にいった。モームが人間のやっていることを投げやりなのにちゃんと見ているのがおもしろかった。ついでながら、そのころはグレアム・グリーンの短篇、たとえば『無垢』などに親しんだ。

とりあえず、『月と六ペンス』は次のような話になっている。どんな美術にもほとんど関心がなく、どんな画家の才能や生涯に対してもほとんど知りたいという動機を何ももっていないような男が、ゴーギャンにひとかたならぬ関心をもつとしたら、いったいどういう物語をつくればいいだろうか。モームがやってみせたのはこのことである。まるで稼ぎの少ない探偵社のところに舞いこんだ退屈な仕事をやりとげるように、モームはゴーギャンを扱った。

駆け出しの作家の「僕」はロンドンでサロンを開く夫人が気になるのだが、その夫とは一度顔をあわせた程度だった。ところがある日、突然にその夫ストリックランドが姿をくらました。夫人のたっての頼みでパリのどこかにいるらしい夫に会いに行くことになった「僕」は、ストリックランドが妻を捨てた理由はただ絵を描きたかっただけだったということを知って呆れる。

すべてが理解できない「僕」は、パリの友人の画家がストリックランドの絵はすごいんだと言うのもわからない。その友人が自分のアトリエを貧乏暮しのストリックランドに開放し、あげくに自分の妻がストリックランドに心を奪われているのに平気であることが、さらにわからない。おかしなことに、この小説では「僕」は終始、ストリックランドの絵を理解できないばかりか、その寡黙な生き方がさっぱりわからない。

いくつかの事件や事故がおこり、「僕」はストリックランドを見失う。そして時間がたつ。けれども何かが気になって彼が移住してしまったというタヒチを訪れた。すでにストリックランドは死んでいたが、「僕」はそこでアタという現地の女に愛された画家の日々を知って、またまたわからなくなっていく。

筋といえばたったこれだけのことで、しかもゴーギャンの芸術のことやゴーギャンの考え方のようなものは、何も出てこない。美術論を期待してもはぐらかされるだけだ。それなのに本書はゴーギャンの研究家たちが必ず言及してきた物語になっている。ゴーギャンが「負の描写」によって浮き彫りにされているからだ。

『月と六ペンス』でゴーギャンを知ろうとおもってもムダである。そうではなくて、モームという男がゴーギャンの伝記をもとにこんな変な物語をつくったということが、かえって何かの参考になる。何が参考になるかということは、それがまた変な話だが、本書ではわからない。それで『人間の絆』を読むことになっていく。

とはいえ『人間の絆』も、人間のあいだにひそむ絆のことを書いているのだなどと期待してはいけない。そうではなくて、絆でしかない人間を描いている。だからいくら書きこんであっても、人間像は見えてこない。モームのばあいは、どんな人間もただの絆なのだ。インテリジェンスのつなぎ目なのだ。

モーム（一八七四～一九六五）が生まれた家はイギリスの富裕な一族で、父親はパリの英国大使館の顧問弁護士をしていた。母は名家出身の軍人の娘で、パリの社交界の花形だったようだが、両親ともにモームの少年期に亡くなった。そのためパリに生まれたモームはイングランドの叔父（おじ）のところに引き取られて育った。

カンタベリーのキングズ・スクールに入ったものの英語がうまく話せず、吃音（きつおん）が生じたり肺結核にかかったりして、かなり偏屈になっていた。いったんドイツのハイデルベルク大学で法律に従事しようとするのだが、その才能はなさそうである。十八歳でロンドンの聖トマス病院附属医学校に入って医療をおぼえ、インターンとして貧民街の患者の日々にかかわった。このときの観察眼はのちに活（い）きた。

文芸作品はロマンチックなものとエステティックなものが好きだったようだ。自分も書いてみたところ、極限状態を設定しがちになっているのに気がついた。四十歳のとき第一次世界大戦が始まって、ベルギー戦線の赤十字病院に赴いてみたら、資質が買われて諜報機関に転属され、ジュネーヴやペトログラードに赴き、表向きは劇作家としての姿をとりながら、ドイツとロシアの単独講和阻止のためのスパイ活動にかかわった。これらのあいだに書いたのが『人間の絆』だ。

モームは一流好き、旅行好きである。シンガポールのラッフルズ・ホテルに長期滞在してその名を世界中に知らしめたのはモームだったし、バンコクのオリエンタル・ホテルのエキゾチシズムを広めたのもモームだった。いまでは当たり前の文化マーケティングの先駆者だったのだ。

ゲイであり、大戦後はイギリス一の原稿料の取得者だった。そのくせアカデミズムや学問にはゼッタイに加担しない。若者文化にもいっさい媚びなかった。といってダンディズムを売ってもいない。人間の営みには理解不可能なところがいくらでもあって、それらはブンガクにならずとも、世界各地の建物や会話やホスピタリティや装飾になっていることを、過不足なく描きだした。

日本にはこの手の文筆家は、吉田健一などを除いてあまりいなかったが、ぼくの父は

「大作家より、モームみたいなのが文化には必要なんや」と言っていた。

というわけで、モームはやはり秘密諜報部員なのである。ようするにプロなのだ。文学に秘密諜報機関をつくれると確信したプロだった。ぼくはそのことにどこかで気がついて、これはいつまでもモームの術中に嵌まっているわけにはいかないぞと思って、結局はこの手の諜報文学から足を洗うことにしたのだが、もしも一度もそのエスピオナージュな危険の味を知らない者がいるんだとしたら、悪いことは言わない、ハリウッド映画のサスペンスを見るつもりで『月と六ペンス』をさあっと読むとよい。ちょうど映画を見る程度の二時間くらいで読める。

言い忘れたが、題名の「月」は幻想を「六ペンス」は現実をあらわしている。もうひとつ言い忘れたことがある。モームは、その後イアン・フレミングらによって確立していったスパイ小説の原型ともいうべき連作『英国諜報員アシェンデン』を書いた。こちらは二十世紀サスペンス小説のお手本である。

第三三二夜　二〇〇一年七月十日

参照千夜

三三七夜：スタンダール『赤と黒』　一五六八夜：バルザック『セラフィタ』　一一二五夜：エミリー・ブ

ロンテ『嵐が丘』四〇七夜：ディケンズ『デイヴィッド・コパフィールド』三〇〇夜：メルヴィル『白鯨』二八七夜：フローベール『ボヴァリー夫人』五八〇夜：トルストイ『アンナ・カレーニナ』九五〇夜：ドストエフスキー『カラマーゾフの兄弟』一五六九夜：紫式部『源氏物語』一五三三夜：ラブレー『ガルガンチュアとパンタグリュエル』一一八一夜：セルバンテス『ドン・キホーテ』一一七三夜：デフォー『モル・フランダーズ』六一八夜：井原西鶴『好色一代男』七〇七夜：エミール・ゾラ『居酒屋』九六二夜：ユゴー『レ・ミゼラブル』九九八夜：滝沢馬琴『南総里見八犬伝』三五三夜：プーシキン『スペードの女王』九三五夜：プルースト『失われた時を求めて』一七四四夜：ジェイムズ・ジョイス『ダブリンの人びと』一九六夜：島崎藤村『夜明け前』六四夜：カフカ『城』九四〇夜：フォークナー『サンクチュアリ』五五二夜：ボルヘス『伝奇集』七六五夜：ガルシア＝マルケス『百年の孤独』八四四夜：グレアム・グリーン『第三の男』一一八三夜：吉田健一『英語と英国と英国人』

この天賦の才能が、マッチョな白人主義に向けて、
フラジャイルで東洋的な礼節を語ってみせた。

エドワード・モーガン・フォースター

インドへの道

瀬尾裕訳　筑摩書房　世界文学全集第53　一九七〇　ちくま文庫　一九九四
Edward Morgan Forster: A Passage to India 1924

E・M・フォースターを綴ってもいいだろう夜がやってきた。何かがうまく書けるような気はしないけれど、今夜は苦悩が柔らかくて巨きく透きとおり、とても高潔でセクシーな知性に包まれたままにいたいからだ。

フォースターの小説を知ったのはずいぶん前のこと、『ハワーズ・エンド』を集英社の世界文学全集の吉田健一訳で読んだのもだいぶん前のことだったけれど、急にフォースターに近づいたのは映画《モーリス》を見たことによる。

原作の『モーリス』は長らく禁断の書だった。一九一三年の執筆にさかのぼるのに、出版は一九七一年まで見送られていた。フォースター自身があまりにスキャンダラスな

ので自分の死後にしか出版できないと言っていたためで、その本人が一九七〇年に死んだから、やっと陽の目を見た。日本語版はさらに十七年ほど遅れたろうか（フジテレビ出版→扶桑社）。

そんなわけで噂しか知らなかったのだが、一九八七年に製作された映画《モーリス》を見て、びっくりした。この美しい青年たちは何なんだ！　これを綴ったフォースターに、こんな文明美学が二十世紀初頭にしてすでに宿っていたことにも驚いた。主人公モーリス・クリストファー・ホールの名は、ワイルドのドリアン・グレイやトニオ・クレーゲルのように、今後ますます輝きつづけるだろう。そう、感じた。それほどにモーリスは、痛ましくも愚かで、そして美しい。

監督ジェームズ・アイヴォリー、主演ジェームズ・ウィルビー。ヴェネチア国際映画祭の男優賞・監督賞・音楽賞をとった。音楽はリチャード・ロビンズ。二十世紀初頭のケンブリッジ学舎の雰囲気がノスタルジックに描かれていて、痛ましくて美しいフラジリティが伝わってきた。

小説のほうは、モーリスがクライヴ・ダラムという秀才に出会って恋に落ちていくという発端から、途中に森番のアレック・スカダーに誘惑され、ついに森で生活するという決断をする結末にいたるまで、「存在のアンビバレントな否定と肯定」がちらちらと燃えつづけているというもので、映画とはちがって全篇に痛みが哭いている。その痛みは存在学の深みのほうに向かっていく。

映画のほうは、小説の中の青年どうしの鶺鴒の尾のピコピコした動きのような、そんな恋の痙攣に照準をあわせて謳っていて、たいそうノスタルジーが潤ませてあった。そのぶん話題になった。

いったい小説と映画のどちらにフォースターはいるのか。それはおくとして、このような話はたとえばロレンスの『チャタレイ夫人の恋人』（新潮文庫・光文社古典新訳文庫）のごとく、ふつうなら男と女の冒険になることが多い。チャタレイ夫人は森番と激しい恋をした。そのぶん描写がセンセーショナルな話題になって発禁された。

フォースターはそういう恋愛沙汰をいとも軽々と、男の感性の接触だけに生じた出来事として描きえた。まことに驚くべきことだ。フォースターがブンガクしていた時代は十九世紀末から二十世紀の初頭なのだが、ホモセクシャルな出来事を書いたり、あからさまにすることはほぼ御法度だったわけで、よく知られているようにオスカー・ワイルドはそのため投獄されたほどだった。

フォースターの綴ったゲイ感覚は、その後の二十世紀文学におなじみのカポーティやバロウズのものとはまったくちがう。テネシー・ウィリアムズのような、いわゆるカミングアウト的な臨場感などもない。それなのにいったん読みはじめると、そこからいっときも離れたくなくなるような質の高い美的快感が伝わってくる。それは、映画《モーリス》を見た者ならわかるだろうが、あるいは美少年が出てくる竹宮恵子ふうの少女マンガのファンならもっとわかるだろうが、女性にとってもとても気持ちのいいものだ。ここがフォースターの驚くべきところなのである。

『モーリス』は、ケンブリッジの眩しい学生生活を舞台にしている。ケンブリッジでは一八二〇年代に「アポスルズ」あるいは「ソサエティ」と名付けられた〝使徒会〟が自由討論会をひらいていて、そのソサエティに参加していた〝会員〟たちは、のちにまとめてブルームズベリー・グループと言われた。

有名どころでは、ヘーゲル研究のマクタガート、当時は記号数理学者だったホワイトヘッド、バートランド・ラッセル、ケインズ経済学の例のケインズ、のちにヴァージニア・ウルフと結婚するレナード・ウルフ、当時のアカデミック・カリスマだったリットン・ストレイチーなどが会員だった。一八九七年にケンブリッジ大学に入ったフォースターもそのソサエティに属していた。ソサエティでは、男女ともに同性愛が公然たる秘密になっていて「知の青春」が発芽した。

資料をいろいろ見ると、フォースターは『小公子』(新潮文庫)のリトル・フォンテルロイそっくりに、女の子のような服装をさせられ、髪を肩までたらした幼少年期をおくっている。これはロラン・バルトの幼年時代に似ている。バルトも女の子のような恰好をさせられていた。また、青少年期にはどんな猥談を聞いても気分が悪くなっていたらしい。ぼくも猥談がひどく苦手で、それが男社会の中でできないということをいっときコンプレックスに思っていたほどなので、多少のことならわかるのだが、フォースターはそれどころではなかった。さらにこれは本当かどうかはわからないけれど、三十歳のころまで男女のセックスの仕方を知らなかったという。

　これだけの条件が揃っていれば、フォースターがケンブリッジで筋金入りのホモセクシャルな感性を磨いたということは、まあ、あきらかなのだが、それだけではなく、その価値観にはちょっと変わったところがあった。たとえばダンテは大好きだったのに、中世のスコラ主義や神学や悪魔学は大嫌いなのである。そのためキリスト教美術が表現しているありとあらゆる聖像が受け入れがたかったらしい。キリスト教の「知」そのものについても、ああいうものはなんだか猥雑だというふうに随所で述べている。せいぜいエラスムスかモンテーニュなら尊敬できるとも言っている。

　ナイーヴなのではない。鋭すぎるほどの感受性なのだ。こういう見方はどこからきたのかといえば、きっと若き日々にヨーロッパ文明が仕上げた「知」に対する疑念のようなものが形成されていたせいだろうと思う。それがゲイ感覚でいっそう磨かれたのではないか。そんなふうに感じた。

今夜は世界文学史上の高潔な傑作『インドへの道』をとりあげる。この作品についてのフツーの評判を言っておくと、西洋的な知の無惨な姿を捨てたフォースターが、微妙な見方をもって東洋的世界に触れていった物語だということになっている。そして、このような作品を書く見方をフォースターがもったのは、アレキサンドリア旅行やインド旅行をしてからのことだったというふうになっている。

しかし察するに、それは青少年期から芽生えていた文明に対する美学と疑念にもとづくもので、フォースターには最初から「非西洋的な知」というものが見えていて、そもそも「知」と「性」とを分断していなかったように思うのだ。

かつて『ハワーズ・エンド』（集英社）を読んだとき、フォースターの作品の描写や文体には、ほとんどどぎまぎするような箇所がないという、なんだか裏切られたような感触をもったことがあった。

淡々としているというと誤解されそうだから、あえて比喩的に言うけれど、なんというのか、熱力学的平衡を僅かに破ってみせるというような、描写を丸出しにしないのにそこから少しだけ破れ目が見えるというような、そんなＺＥＳＴ（熱中）をもって綴っているのにそれを羞恥しているような、そういう書きっぷりなのである。登場人物たちもめったに過激なことを言わないし、謎めいた言葉をのこさない。

のちにほかの作品も読んでみると、だいたいそうなっていた。小説技法からいえば目立った出来事や過激な発言をあれこれ適当に入れておいたほうがずっとラクなのに、それをしない。もどかしいといえばまさにもどかしいのだが、ところがふと気がつくと、何でもなさそうな場面にも実はいくつもの象徴が含まれていて、われわれは「象徴の回遊」をさせられていたのだということに思いあたるのだ。そしてそのあげく、そのようにフォースターが仕組んだ「知」の巡礼体験だけが大きく残響しつづけるというふうになるわけなのである。

フォースターが好きになるのは（そして偉大なのは）、ここなのだ。これこそはフォースターの「象徴の回遊」のための橋の架け方というもので、いわば「シンボリック・ストーリー」の手法というものだった。

さきほどから例に出している『ハワーズ・エンド』という作品は、一九一〇年に書かれた。『インドへの道』に先立つこと十四年の作品で、これによってフォースターは作家としての地位を固めて、いくつかの短篇や紀行文、それに『モーリス』を書き上げ、そのあと十年にわたり書き継いだ『インドへの道』を発表した。『ハワーズ・エンド』はターニング・ポイントに立つ作品になる。

物語は、ヘンリー・ウィルコックス父子とシュレーゲル姉妹の静かな葛藤を描いたもので、筋書きはそれだけ。たいした事件はおこらない。目立った事件はおこらないからといっても、状態はある。それがハワーズ・エンド邸であり、楡(にれ)の木であり、ウィルコックス夫人の秘められた意志であって、ひたすら鳴り響くベートーヴェンの交響曲なのである。ただしこれらはことごとく〝非雄弁〟というものなのだ。無言でも沈黙でもなく、そこに現れるべくして現れ、消えるべくして消える「状態の寛容」なのだ。そういう状態がじりじりと深まっていく様子をひたすら綴ろうというのが、フォースターなのだ。

　こういう作品からブンガク批評は「柔らかなシニシズム」などを受けとりがちなのだが、ここにあるのはむしろ「プロポーション」と、その僅(わず)かな破れなのである。均衡と比例と平衡感覚が曳航(えいこう)されながら少しずつ崩れ、しかも保存されていく。その様子なのである。

　それは言葉の風景によるプロポーションなのだから、もともと微妙にゆらいでいる。そのため、ちょっとしたことでこちらも平衡を失うような心境になる。いや、必ずそうなる。よく出来た少女マンガや江國(えくに)香織や川上弘美が感じさせるものに近い。フォースターの作品がもっているのは、そういうフラジャイルなプロポーションだった。

　こういうふうに書いてきても、さて、これが何かの説明になったのか、あいかわらずたいへんおぼつかない（まあ、そういうふうに今夜は千夜千冊しているのだが）。とりあえずのフォースターの入口くらいは見えてきたというふうにしてほしい。が、念のため、もう一つ、二つ、ぼくが気がついてきたことを加えておく。それはフォースターにおける「マナー」と「リベラルアーツ」ということだ。

　マナーとは、作法とか所作事とか習慣のこと、もともとは「手」を意味するラテン語の「マヌス」から派生した。そのマヌスを使って生まれたものがマナーであり、マニュアルであり、マニエリスムであってマネージャーであり、マニフェストだ。きっとフォースターは、そのマナーの管轄と価値観を作品に織りこんだはずなのである。

　このことは、フォースターの一九〇五年の最初の長編『天使も踏むを恐れるところ』（白水Uブックス）にすでにしてちりばめられていた。天使が二の足を踏むような状況を選び、そこに登場人物たちの戸惑いを綴りながら、そのうえで深く描きたかったのは、人々にひそんでいた「マヌスの力」というものだった。

　もう一つのリベラルアーツとはむろん「教養」ということだけれど、フォースターの好きなリベラルアーツは、「こちら側にある教養」と「むこう側にある教養」とが出会って、なにかのぐあいで衝突し、そして捩（ねじ）れていくところに発生する。

その「こちら」とか「むこう」というのは、あえて断定するのなら「こちら側」とはやっぱり西洋であって、キリスト教なのだ。「むこう側」はフォースターにとっては東洋だった。フォースターがそれは東洋であろうと確定するのは、評者たちも言ってきたようにアレキサンドリアやインドに行ってからのことかもしれないが、それ以前にすでに、「こちら側の教養」というものが、金や贅沢や儲けにまみれながらも、それを強引に道徳で糊塗しておおげさな楼閣にしたものだということが、はっきり見えていた。それに対して「むこう」にはきっと「むこう側の教養」というものがあるはずだと確信していたにちがいない。

この直観は、きっと小さなころに摑んでいたのだろう。そして、これこそが二十世紀文学の「フォースターの知」の最初の綴り方になったのではないかと、ぼくは思っている。ブルームズベリーの〝モーリスの青春実験〟とはそのことだった。

ふつう、そういう「むこう」は鏡台や町はずれやサーカス小屋や、せいぜい近くの山のような大きさのものであることが多い。けれどもフォースターは、物語のなかではその光景を見えないほどの巨きさにした。これがフォースターの拡張景色型のリベラルアーツなのである。それは、西洋から見放されていても、あたかも宇宙のリズムや世界に寄せては返す波のような、何か根源的なものがいまなお残響しているだろうようなものだった。

ということで、話はようやっと本題に入ることになる。以上の、仮に名付けた「シンボリック・ストーリー」「プロポーション」「マナー」「リベラルアーツ」といったものの組み合わせを、ついに全面展開させたのが、『インドへの道』だった。

フォースターが最初のインド旅行をしたのは一九一二年である。当時のインドはイギリスの植民地だった。ヴィクトリア女王がインド皇帝になったのが一八七七年だから、イギリスによる支配はすでに三十年以上にわたっていた。ガンジーやネルーが立ち上がるのは、まだまだ先のこと、インドに栄えていたのはコロニアル・カルチャー（植民地文化）ばかりで、そこにはヨーロッパにない有象無象のものが悠然とのたうっていたと、フォースターには感じられた。

そのうちヨーロッパは世界大戦に突入する。西洋知識人を困惑させたこの戦争が、何を痛切にもたらしたかはもはや言うまでもない。トーマス・マンもヴァレリーも、D・H・ロレンスもオスヴァルト・シュペングラーも、心ある者ならひとしく「西洋の没落」を感じた。

一九二一年、二度目のインドに行く。それから三年、足掛けではたっぷり十年をかけて『インドへの道』を書き上げた。入念な仕上がりだ。ひとまずアメリカで大評判になるのだが、フォースターは「それは、アメリカ人がイギリスの失敗を知って勝手な優越感をもったにすぎない」と唾棄した。

アメリカ人によろこんでもらっても困るというのだ。むろんヨーロッパの良識派たちは眉をひそめた。『インドへの道』によって、ヨーロッパの良識が砕かれたように見えたからだ。

物語の梗概はこういうものだ。なるべくぶっきらぼうに説明することにしておくが、舞台はチャンドラポアという架空の町である。イギリス人の官僚たちが支配している小さな町で、そこへ若きアデラ・クウェステッドが、年老いたムア夫人に付き添われてやってくる。

ムア夫人は、アデラを息子のロニーのフィアンセにしたい。ロニーはすでにイギリス人居留地に住んでいた青年判事で、日々の仕事と生活に退屈しきっていた。夫人とアデラのほうはインドの未知の魅力に惹きこまれ、もっとインドを知りたいという気持ちになっていく。

これはロニーにとっては迷惑なことだった。すでにインドのひどいところも知っていたからだ。それでも象にでも乗せてやれば、二人の女たちはすぐに飽きてくるだろうとタカをくくっていた。けれどもムア夫人のほうはめげる様子もなく、周囲から「やめておきなさい」「危険です」と言われていたイスラム寺院にも足を踏み入れ、そこでイスラム教徒の青年医師アジズと知り合いになっていく。

アジズは、土地のイギリス人たちの高慢と偏見が大嫌いな青年である。イギリス嫌いなのだが、ムア夫人にだけは格別な優しさを感じる。二人は温かい心情をもちはじめ、その輪にアデラも加わっていった。

アジズはこの二人のイギリス女性を、もう少しインドに近づけたいと思うようになっていく。なんとかして「深いインド」を知らせたい。そこでマラバール洞窟への旅行を計画した。一行には、チャンドラポア大学のフィールディング教授とヒンドゥ教徒のゴドボレ教授も加わる予定だったが、二人は汽車に乗り遅れた。そこでやむなく従者たちを連れての洞窟観光が始まることになった。

洞窟に入ってみると狭くて深い異様な空間で、さすがのムア夫人も変な気分になっていく。そこは「深いインド」あるいは「本物のインド」なのである。夫人は失神しそうな自分を抑えるのがやっとのことだったので、みんなに迷惑をかけないようにと、洞窟を出ざるをえない。

洞窟の奥には、アジズとアデラと従者たちだけが入っていくことになった。けれどもアデラも、この「深いインド」にそれ以上の関心をもてない。それよりアデラはロニーとの婚約にいろいろ疑問をもっていたので、ついついアジズの結婚生活を詮索するような、偏見のまじった質問をする。これにアジズが傷ついた。ヨーロッパ人は教育あるインド人を見下しているのではないか。このあたり、フォースターのペンは潤々としてデリケートになっていく。「深さ」に対して繊細なのだ。

そこに、アデラが持参してきた双眼鏡の紐を誰かが引っ張って切ってしまったという、ちょっとした出来事がおこる。たいしたことではないし、従者たちのせいだったかもしれないのだが、アデラはアジズが自分に襲いかかろうとしたのだと思ってしまった。アデラは洞窟を出て、アジズが自分にこんなことをしたと、周囲に言いふらす。

一行がチャンドラポアの町に戻ってくるなり、アジズは逮捕され、告訴されることになった。イギリス人たちはこの処置に沸き立った。インド人たちは反英感情を高ぶらせた。裁判が近づくと、アジズの有罪は確定的になりそうだった。ムア夫人とフィールディングの二人は、こんな暴行未遂事件などありえないと感じていた。これはきっとアデラの幻覚なんだと判断していた。

あまりにアジズの無罪をみんなに主張したフィールディングは、イギリス人から爪はじきになっていく。ムア夫人のほうはロニーの面子や自己保身もあって、ついに本国に帰らされる。が、途中の船中で帰らぬ人となる。

こうしてアジズの裁判が大詰めにさしかかり、周囲はアジズを非難する興奮に包まれていく。そのさなかアデラの幻覚がぷつりと消えた。すべては幻覚だったのかもしれない。アデラは我に返って、告訴をとりさげる……。

プロットを縮めてしまえば、こんな物語なのである。ぶっきらぼうにしたせいもあって、奇妙で単純な話だと思うかもしれないが、これが読んでいくとそうとう深い。深いだけでなく、洞窟のように懐境が広い。つまりは、まさにプロポーションがゆっくりと裂けていくのが見えてくる。

原題の『インドへの道』の「道」は英語のロードではなくて、パセージ（パッサージュ）である。そのパセージが文明のパセージのように伝わってくる。植民地にのさばっている者と原郷に生きつづける者との対比や対立が、圧倒的なパセージとして立ち上がってくる。

この小説は第一部「回教寺院」、第二部「洞窟」、第三部「神殿」というふうになっているのだが、この構成はとんでもなく重大なゲニウス・ロキ（地霊）を三つに分けていたものだった。ゲニウス・ロキは土地がもっている「マナスの力」のことだ。

それは、イスラムとヒンドゥを異様な洞窟がつないでいるとも、死にゆくムア夫人と生き抜くアジズをフィールディングの孤立がつないでいるとも、フォースターの幼年と晩年をこの作品そのものがつないでいるともいえるような、そういう多重のパセージである。

ところで『インドへの道』はデヴィッド・リーンが一九八四年に映画化した。あの《アラビアのロレンス》の監督が十四年ぶりにメガホンをとったのだ。ぼくは岩波ホールに引きつけられるように見にいった。

ジュディ・デイヴィスとペギー・アシュクロフトの二人の女優がよく、西洋が眺めてきた異文化インドが叙情的にも劇的にも人間的にも映像化されていた。見ていて日本人のぼくにも名状しがたいものが沁みこんできた。日本人がアジアやインドを考えるのに、うってつけの映画なのである。

西と東の文明のプロポーションに僅かな亀裂が走っていくと、向こうのほうに理解を絶する「象徴の回遊」が見えてきて、そこから近代や現代が熟知していなかった「未知の知」ともいうべきものがあらわれてくる。そこをデヴィッド・リーンが、かつて「アラビア」を撮ったように「インド」であらわしてみせた。それはひょっとすると、オーソン・ウェルズやキューブリックがコンラッドの『闇の奥』(岩波文庫)で「アフリカ」を撮りたかったものに近かったかもしれない。

ついで一九九二年、アイヴォリー監督がエマ・トンプソンとアンソニー・ホプキンスを配して《ハワーズ・エンド》を映画化してみせた。《モーリス》以上のすばらしい仕上がりで、アカデミー主演女優賞・脚色賞・美術賞をとった。

こんなことを書くと、今夜のぼくのフォースター頌は、映画《モーリス》《インドへの道》《ハワーズ・エンド》の外に出られなかったままおわりそうなのだが、まあいいだろう。実のところぼくの周辺にはフォースターを語りあえる友がいなくて寂しく思ってきたので、せめて映画からでも共振者がふえていってほしいのだ。先だって池澤夏樹個人編集「世界文学全集」（河出書房新社）に『ハワーズ・エンド』がエディションされたのは、そういう事情からして快挙であった。

一二六八夜　二〇〇八年十一月十日

参照千夜

一一八三夜：吉田健一『英語と英国と英国人』　四〇夜：オスカー・ワイルド『ドリアン・グレイの肖像』　三一六夜：トーマス・マン『魔の山』　八五五夜：D・H・ロレンス『チャタレイ夫人の恋人』　三八夜：カポーティ『遠い声　遠い部屋』　八二二夜：バロウズ『裸のランチ』　二七八夜：テネシー・ウィリアムズ『回想録』　九九五夜：ホワイトヘッド『過程と実在』　一七一〇夜：ヴァージニア・ウルフ『ダロウェイ夫人』　七一四夜：ロラン・バルト『テクストの快楽』　九一三夜：ダンテ『神曲』　八八六夜：モンテーニュ『エセー』　七四七夜：江國香織『落下する夕方』　五二三夜：川上弘美『センセイの鞄』　二六六夜：『ガンジー自伝』　一〇二四夜：オズヴァルト・シュペングラー『西洋の没落』　八一四夜：デイヴィッド・ヒューズ『キューブリック全書』　一〇七〇夜：コンラッド『闇の奥』　一四六五夜：池澤夏樹『春を恨んだりはしない』

ヴァネッサとヴァージニアの姉妹と、
ブルームズベリー・グループの尖鋭的文化力について。

ヴァージニア・ウルフ

ダロウェイ夫人

丹治愛訳　集英社文庫　一九九八／近藤いね子訳　みすず書房　一九九九／
土屋政雄訳　光文社古典新訳文庫　二〇一〇
Virginia Woolf: Mrs Dalloway 1925

ヴァージニア・ウルフはコートのポケットにしっかり石をつめると、ウーズ川に静かに入水していった。一九四一年三月末のこと、五九歳だ。ヴァージニアはたいへん美しく、才能に富み、責任感もあったが、深い心理的な不安も抱えていて、かなり不思議な女性だった。

どんなふうに不思議なのか。文芸作家の多くがどこかが「ちょっと変」なのはあたりまえの相場だが、ヴァージニアの不思議さかげんについては、なかなか言い難い。スティーブン・ダルドリー監督の《めぐりあう時間たち》という映画があるので、それを観てもらうのがいいだろう。二〇〇二年の作品だ。アカデミー賞九部門にノミネートされ、ヴァージニア・ウルフを演じたニコール・キッドマンが主演女優賞をとった。

原題は"The Hours"というもので、邦題がもっているロマンチックなニュアンスではない。『ダロウェイ夫人』を下敷きに、ヴァージニアの作家としての生き方や交流関係をそこにかぶせたマイケル・カニンガムの原作にもとづいている。映画も原作に沿って、三人の女たちの邂逅（かいこう）と宿命と行く手をコクをもって描いていた。メリル・ストリープらが脇をかため、フィリップ・グラスが音楽をつくった。

ぼくはニコール・キッドマンには不満なのだが、微妙に歳をとるヴァージニアを特殊メイクで乗り切っていた。ヴァージニア・ウルフのフェミニンで少し大胆な人生と、何であれ彫琢（ちょうたく）しないではいられない作家的感覚とを知るには、いいだろう。

おそらくヴァージニアの不思議さかげんの一端は、両親によるものなのだろうと思う。母親のジュリアはインド生まれで、エドワード・バーン＝ジョーンズの絵のモデルになるほどの「ラファエル前派が憧（あこが）れた神話的美人」だった。父親のレズリーは文芸批評家で登山家で、有能なエディターでもあった。二人とも再婚である。それぞれ連れ子がいた。レズリーの前妻は『虚栄の市』（岩波文庫）のウィリアム・サッカレーの娘である。ヴァージニアはそういう曰（いわ）くつきの両親のもと、ケンジントンのハイドパーク・ゲートで生まれ育った。ピーターパンに恋心をもった少女ウェンディがいたところだ。夏はコーンウォールのセントアイヴスのサマーハウスで過ごした。そんな両親のせいで、家には本がいっぱいで、知的でエレガントな来客が多かった。

少女時代のロンドンにはヴィクトリア朝文化の最後の華が咲いていた。老齢のヴィクトリア女王、エドワード皇太子の行動はいつも国民の話題になり、街には白熱電燈が輝き、切り裂きジャックの事件が世に騒がれた。

ディケンズ、コナン・ドイル、オスカー・ワイルドの小説がもてはやされ、ラファエル前派の絵画、ビアズレーのイラストレーション、ウィリアム・モリスの壁紙、バーナード・ショーの演劇に人気が集まり、女性たちは細いウエストのシルエットスカート、襟（えり）のつまったシュミゼット、逆三角形の帽子で着飾った。ロンドンのボンドストリート、ローズ・クリケット場、アスコット競馬場は、そういうヴィクトリアンな紳士淑女でいっぱいだった。

ヴァージニアは大好きな姉のヴァネッサとともに、キングズカレッジの女子部で歴史やギリシア語・ラテン語・ドイツ語に親しみ、すばらしい情操を育（はぐく）んでいたのだが、十三歳のときに母親ジュリアが急死して、初めての哀しみに嗚咽（おえつ）した。あまりに早い四八歳の死だ。

母親の急死がもたらした「傷」はかなり深かったようで、ヴァージニアを何度も「補陀落」に連れていった。続いて一九〇四年に父親が亡くなった。このときもヴァージニアは虚脱状態になるほど沈んだ。

ヴァージニアの「心の病気」については、評伝家や研究者たちがいろいろ推理をしているのだが、だいたいはノイローゼの一種と判定されていて、鬱病だったか解離症だったかその他の症状だったかは、わかっていない。一説には、姉のヴァネッサとヴァージニアが異父兄に性的虐待を受けていたとも言われているようだが、その影響も詳らかではない。

父親が亡くなったので、残った兄弟姉妹は弁護士や公証人に相談して、ハイドパーク・ゲートの家を売ってブルームズベリーの家に移った。

よく知られているように、ここに当時の芸術家や知識人たちが集い、いわゆる「ブルームズベリー・グループ」を醸しだした。画家でインテリアデザイナーでもあった姉のヴァネッサが前衛芸術家のクライヴ・ベルと、妹のヴァージニアが売れない作家のレナード・ウルフと結婚すると、賑わいと語らいの輪はさらに深まり、粋な作家リットン・ストレイチー、サクソン・シドニー＝ターナー、詩人のルパート・ブルック（イエーツが「イングランドで一番ハンサムな青年」と呼んでいた）、美術批評のロジャー・フライ、画家のダンカン・グラントらが頻繁に出入りした。

ブルームズベリー・グループはサロン化していった。そこへ経済学者でゲイだったメイナード・ケインズ、哲学者のバートランド・ラッセル、ホモセクシャルを描いて透明きわまりなかった作家E・M・フォースター、のちに『源氏物語』の翻訳者となるアーサー・ウェイリーらが加わった。いまでもヴィクトリアン・スタイルのまま営業しているモートン・ホテルに行くと、グループのシンボルの猫のマークが飾られている。

ブルームズベリー・グループの連中の気分は、男はひどくエスクワィアで女はエレガントだったけれど、性にはけっこう開放的だった。ヴァージニアも多分にレズビアンの資質があって、ハロルド・ニコルソン夫人、園芸家のヴィタ・サックヴィル＝ウェストと恋仲になる。ヴァージニアの『オーランドー』（ちくま文庫）はヴィタに捧げられた妖しい小説になっている。

代表作『ダロウェイ夫人』は、クラリッサ・ダロウェイのたった一日の物語である。一九二三年六月のある日だ。「お花はわたしが買ってくるわ」という有名な一行目で始まる。クラリッサは保守党政治家の夫人として、自宅パーティを用意している。せわせわと忙しい。気配りもするし、買い物もあるし、メイドにあれこれ指示もしなければいけない。作品には、そうした上流階級のスノッブな感覚がよく描けている。パーティの準備に即して、当時のロンドンのさまざまな文物が紹介されていくのも愉しい。

そういう一日の物語なのだが、そこに寝室を別にした夫のこと、自分の生い立ち、自殺する青年の人生、女たちのレズビアン趣味、変わりつつある時代社会のこと、そのほかさまざまな五十年分の「時」と「意識の流れ」が零れたミルクのように入りこんでくる。ジェイムズ・ジョイスのレオポルド・ブルームの一日のような、少々入り組んだ物語なのである。

すでに時代は第一次世界大戦が終わり、ヴィクトリア朝文化は退嬰しつつあった。ここが大事なところで、すでに「あの青春期」はクラリッサ・ダロウェイには失われているのだ。そのことを物語に滲み出させているのが、セプティマス・ウォーレン・スミスのサイドストーリーになっている。彼は第一次世界大戦の戦場を体験した志願兵で、塹壕でエヴァンズという上官の戦死を目の当たりにした。セプティマスはこの上官と同性愛的な感情で結ばれていた。

物語には、セプティマスが戦争神経症（シェルショック）にかかったままクラリッサの前にあらわれ、そしてアパートの窓から飛び降り自殺してしまう経緯が描かれる。このことをクラリッサはなんとか受けとめようとする。

熱心なクリスチャンであるミス・キルマンも登場する。クラリッサはキルマンとの会話を通じてキリスト教に終末論があること、最後の審判を用意したことなどから、いったい時間とか連続性とか物語というものはどういうものなのかを考える。クラリッサは無宗教な者たちの集いから何かが生まれていくことを夢想するのだが、けれども、そのクラリッサ・ダロウェイの一日にも終わりがくるのだ。

ヴァージニア・ウルフが作家として新たな価値観と手法を確立しようとしていたのは、あきらかだ。そこにはジョイスが自我にこだわったとされる「意識の流れ」を（実はそういうものではなかったけれど）、なんとか外に開放させようとした意図がある。

また、フェミニズムに対する共感を体温をもって随所に持ち込んでいる。これはヴァージニアの身体的精神性からやってきたものとおぼしく、たいへん新鮮だ。フェミニズム文学としては、のちのパトリシア・ハイスミスの『キャロル』（河出文庫）に結晶化される感覚の予兆も感じさせる。最近の日本のエス文化や百合文化がもたらすものとは、かなり異なるのである。

ウルフの作品には、できれば「無の一滴」をもって宗教社会や意識社会に拮抗できるような価値観をもちたいという希求が、しばしばあらわれている。そこがなんともすばらしいところなのだが、この「無の一滴」は『ダロウェイ夫人』のあとの『波』（角川文庫）でさらに求められた。六人の別々の告白によるオムニバスな様式の実験小説であるが、ウルフ自身がこれを「プレイポエム」と呼んだように、文学はこのようなモノクロームな並列処理の中でこそ光を放てるとも思ったのだろう。ユルスナールが翻訳した

（ボルヘスは『オーランドー』を翻訳した）。

ちなみに『ダロウェイ夫人』は一九九七年に映画化された。マルレーン・ゴリス監督によるイギリス映画で、こちらはダロウェイ夫人をヴァネッサ・レッドグレイヴが演じてうまかった。

もうひとつちなみに、エドワード・オールビーの戯曲に『ヴァージニア・ウルフなんかこわくない』（早川書房）があって、一九六二年にブロードウェイで初演されてトニー賞をとったり、その後はマイク・ニコルズによって映画化され、エリザベス・テーラーがアカデミー主演女優賞をとったりした。けれども、こちらはなんらヴァージニア・ウルフとも、ウルフの作品とも関係がない。二組の夫婦の偽善を題材にしたもので、オールビー独特のアメリカ演劇にはなっているけれど、ヴァージニア・ウルフにとってはとんだとばっちりなのである。まあ、そのくらい六〇年代アメリカではジェンダーが揶揄されていたと思えばよろしい。

一九四一年三月二八日、ヴァージニアはコートをはおり、そのポケットにいっぱい石をつめて近くのウーズ川に入水自殺した。夫レナードと姉ヴァネッサへの遺書がのこされていた。夫には次のように綴った。

「また自分の頭がおかしくなっていくのがわかります。私たちはあのひどい時期をもう二度と乗り切ることはできないでしょう。（中略）だから最善と思うことをします。（中略）私にはもう何も残っていませんが、あなたの優しさだけは今も確信しています。」

E・M・フォースターとヴァージニア・ウルフ。残念ながらぼくたちの国は、このような文学をまだもちえていないし、その映像化の試みに比肩できる文明と文化の痛みを共有できていないままにある。

第一七一〇夜　二〇一九年六月八日

参照千夜

四〇七夜：ディケンズ『デイヴィッド・コパフィールド』　六二八夜：コナン・ドイル『緋色の研究』　四〇夜：オスカー・ワイルド『ドリアン・グレイの肖像』　一二六八夜：E・M・フォースター『インドへの道』　一七四四夜：ジェイムズ・ジョイス『ダブリンの人びと』　五五二夜：ボルヘス『伝奇集』

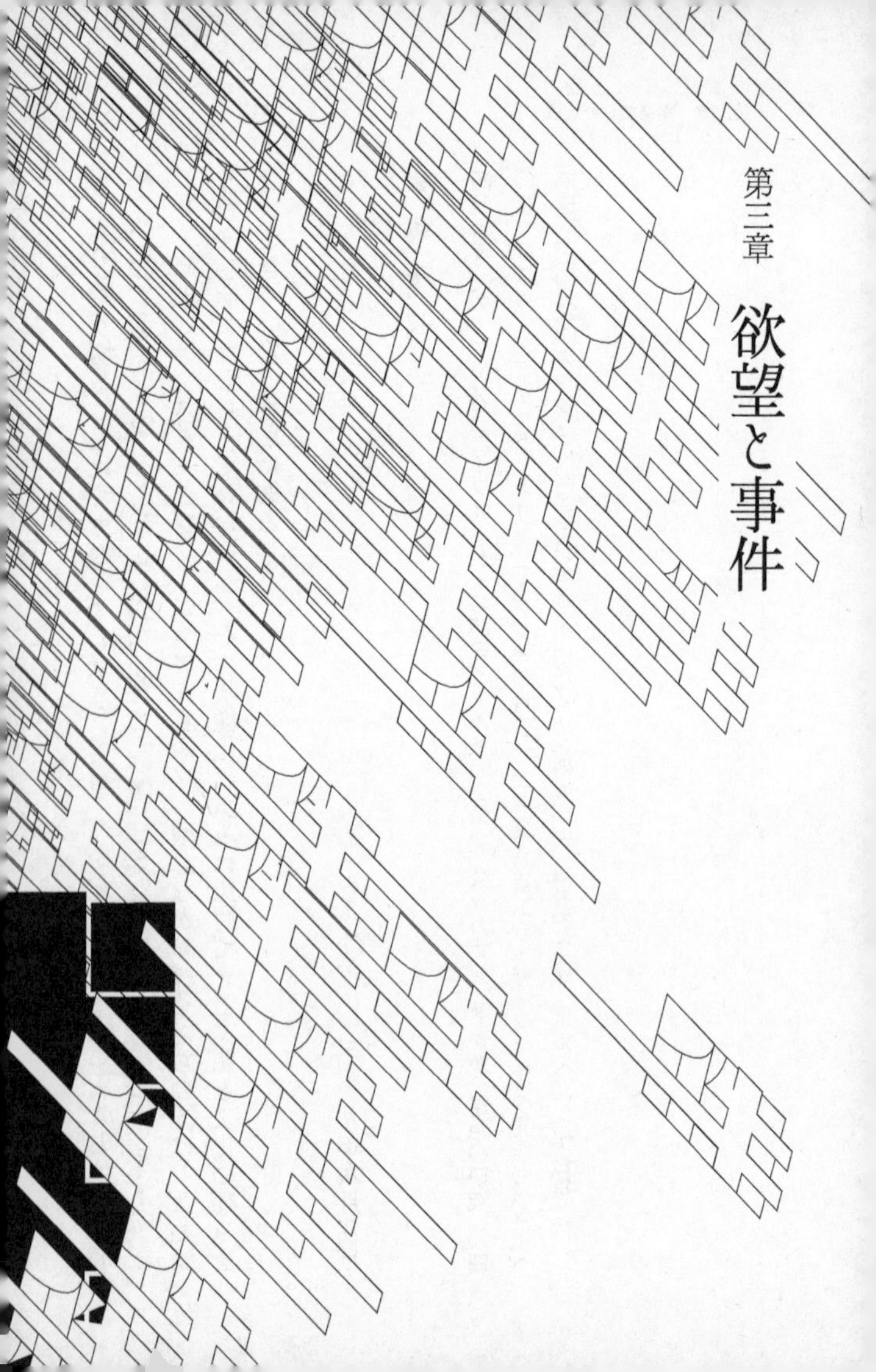

第三章　欲望と事件

フランソワ・モーリアック『テレーズ・デスケルウ』
デイヴィッド・ハーバート・ロレンス『チャタレイ夫人の恋人』
アンドレ・ブルトン『ナジャ』
ダシール・ハメット『マルタの鷹』、
ウィリアム・フォークナー『サンクチュアリ』
ヘンリー・ミラー『北回帰線』
アーネスト・ヘミングウェイ『キリマンジャロの雪』
ダフネ・デュ・モーリア『レベッカ』
レイモンド・チャンドラー『さらば愛しき女よ』

とても怖い女にひそむ
反ピューリタン主義のもっと怖い謎。

フランソワ・モーリアック

テレーズ・デスケルウ

遠藤周作訳　講談社　世界文学全集　一九七八　講談社文芸文庫　一九九七／杉捷夫訳　新潮文庫　一九五二

François Mauriac: Thérèse Desqueyroux 1927

遠藤周作の訳である。遠藤は「私が一番愛した作品だ」と何度も言っていた。

とはいえこれはそうとう、怖い女の話である。作者のモーリアックは「私の他のすべての小説よりはるかに醜い作中人物を私が考えだしたのを見て、多くの人が驚くであろう」と言った。それほどテレーズは怖い。

いまでは《氷の微笑》や《危険な関係》をはじめ、怖い女なんてハリウッド映画やテレビドラマにいくらも描かれていて、また実生活にもわが子も人の子も殺めるような、さもなくば大統領を操るような女がいっぱいいて、ちっともめずらしくもないのだが、そのころは怖い女をちゃんと描く作家はあまりいなかったのである。そのころというのは二十世紀前半のことだ。ましてモーリアックはカトリックを代表する作家で、のちにノーベル賞を授与された。怖い女を描いたからノーベル賞だったのではなく、モーリアックの数々の作品が深かった。

だから、この作品に関しては面倒な文学談義をするよりも、モーリアックがなぜ怖い女を書くことにしたのか、そこに「人間」というものがどのように描かれたかを知ったほうがいい。以下に書くことには、とくにポレミックな装飾を加えない。モーリアックの描いた怖い女をその通りに伝える。しかし、ここにこそ二十世紀ヨーロッパ社会が根底においてかかえてしまった病相が発症していたのである。

テレーズは夫のベルナールを嫌っているのではない。自分というものをちゃんと感じたいので、できれば夫はものをむしゃむしゃ食べたり、笑ったりしないでほしいのだ。ともかく夫がいると、だんだん自分そのものを感じなくなっていく。

ある夜にベッドで寝付けないままにいたら、夫が寝言をいいながら寝返りをうった。その体は変に熱く、なんとも面妖なものに感じたので、手で向こうへ押しやった。けれども夫はまた体を押しつけてきた。テレーズは何度かこのゲームから逃れようとしながら、ふと、惟う。ああ、このまま夫を永久に向こうへ、このベッドの向こうへ、闇の向こうへ、押しやってしまえれば！　これはかつてモーパッサンの『女の一生』（新潮文庫）

のジャンヌが夫に感じたおぞましさ（アブジェクシオン）とまったく同じものである。もっともジャンヌは怖い女になることなく、転落した。

テレーズがこんなふうに感じはじめたのはお産のあとからだった。すべては心のなかでおこっていた。外には何ひとつあらわれてはいない。夫婦のあいだで言い争いがあるわけでもなく、喧嘩（けんか）のタネがあるわけでもない。経済的なことも存分だし、テレーズがベルナールの両親に示す態度も、申し分なかった。

しかし、そのことこそが苦痛だった。別れ話の理由が何ひとつなく、そのことがこのあとずっと続くだろうということがテレーズの苦痛なのである。不和はない。けれども何も感じない。それがテレーズの曰（いわ）く言いがたい悲劇なのだ。

そうなってみると、すべての問題が夫といることから噴き出してくるように感じられてきた。夫が自己満足げにしゃべること、夫がだんだん太ってきたこと、夫が自分の健康を気にしすぎること、それに鼻にかかった例の声、あの洋服の趣味、もう何もかもがテレーズにとっては自分を圧するための装置のように見えてきた。だいたい体に毛が多すぎる。それなら、さっさとテレーズがこの世界から出て行けばいいのではないか。たしかにそうだ。自分がここを去ればよい。

が、そう思いついた日が夏の暑いさかりだったのがいけなかった。とてもこんな暑い日に出て行く気にはなれない。人生はしばしばちょっとした決断の欠如によって、まったく別の回路に入っていくのだが、こうしてテレーズは夫ベルナールの毒殺をひそかに計画することになった。

夫に落ち度があったわけではない。けれども、こんな自分自身の生活が堪えられない。自分がどのような日常にいるのか、どのような社会を許容しているかということが問題なのだ。

それなら、どのようにしてこの世界から出て行くか。会社ならばやめればいいかもしれない。他人が用意しているものと思えるからだ。けれども、生活はどうか。生活というものは、それが結婚生活であればなおさらだが、自分が協力してつくりだしてしまったものだった。こうしてテレーズは自分を変えずに夫を変えることを、すなわち抹殺することを思いつく。

ところがモーリアックがテレーズにもたらしたのは、そこから先の試練だった。夫の薬殺に失敗してしまうのだ。少しずつ毒の量をふやしたのだが、三度とも失敗した。冷えきった夫婦は裁判を迎えるはめになり、さらにテレーズにとっては信じがたいことに夫がテレーズの殺意の立証を崩してくれたのだ。夫は自分が薬を飲む量をまちがえたのだと証言して、テレーズを庇（かば）ったのである。

テレーズは夫によって犯罪者であることを免れた。これでよかったのだろうか。そんなはずはない。夫が守りたかったのは、テレーズではなく、自分自身をとりまく家の名誉でしかなかった。ベルナールは裁判後のテレーズに家族会議の決定事項をひとつひとつ告げ、食事を自室でとらせ、子供を引き離し、日曜日のミサだけは腕をくんで歩くようにさせた。

怖い女は怖い女になれなかったのである。モーリアックはその葛藤と矛盾を描くことで二十世紀ヨーロッパ社会が「男と女の差異と歪曲」を発症させていることを描いた。家族と社会においては、恋愛も殺意も制御されてしまうことを刻々と描いた。それは長期にわたってきたキリスト教社会の問題でもあった。

モーリアックはもともとは詩人である。モーリス・バレスはその詩に「無上の清らかさ」や「魂の魅惑」があると評した。モーリアックが文壇に認められたのも北条民雄をおもわせる『癩者への接吻』（一九二二・目黒書店「モーリヤック小説集」巻1）だった。ピエール＝アンリ・シモンは、このようなスタイルを「小説詩」と名付けた。

「小説詩」と感じられるのは、内的独白の手法を随処につかっているせいだろう。地の文体もラシーヌやパスカルに肖かって、古典的で端正である。若い時期の三島由紀夫が影響を受けた。そこへテレーズといった象徴力のある名の主人公を配した。この名はラテン語ではテレジアに、スペイン語ではテレサになる。聖女の名なのである。

こうしてモーリアックは、カトリシズムの中で長らく議論されてきた我執や肉欲の問題を、二十世紀ヨーロッパの家族に向けて問うてみせたのだった。テレーズについては、こんなことを書いている。

　ぼくの小説のすべての主人公よりもさらに汚れた作中人物を、ぼくが考え出したのをみて、多くの人は驚くだろうが、美しい秘密に満ち、暗い秘密を心にもたぬ人間についてはぼくは何も言うことなどできないのである。
内に暗い秘密をもたぬ人間は語るべき何もないからだ。ぼくが知っているのは、ただ泥のように汚い肉体に隠れまじった心の物語なのだ。

二十世紀は社会と家族の心に「泥」を堆積していった。その心とは古い佳き日を知っているモーリアックにとっては、また教会に通う日曜日を維持している多くのヨーロッパ人にとっては、神の心とつながっているものだった。ところがそこに分断がおこった。亀裂が入った。テレーズの殺意はその分断に対する挑戦であり、夫のベルナールの裁判は資本主義社会が神と心よりも安定的であることを示した。

すでにフロイトによって社会的欲望や家族的関係が心理の矛盾に結びついていることは指摘されてはいたけれど、それが資本主義の欲望機械でもあったなどということは、むろん考えのおよびもしなかったことだった。家庭の矛盾や夫の社会性や妻の不満は、むしろ往時の信仰の常識から見て「神との不和」や「神の混乱」と考えられた。モーリアックもそう考えた。かくしてモーリアックはテレーズの心理をカトリシズムの限界として描く気になっていく。

このような意図を正面から受け取れない者たちがいた。ほかならぬ多くのカトリックたちである。かれらはモーリアックがカトリシズムを標榜していながら、その裏で愛欲や異端に走った作家だと非難した。これはちょっぴりモーリアックに堪えたようだ。まるで的外れなこれらの非難の轟音をうっちゃっておけなかったモーリアックは、『テレーズ・デスケルウ』の翌年に『キリスト者の苦悩』を、その翌年に『キリスト者の幸福』(いずれも春秋社「モーリヤック著作集」)を書いた。

モーリアックのこうした試みは、カトリック派に受け入れられたわけではない。モーリアックがキリスト教に対して見せる真摯な議論とテレーズが見せる悪徳の「あいだ」を理解できない者は、あいかわらず少なくなかった。その「あいだ」に悩み出す者もいた。日本では遠藤周作がその一人だった。

遠藤は若いころからモーリアックに心酔し、『パリサイ女』や『蝮のからみあい』(ともに新潮文庫)に驚き、自らもモーリアックを翻訳し、モーリアックのキリスト論に魂を贖われながら、「神」と「悪」との二つを完全に重ねあわせ融合させることができないでいた。心のアドレスの決めどころに迷っていた。そしてその「あいだ」にこそ自分が関与していない何かの秘密があると考えて、かの『海と毒薬』（角川文庫）や『沈黙』（新潮文庫）などの創作にとりくんだ。

なぜ遠藤はモーリアックに感嘆し、また悩んだのか。ここにはカトリックとプロテスタント（ピューリタン）との相違が噴き出していた。モーリアックや遠藤はカトリシズムの神と心の問題を考えるのだが、プロテスタンティズムは二十世紀資本主義と勤労をあっさり結びつけた。カトリシズムは旧来の神の社会にこだわった。キリスト教とはいえ、ここには大きな選択の分岐が進行した。そこに心の問題だけではなく、社会や家族が個人の心に何を負荷させているのかという問題が横たわっていた。

モーリアックや遠藤周作が引き受けたことは、キリスト教圏がいまなお過剰な欲望にもとづく消費社会のなかで考えこんでいるはずの問題である。このことは、日本人にはわかりにくい。中世の仏教徒まではともかくも、われわれは欲望の暴走を、めったに信仰とはつなげない。それに日本には、神と夫とのあいだで怖い女になっていく小説など、めったにあらわれない。三浦綾子も曾野綾子もそういうふうには書かなかった。椎名麟三や加賀乙彦も、日本の夫と妻の犯罪を神とは結びつけなかった。そのぶん家族と社会を描いた。

われわれは、ときにモーリアックに戻り、欲望の紊乱が奈辺にあるかを、できるだけ身近かに覗いてみたほうがいいのだろう。ぼくはときどきＮＨＫの「こころの時代」を見るのだが、そこに登場する禅僧や宗教者たちがあまりにも「人間の事件」と「信仰の過信」に触れないことに、ずうっと痒いものを感じてきた。とくに欲望の紊乱と宗教がどのように交差してきたかが覗けない。わが国にはカトリックとプロテスタントの宗教革命がなかったせいなのだろうかとも思ってみるが、どうもそれだけではないとも感じている。

第三七三夜　二〇〇一年九月六日

参照千夜

五五八夜：モーパッサン『女の一生』　八九五夜：フロイト『モーセと一神教』

D・H・ロレンスが追い求めていた
「ラーナーニム」という恋愛理想境について。

デイヴィッド・ハーバート・ロレンス

チャタレイ夫人の恋人

伊藤整訳　伊藤礼補訳　新潮文庫　一九九六　／　木村政則訳　光文社古典新訳文庫　二〇一四
David Herbert Lawrence: Lady Chatterley's Lover 1928

藤原猛先生がいた。京都初音中学校の国語の先生だ。難聴者で、いつも補聴器をつけていた。だから声が大きかった。のちに『音から隔てられて――難聴者の声』（岩波新書）を共著した。藤原先生によって、ぼくの奥にもぞもぞしていたらしい文章術的なるものが薫風を浴びてめざめた。

先生は日記を書くことを生徒にすすめ、各自の日記を読んではその感想をときどき授業中に話した。ぼくの日記はなぜかそのつど大声の感想の対象になり、そのうち教室のうしろの低い棚に〝公開〟された。先生は「松岡の日記はハイブンだ」と言った。さっぱり意味がわからなかったが、卒業後、あるとき先生の等持院の家に伺ったときに、聞いた。いや、聞いたのではない。そのころ先生はそうとうに失聴状態になっていたので、筆談で紙切れに「ハイブンって何ですか?」と書いた。先生は前よりも大きな声で、「ハイカイの文章だよ」と言った。またまたわからなくなったのだが、これは俳文や俳諧ということだった。

その先生の家に中学二年のときの同級生のYTと高校生になってから伺ったとき、帰り際、「これ、松岡へのプレゼントだ」と言って二冊の本をくれた。伊藤整が初訳したときの小山書店版『チャタレイ夫人の恋人』上下本である。包装紙のようなカバーが丁寧にしてあって、裏表紙の裏（表3）に色褪せた新聞記事の切り抜きが貼ってある。チャタレイ裁判の発行人有罪を告げる記事だった。藤原先生は大声で「なあ、松岡はこれを読んで、もっともっと自由になれ」と言った。

二日前からこの二冊の〝初版発禁本〟をさがしているのだが、見つからない。次の大掃除までには見つけたい。きっと古本屋では高値をよぶだろうあの二冊は、ぼくにとっては説明のつかない青春の突風のようなものだったのだ。薫風から突風へ。でもその本が見つからないので、今夜は新潮文庫になった伊藤整本をもってきた。伊藤礼が初版の削除部分を補訳している完訳版である。

いったいなぜ藤原先生が『チャタレイ夫人の恋人』を高校生のぼくに贈ってくれたか

は、いまもってわからない。磊落だけれどそそっかしい先生は、ぼくがYTといつか結婚するとでも予想していたのだろうか。先生の乾坤一擲のプレゼントの甲斐もなく、ぼくは彼女と交わることもなく（振られたといったほうがいいが）、それどころか大学三年までをレディ・チャタレイはむろん、どんな女性とも雨に打たれることなく、童貞のままの日々をすごしたのだ。

こんな話のあとに、医者の前で自分の肝臓の話をするかのようにD・H・ロレンスの作品に入っていくのも照れくさいが、なんとなく遠いところから話すことにする（そのうち近くに寄っていく）。

猥褻文学などというものはない。猥褻罪を適用された出版物があるだけだ。「いたずらに性欲を興奮させ、正常な性的羞恥心を害し、公序良俗に反するもの」というのが定義のようだが、それなら大半のブンガクが猥褻なのである。

ふつうに読めば、『チャタレイ夫人の恋人』はどこにも興奮するような描写のない作品である。コニー（レディ・チャタレイ）と森番のメラーズが狂おしく交情する場面は何回も出てくるが、なかでも、降りしきる雨の場面はさすがに印象的だったけれど、春情を催すような気分にはなれない。ロレンスも読者を欲情させたいなどとはまったく思っていない。そんな意図はさらさらない。

この作品はポルノグラフィでないし、よく言われるような「性の文学」でもなく、むしろ「甚愛文学」であって、「自由文学」なのである。もっとはっきりいえば意外な反応をもつ者が多いだろうけれど、これは徹して「反ピューリタニズムの文学」だったのである。

ロレンスが、レディ・チャタレイとメラーズが交じりあうことに波状的なクライマックスをおいたのは、ロレンスの社会観や人間観や世界観があってのことだった。それならなぜ「性愛」を全面に出したかったのかといえば、いまからその話を書くけれど、その理由の背景はロレンスの人生にすべてあらわれている。ロレンスは短い人生のそここ異常な日々を通して、男と女の関係だけに社会と世界と宇宙の消息の燃焼をつきとめつつあったのだ。

ロレンスが生まれ育ったのはイングランド中東の炭鉱の町イーストウッドだった。父親は炭鉱夫の親方の一人で大酒呑みだったので、とうていフツーの生活はできない。高校を出てすぐに医療器具屋の事務員になった。母親は優しく知的で、息子を偏愛したようだ。マザコンにかかった。

青春期に肺炎になった。それで仕事を退いた。肺炎の青年が考えることはそんなに多くない。農場の娘ジェシーに惚れた。ジェシーはロレンスと母親が睦まじいのを嫉妬して、できれば精神的な交遊を求めたのだが、ロレンスはジェシーの体がほしい。それがかなわず他の女と遊ぶ。それでセックスの快感はわかったが、その高揚をぜひともジェシーにこそ求めたい。ジェシーはジェシーで、そういうロレンスに体と脚が開けない。ロレンスの母親への気持ちが抵抗感になっていた。

このロレンスと母親とジェシーに渦巻く葛藤（かっとう）は、のちのロレンス出世作『白孔雀（しろくじゃく）』（中央公論社「世界の文学」34）と『息子と恋人』（三笠書房→角川文庫・岩波文庫・新潮文庫）に再現されている。

ロレンスは教えることは好きなようだった。だいたいセックスが好きな男は教えたがりだ。そこで（そこでというのも変だが）、ここからは学業に転じてノッティンガム大学に入って教員資格をとると、教鞭（きょうべん）生活を始めた。

ところが、ただひとつのきっかけが、ロレンスを文学者にしてしまった。すでに女性を心身ともに理想化する傾向があったので、詩を女友達にこっそり贈るようなところがあったのだが、そういう詩を何度ももらっていたジェシーがそれらの詩を「イングリッシュ・レヴュー」に送付してしまったのだ。これを編集者のフォード・マドックス・ヘッファーが目にとめてその才能に驚き、ロレンスははからずも文壇デビューした。ロレンスの才能を知っていたのはジェシーだったのである。

ここまでは、とくにロレンスに幸運があったわけでも不幸があったわけでも、才気があったわけでもない。けれども次にその話をするが、またまたただひとつの出来事がロレンスを放浪に追いこんだ。

文筆生活が始まりかけたロレンスは、ノッティンガム大学の言語学教授の夫人フリーダに恋をした。ドイツ・バイエルンのリヒトホーフェン家出身のフリーダはロレンスの六歳年上で、三三歳。三人の子の母である。フリーダは夫には倦いていた。ゾラもモーパッサンもトルストイもそうなったように、男はこういう人妻にすぐ夢中になる。二人は熱愛し、人目を盗むようにして溺れあった。

これでは古い町には何かがおこる。世間の目を忍べなくなった二人は別々にドイツに旅立つと、そこで落ち合ってチロルからアルプスを越えてイタリアに入るという恋の逃避行をした。一九一二年のことである。

この人妻との大胆な逃亡はロレンスの抵抗と逃避と燃焼を決定的に過熱させた（当然だろう）。それでも過熱のなかで夢中に綴った自伝的な『息子と恋人』が大評判になると、二人はやっとイギリスに戻り、正式に結婚をする。

離婚と結婚でようやく落ち着いたかに見えた二人だが、一九一五年に発表した『虹』（新潮文庫）が風俗紊乱の廉で発禁となり（『虹』はかなりの傑作だ）、加えて第一次大戦下のためもあって、フリーダがドイツ人だということでスパイの嫌疑をかけられた。二人は家宅捜査をうけたのち、退去を命ぜられる。こうしてロレンスの浪漫的世界放浪者とでもいうべき生涯と思想が決定づけられたのである。ロレンスはどこにも、だれにも〝定住〟できなかったノーマッドな男になっていく。

ロレンスには夢想癖があった。女が好きな男で夢想癖がない男なんているはずはないけれど、そしてその夢想の大小によって男の甲斐性も男の値段も決まっているのだが、ロレンスの夢想癖は本気で地上の理想境を求めた。

自身で「ラーナーニム」という小ぶりの楽園をつくりたかった。実際にも最初はそれを、コーンウォール地方の某所にしようとさえ考えた。いわばロレンスの『大菩薩峠（だいぼさつ）』が始まったのだ。しかしそんな計画にはだれも乗ってはこない。それにロレンスが考えた「ラーナーニム」はフーリエの「ファランジュ」や有島武郎の牧場や武者小路実篤の「新しき村」や高田博厚の「共産村」とは異なって、社会的共同体構想ではなく、好きな男と女がひたすら愛しあって睦（むつ）まじく住みあうという「愛滴の村」だった（タントラ的コミューンに近い）。

そこでは男たちは同志の関係であるべきで、女たちは好きな男と愛しあい、その男が同志をもてない男なら、これを捨てればよい。この男たちの同志的関係がどういうものかは、のちの『カンガルー』（彩流社）という作品で叙述されている。

なぜロレンスがこんなことを夢想するようになったかということは、とくに詮索するには当たらない。イギリスとヨーロッパがつくりあげたピューリタニズムの生活倫理とピューリタニズムの文学に背を向けたかったのである。禁欲的に精神の真実のアリバイを求めようとするピューリタニズムに対し、ロレンスは「性」をもってこれを打倒したかった。「性」の容認をアリバイとする理想の場所をつくりたかった。

ロレンスによれば、人間にとっての最も貴重な能力は想像力にある。その想像力の最も奥底にあって、かつ最も傷つきやすいかたちで表層で風波のごとく躊躇っているものがエロスとリビドーだ。ロレンスはこの想像力の振動子をこそ、理想の男女が交わしあうべきだと考えた。

そんな浮かれたことがいつもうまくおこるのだろうかと心配したくなるけれども、ロレンスは本気だった。『恋する女たち』(角川文庫)に書いているように(小学校教師のアーシュラと絵の修業をしているグドルーンという姉妹の物語)、そのためには、女は〝見かけだおしの男の空虚〟とさっさと訣別し、男は〝固定した趣味に迷いつづける女〟をあっさり放擲することを、大真面目で勧めたのだ。

こういう説教くさいロレンスの男と女のための人生相談を、かつてフェミニストたちは男のエゴイズムだとも勝手な空想だとも非難した(まさに男の妄想だ)。しかし、女の想像力の本質にもエロスとリビドーがあるはずだ。ロレンスはこの一点だけは生涯を通して譲らなかった。

理想（妄想）とはうらはらに、ロレンス夫婦のロンドンでの日々は鬱屈したままにある。ロレンスはついに決意して、「ラーナーニム」を〝外〟に求めて転々とする。

このあと二人が転々とした逃避行は、転地先を追っただけでも、その甘美でノーマッドな「普通社会での定住拒絶」の本気度が見えてくる。フィレンツェ、カプリ島、バーデン・バーデン、シシリー島、サルジニア、セイロン、オーストラリア、アメリカ、ニューメキシコ、そしてメキシコだ。まるで世界中に理想的な自由恋愛リゾートを求めたようなもの、「地球の歩き方」や「じゃらん」の先駆者だったのかと思われてくる。

ここでいったんイギリスに戻り、一年もたたずにまたアメリカからメキシコのオアハカに入って、『翼ある蛇』（新潮文庫・角川文庫）を書いた。この有翼龍蛇とはロレンスとフリーダそのものである。ロレンスの方法文学はしだいに男であって女であるような、それゆえ女であって男でもあるような、そういう両性具有の「あわい」に入っていった。こうして何度かの放浪遍歴のあと、フィレンツェ近くの村で書きあげたのが『チャタレイ夫人の恋人』なのである。

冒頭、ロレンスは「現代は本質的に悲劇の時代である」と書き、コニー（コンスタンス）が結婚したクリフォード・チャタレイが炭鉱主であることを示している。

この設定は、ロレンスが少年期から見つづけていた自由とはおよそ反対の社会というものだった。クリフォードは二十世紀資本主義の象徴なのである。そのクリフォードをロレンスは不能者に仕立て、コニーを理解する夫に仕立てた。それだけにレディ・チャタレイはこの日常環境からの脱出には蛮勇を必要とした。

しかしレディ・チャタレイにすべてを託したロレンスは、その二年後に南フランスの懐かしい村で死んだ。意外だろうが、まだ四四歳だった。

ざっとこんなところが、『チャタレイ夫人の恋人』が書かれた背景であって、そこに反ピューリタニズムがあったことと人を春情に走らせるポルノグラフィがなかったことの理由だが、さあ、それはそれとして、ここまであれこれ書きながら思い出していたのだが、あいかわらず藤原先生がどうしてぼくにレディ・チャタレイを勧めたのかは、まだわからない。

大声の「松岡、もっと自由になれ」はいまも耳に響いているけれど、そしてまさにいつもそうだ、そうだと思ってきたが、ぼくがレディ・チャタレイに出会えてきたのかどうかはまだわからないし、ぼくがD・H・ロレンスの日々を必要とする人生を追っているのかどうかも、よくわからない。

藤原先生は伊藤整の文学自由のための闘争をぼくに知らせたかったのかもしれない。

あるいは『鳴海仙吉』（岩波文庫・新潮文庫）などにかまけるなよと言ってくれたのかもしれない。『鳴海仙吉』は伊藤整の長編小説で、郷里で知りあった姉妹がそれぞれ夫と別れて仙吉と再会するのだが、二人に関係をもつうちに妹が自殺してしまうという話である。それともやはりぼくがいつか知ることになるだろうD・H・ロレンスのピューリタニズムとの格闘を匂わせたのか。

そういえば先生は、ぼくが日記に書いた詩を褒めてくれたことがある。それは「鳥」というぼくが飼っていたメジロについての短い詩なのだが、その最後に、「右、下、なめ、あっ、仰向いた」と書いた一行を、「松岡、ここがええんやで」と言ったのだ。いったい、先生はなぜここを褒めたのか。この公案、いまもって謎である。

第八五五夜　二〇〇三年九月二四日

参照千夜

七〇七夜：エミール・ゾラ『居酒屋』　五五八夜：モーパッサン『女の一生』　五八〇夜：トルストイ『アンナ・カレーニナ』　八三八夜：フーリエ『四運動の理論』　六五〇夜：有島武郎『小さき者へ』　三九夜：高田博厚『フランスから』

「美は痙攣的である」。さもなくば「存在しない」。
それならシュルレアリスムは痙攣コレクションだったのか。

アンドレ・ブルトン

ナジャ

稲田三吉訳　現代思潮社　一九六二／巖谷國士訳　白水社　一九七六　岩波文庫　二〇〇三
André Breton: Nadja 1928, 1963

いまは懐かしい粟津潔の装幀である。いまは懐かしい稲田三吉の訳である。粟津さんとはその後は何度も顔を合わしたが、稲田センセーとは会っていない。

『ナジャ』の訳者をセンセーとよぶのは、稲田さんがぼくの早稲田文学部時代のフランス語のセンセーだったからだ。もっともこのフランス語の授業は大嫌いだったので、ほぼ出席しなかった。おかげでフランス語はさっぱり。会話はむろん、そのために仏文科に入ったはずのプルーストやコクトーさえ、いまもって読めない。

そのかわり稲田センセーの訳書は『シュールレアリスム宣言』（シュルレアリスムではなくシュールレアリスム）から『ナジャ』まで、早稲田時代にあらかた読んだ。センセーに議論をふっかけもした。きっと迷惑なことだったろうと思う。ぼくは、当時すでにシュルレアリスムの大半にけっこうな疑問をもっていたし、ぼくにとってのセイゴオ・シュルレアリスムは、すでに自分なりの方法で高校時代にとっくに済ませたものだったと錯覚していたからだった。ついでにいうのなら、ぼくは小学校時代にすでに「市電に三度笠をかぶって乗るダダイスト」だった（と思いこんでいる）。

この手の早とちりはいまは反故にした。やはりシュルレアリスムにはそれなりの独創があったのだし、鼻持ちならないと感じた首魁のアンドレ・ブルトンについても、その後になってずいぶん心証を変えた。とりわけ「美は痙攣的なものであるにちがいなく、さもなくば存在さえしない」という、とびきりの暗示の一句で終わる『ナジャ』については――。

今夜はブルトンの文学理論にも政治活動にも、つまりはシュルレアリストとしての実態についてもその功罪についても、いっさい言及しない。七六年前の今夜の出来事だけを再現したい。

ブルトンがパリの街角でナジャに会ったのは、一九二六年十月四日のことである。その女はひどく華奢なからだつきで、まるで目のところから化粧をはじめて時間がなくなったので途中でやめてしまったみたいな黒ずんだ目をしていた。

ブルトンはその目に惹かれて声をかける。マジャンタ通りの美容院に行くところだったという女を誘ってカフェのテラスに坐ると、名前を聞かずにはいられない。女の答えは完璧だった。「ナジャっていうの。なぜって、それがロシア語の希望という語の初めのほうの部分なんですもの」。

これでブルトンはすっかり首ったけになった。ぼくもこの箇所でナジャに惚れた。いやそれだけではなく、目のまわりをひどく黒くしている女性に、『ナジャ』を読んで十年ほどたって京都で会ったときに、これは京都ナジャだと思ってしまったほど、このナジャの出現のしかたはぼくのお気にいりになったのである。

話のほうはここから漠然と始まるのだが、何がおこるというのでもなく、ただブルトンがナジャに会いたくてしかたがないというだけの進行になる。だいたいナジャは、夕方の七時ごろになると地下鉄の二等の席にいるのが好きなだけの女なのである。けれどもナジャが放つものはともかく異様で、美しい。唐突でもある。男はこれに弱い。二度目に会ったときは全身に赤と黒を纏って、エレガントな帽子をかぶり、絹の靴下をはいていた。

ブルトンはナジャの気をひくためにいろいろ自分の本を与える。これもよくある手だが、ナジャは渡された本の中身よりも、『シュルレアリスム宣言』の煉瓦色の表紙と『失われた足跡』の表紙の群青の、二つの色の取り合わせのほうに関心があるらしく、「あら、これは〝死〟ね」と言う。ブルトンはナジャの観念の唐突に翻弄されていく。

二人はパリの街をほっつきまわるだけなのにブルトンはその道行（みちゆき）がしたくてしたくてたまらず、なんとか理由をつけてナジャと逢（あ）い引きをする。この道行はそうとうにブルトンの心に残るものだったようで、本書を刊行するときはナジャとともに歩いた街角の写真をページのなかにあれこれ挟んだ。本書はこの懐かしいパリの一隅の写真を見るだけでも、またブルトンやナジャが走り書きしたスケッチやメモを見るだけでも、一開の価値がある。


十月八日、つまりぼくがこの千夜千冊を書いている今宵（こよい）から数えてぴったり七六年前のパリで、ブルトンはバー「ア・ラ・ヌーヴェル・フランス」でナジャを待っていた（すでにお察しのように、ナジャは実在の女性である）。ところが、ナジャが現れない。どうしても会いたいブルトンは芸術座の近くでナジャがどこに住んでいるかを調べ、シェロワ街の「劇場ホテル」の四階に住んでいることをつきとめる。置き手紙を残したブルトンのもとに電話が入り、「私に会いにくることはできません」。

ナジャがシュールであることは、むろんいうまでもない。それをブルトンが巧みに引き出していることもいうまでもない。けれどもこれは断言できることであるが、このようなシュールな女はどんな時代にもどんな町にも実在していて、しかも男が想像力でつくりあげるよりずっとシュールな会話ができるものなのだ。そんなことはキキやイーディを持ち出さずとも鈴木いづみや戸川純ですぐにわかることだろう。

それでも男はこの言葉の暗示に凝りずに酔っていく。実際にもナジャはいくつもの暗示をかけた。たとえば「すべてはみんな弱くなって、そして消えてしまうんだわ」、たとえば「ねえ、アンドレ？　あなたは私のことを小説に書くのよ」、またたとえば「あなたはラテン語かアラビア語の偽名を見つけるの」。ブルトンはマックス・エルンストにナジャの肖像を描いてほしいと頼む。そうしないではいられなくなったのだ。しかしエルンストは、自分がある夫人に「あなたはいつかナディアとかナターシャという名の女に出会うだろうが、きっとうまくいかなくなるから気をつけなさい」と予言されたと言って、この申し出を断った。エルンストにもすでにナジャはいたわけなのだ。

ランボオやロートレアモンにシュルレアリスムの先駆を読んだブルトンが、ナジャの身なりと目のメークアップに参っていた以上の感覚で、その言葉にこそ参っていたことは、本書の随所に出入りするナジャの言葉づかいによくあらわれている。

こんなぐあいだ。「もしそうなれとおっしゃるなら、私はあなたにとっての無の存在に、それとも一個の足跡のような存在になってみせるわ」（こう言われて参らない男なんているはずがない）。「あなたは私の主人よ。私はあなたの唇のはしで息づき、そして息をひきとっていく一個の原子にすぎないの」(奴隷になるんじゃなくて、唇のはしで息づく女になってあげるわだなんて、ありがたいのか困るのか、男はそれさえわからない)。

さらにはこんなふうだ。「私、涙で濡れた指で静けさにさわってみたい」(えっ、それって静けさはぼくにはないっていうことなのか)。「そうじゃないのよ、神秘を前にしているのよ。石のような人、ねえ、私をちゃんと理解して」(うん、もちろん理、理解しようとはしているんだけれど…石の人じゃ…)。「でもね、自分の思考に靴の重荷を背負わせては、いけないわ」(は、はい。そんなつもりじゃないし、ただ好きなだけで…)。「私はね、すべてを知っていたの。ライオンの爪が葡萄の胸をしめつけているでしょ」(むむ、ライオン? 葡萄の胸? やっぱりまずかったのか)。そして挙げ句は、こうなのである。「だからね、私の呼吸がとまるとき、それはあなたの呼吸がはじまるときなの」。

無の存在。一個の足跡のような存在。唇のはしにいる女。一個の原子にすぎない女。静けさにさわれる濡れた指。靴の重みのない思考。葡萄に爪をたてるライオン。

ブルトンは首ったけである。結局、ナジャはかつて精神科病院に入っていた女であることがわかるのだが、それでもブルトンはナジャを祈念する。その気持ち、まことによくわかる。なぜなら、美というものは、リヨン駅や渋谷駅でいままさに発車しようとしてたえず身悶えている電車のようなものであるからだ。女はそこではつねに無線技師であって、男の心はいつだって地震計なのである。

それをいいかえれば、本書のラストにゴシックで綴られているように、「美は痙攣的なものであるにちがいなく、さもなくば存在さえしない」ということになる。

パリ九区のフォンテーヌ通り四二番地。ブルトンがいたアパルトマンに寄ってみたことがある。ちょっとしか覗けなかったが、書斎っぽいところにシュール時代のアート、アフリカの民芸品、アーティストたちとの交換品などが集まっていて、娘のオーブさんらが管理していた（追記＝二〇〇三年、ほぼすべてがオークションにかけられてしまった）。

ブルトンは、知と文芸とアートと人のコレクターだった。相当の目利きで、何が時代を破るものか見抜いていた。ロートレアモンもランボオもジャリも、トリスタン・ツァラもロベール・デスノスも、みんなコレクションしてみせた。ただ、そういう知財をすべて「シュルレアリスム」という函の中に入れ、自分が胴元になることを好んだ。そこに、決裂を孕まざるをえない芸術セクト運動としての限界も生じた。ツァラもキリコもダリも、それで離れた。

シュルレアリスムの構想は、やっぱり当時としてはかなり斬新だったと思う。思想の土台にはフロイトの精神分析、マルクスの革命思想、ダダの自在表現力という三つの礎石が置かれ、これをギョーム・アポリネールが文芸と美術をまぜこぜにしながら、露払い役として前衛化した。

お膳立ては、ブルトンの見識が用意したものではない。アポリネールが一九一三年に刊行した詩集『アルコール』（飯島耕一訳・弥生書房『アポリネール詩集』）と、ピカソ、ピカビア、ブラック、デュシャンをいちはやく評価した『キュビズムの画家たち』（昭森社）が、その後のシュルレアリスム運動の起爆装置になった。

これを承けたのが一九一七年の前衛バレエ《パラード》だ。ジャン・コクトーが台本を書き、エリック・サティが音を付け、ピカソが舞台芸術をつくって、レオニード・マシーンが振付けた。公演プログラムはアポリネールが構成し、その中で初めて「シュルレアリスム」という新語をつかった。

こうして、ブルトン、フィリップ・スーポー、ルイ・アラゴンらが「反文学」を掲げて「リテラチュール」誌に寄りあい、すでに果敢な「ダダ」のアクティビティを見せていたトリスタン・ツァラが一九二〇年になってそこに加わると、一年たたぬうちにブルトンとツァラが割れて、ここに「無意識の覚醒」を謳うブルトン派が独自の活動を自立させはじめたのである。その結晶マニフェストが一九二四年の『シュルレアリスム宣言』（現代思潮社）になる。

医学生だったブルトンがなぜここまで芸術と文芸の最前線に立とうとしたのか、ぼくはその理由がつかめないままなのだが、このあとのブルトン派はめざましい。とくに機関誌「シュルレアリスム革命」に出入りした顔ぶれが騒然としていた。

ブルトン、アラゴン、エリュアール、スーポー、ペレを軸に、そこへアントナン・アルトー、レーモン・クノー、ルネ・シャール、ロベール・デスノス、ミシェル・レリスらの前衛文学派が加わり、さらに美術畑からアルプ、エルンスト、キリコ、クレー、ココシュカ、ダリ、ピカソ、タンギー、ピカビア、ブラック、マグリット、ミロが、写真映像派のブニュエル、マン・レイが作品を提示した。わが世の春だったろう。

けれども、この春の騒然は長くは続かない。アラゴンやブルトンらがフランス共産党に入党し、これを折れ目に対立が露呈してくると、左翼化したグループにはよくおこる〝芯抜け〟なのだが、一九二九年十二月に「シュルレアリスム革命」誌は終刊した。ブルトンはアーティスト・コレクションに倦きたのだ。もっと自分が尖鋭化したかったのだ。そこで『第二宣言』を書くのだが、そこには〝芯〟が欠けていた。

けれどもブルトンが目利きをして選んだ歴代のシュルレアリストの先駆者たちの格付けレパートリーは残った。主には次の如し、だ。文学ではサド、ジャン・パウル、ホフマン、ネルヴァル、ボードレール、マラルメ、ロートレアモン、ランボオ、ジャリ、レーモン・ルーセル、アポリネール、画家ではウッチェロ、ヒエロニムス・ボス、アルチンボルド、ブリューゲル、ゴヤ、ウィリアム・ブレイク、ギュスターヴ・モロー、アル

アンドレ・マッソン《アンドレ・ブルトンの肖像》
(Photo by Photo12/Universal Images Group via Getty Images)

アンドレ・ブルトンはシュルレアリスムの「父」とも「法王」とも言われ、そのオートマティスム至上主義に反撥するアーティストも多かった。アンドレ・マッソンによる肖像画は、そんなブルトンの頑迷さをよく伝えている。

ノルト・ベックリン、ルドン、アンリ・ルソー、マックス・クリンガーたち。

　ブルトンの共産主義戦線への乗り入れは甘かった。シュルレアリストたちが勝手に息まくコミュニズムに対し、共産党本部からの批判が始まったので、この鉾先をかわすかのように入党したのがかえって裏目に出たのだ。党は以前にもましてブルトンらを非難した。

　かくてシュルレアリスムはほぼブルトン一人を残して霧消していったのだが、その手法はこのあと各地に伝染する。オートマティスム（自動筆記法）、「不気味なもの」の重視、デペイズマン（異なった環境や状態に生じる違和感への参入）、コラージュやフロッタージュやデカルコマニーの発見……などなど。

　さらにはスペインのガルシア＝ロルカやアルベルティやデ・ラ・セルナ、メキシコのバロやレオノーラ・キャリントン、ベルギーのポール・ヌージェやルネ・マグリット、ルーマニアのブローネル、日本の瀧口修造らが花を咲かせた。

　シュルレアリスムの手法はその後も世界の隅々に広まった。カジュアル化していったと言ってもいいだろう。世界中の文芸誌やギャラリーでシュルレアリスムの再生と稀薄化にかかわらない作品を見つけるのが困難なほどだ。ブルトンがこのことを知ってほくそえむかどうかは、わからない。第二、第三のナジャに惑わされる晩年の日々をおくってほしかったような気もする。

第六三四夜　二〇〇二年十月八日

参照千夜

九三五夜：プルースト『失われた時を求めて』　九一二夜：ジャン・コクトー『白書』　九四三夜：『鈴木いづみコレクション』　四九八夜：スタイン＆プリンプトン『イーディ』　一二四六夜：マックス・エルンスト『百頭女』　六九〇夜：ランボオ『イリュミナシオン』　六八〇夜：ロートレアモン『マルドロールの歌』　三四夜：ジャリ『超男性』　八五一夜：ツァラ『ダダ宣言』　八八〇夜：キリコ『エブドメロス』　一二二一夜：アマンダ・リア『サルバドール・ダリが愛した二人の女』　八九五夜：フロイト『モーセと一神教』　七八九夜：マルクス『経済学・哲学草稿』　一六五〇夜：ベルナダック＆デュブーシェ『ピカソ』　五七夜：デュシャン＆カバンヌ『デュシャンは語る』　一三八夜：レーモン・クノー『文体練習』　一〇三五夜：クレー『造形思考』　一七二九夜：ホフマン『牡猫ムルの人生観』　一二二二夜：ネルヴァル『オーレリア』　七七三夜：ボードレール『悪の華』　七四二夜：ブレイク『無心の歌・有心の歌』

サム・スペードの男っぷりに、
みんなハードボイルドに染まりたくなった。

ダシール・ハメット
マルタの鷹

村上啓夫訳　創元推理文庫　一九六一／小鷹信光訳　ハヤカワ・ミステリ文庫　一〇一二　ほか
Dashiell Hammett: The Maltese Falcon 1930

ハンフリー・ボガートがサム・スペードで、サム・スペードはハンフリー・ボガートだった。ジョン・ヒューストンが一九四一年につくった白黒映画《マルタの鷹》でサム・スペードに扮(ふん)したボガートはそれほど板についていた。仮にボガートがグレゴリー・ペックやブラッド・ピットのようなヘボ役者だったとしても、サム・スペードはボガートしかいなかった。この映画は一九五一年に日本で封切りされ、その後も何度も上映されてきたが、これを見る前には、こういうハードボイルドの感覚は日本にはなかった。
サム・スペードに縋(すが)ったのはアメリカも同じだ。正確にはサム・スペードとチビで太ったコンチネンタル・オプの〝一対〟に縋った。ダシール・ハメットが死んだ一九六一年ごろをきっかけに、アメリカの映画とテレビは、一人はスマートな男、もう一人はとろい中年男というコンビをたてつづけに量産する。このコンビ・パターンはその後は《リーサル・ウェポン》や《メン・イン・ブラック》などのハリウッド・アクションにも変じていった。いずれもサムとオプの後釜なのである。

とろい男はともかくとして、スマートな男には典型的なアメリカが、いやというほどに盛られた。それは、価値観が乱れた社会や組織や町で、自分の誇りだけに賭けた掟にしたがって決然と生きる男というものだ。

アメリカ人はこのパターンがひどく好きである。アメリカ人のエンタメに立派な価値観があると思ってはいけない。一方に麻の如く乱れた状況があり、他方にそれをものともせずに生きる男や女がいれば、それで釣り合いがとれる。

主人公たちは難関の事態を突破したところで、周囲にどのように秩序がおとずれるかなんかはどうでもよくて、そのまま好きな町角に、好きな奴を選んで消えていくと相場が決まっている。タフガイはアメリカン・ヒーローになるけれど、そいつは孤独で、かつアメリカ社会の改善には何のかかわりももってはいないのだ。

このプロトタイプをつくったのがサム・スペードで、それを描いたのがダシール・ハメットだった。ただし、その後にさんざん量産されたハリウッド映画よりもずっとずっと渋いキャラクターとして、だ。それは次の場面を読めばすぐわかる。「ハードボイルドのプロトタイプ」がタバコを吸っている。

闇の中で電話のベルが鳴りわたった。三度鳴り響いたとき、ベッドのスプリングがきしって、指が木のテーブルの表面をまさぐり、何か小さな堅いものが絨毯を敷いた床の上に落ちる音がした。そしてそれと同時に、もう一度スプリングがきしる音がして、男の声がした。「もしもし…そう、ぼくだが…なに死んでいる？　…そうか…すぐ行く、十五分で。どうもありがとう」。

スイッチがカチッと鳴って、天井の真ん中から三本の金メッキの鎖でつるされている白い鉢形の電灯の光が、パッと部屋じゅうにあふれた。緑と白の格子縞のパジャマを着た、素足のスペードが、ベッドの縁に腰をおろしていた。顔をしかめて卓上の電話機をにらみながら、そのそばから茶色の煙草紙の束とブル・ダラムの袋を取り上げた。あけ放った二つの窓から吹きこんでくる、冷たい湿った空気が、一分間六回の割で、アルカトラズの霧笛のにぶいうなり声をはこんでくる。

ハメットがちょっぴりマルクス主義系だったことは、サム・スペードを渋くさせた要因のひとつだったかもしれないし、そのことは探偵役にコンチネンタル・オプを仕立てた『赤い収穫』（ハヤカワ・ミステリ文庫）にもよくあらわれている。この作品は黒澤明が《用心棒》の下敷きにした元歌だ。

ハードボイルドは探偵を主人公に仕立ててできあがったのだから、むろん推理小説からはいろいろ借りている。けれども、借りたぶんお返しをしたわけではない。そんなことは『マルタの鷹』や次の『ガラスの鍵』（光文社古典新訳文庫）が、それまでの推理小説や探偵小説の定型をズタズタにしてしまっていることでも、すぐわかる。渋い主人公は事件の細部を組み立てて論理的な推理をすることなど、てんで苦手なのである。

かつて江戸川乱歩は『マルタの鷹』は探偵小説になっていない、読んでいて退屈でしようがなかったと酷評したことがあるのだが、乱歩が気にいるような探偵をハメットはつくりたかったわけではなかったのだ。それに本物の探偵のことなら、乱歩のように部屋に籠っていなかったハメットのほうが、ずっと体の隅まで知りつくしていた。いっときピンカートン社の探偵だったのだし、そこにろくな探偵がいなかったこともよく知っていた。

ピンカートン探偵社は一八五〇年代にできた警護と探索を専門とするノースウェスタン・ポリスエージェンシーが前身で、アラン・ピンカートンが設立した。リンカーン暗殺を未然に防いで名をあげたのだが、しだいに政府や州政府の御用機関のようになって、悪い噂がふえた探偵社だ。エルトン・ジョンに《名高い盗賊の伝説》があって、ピンカートンの奴らが悪さをしたことが揶揄されていた。サムが女に弱くて、その女に自分が弱いと見られるのはもっと大嫌いなキャラクターだったということも、特筆しておきたい。たんなるマルクス主義者や推理作家なら、こんなめちゃくちゃなヒーローはつくらない。

ハメットがどんな社会生活をおくったかということや、のちにマッカーシズムの嵐に巻きこまれて赤狩りにあったことは、ぼくも最近になってリリアン・ヘルマン（ハメットの恋人でもあった劇作家）の自伝をとろとろ読んで、なるほどそういうことがあったのかと合点してもいるのだが、そのヘルマンとどういう愛の生活をおくったかということも、それこそ何度くらい性病に罹ったかということも、サム・スペードの魅力にはほとんど関係がない。

どっちにしても、『マルタの鷹』はそういうことにはおかまいなく、そんなことがおこる以前に彫琢されたものだったのだ。

だから、このさい筋書きもどうでもよろしい。『マルタの鷹』という標題が、かつてマルタ島の騎士団がスペイン王カルロス一世に献上した純金像のことで、その純金像をめぐって次々に殺人がおこるというだけで充分だろう。あとは、最後の場面を紹介しておけば存分だ。こんなふうである。

サム・スペードが月曜日の朝の九時ちょっとすぎに探偵事務所に出てきて、あわてて帽子を放り投げる。秘書のエフィ・ピラインが読んでいた新聞をおいて、あわてて椅子から立ち上がり、「この新聞に出ていること、ほんとうなの?」と聞く。

スペードは「ほんとうだよ、君の女性的直観もあんなものさ」と言い、腕を彼女の腰にまわす。そして言う、「あの女がマイルズを殺したんだよ、あっさりとね、天使さん」。スペードは指をパチンと鳴らした。


ダシール・ハメットは探偵社だけでなく、陸軍の衛生隊にいたり、広告屋で仕事をしたりもした。ハードボイルドな探偵小説に手を染めはじめたのは一九二二年からパルプマガジン「ブラック・マスク」に短篇を書くようになってからで、それからは専業作家で身をたてることになる。スペイン風邪にかかって、そのときの看護婦さんを妻とし、二人でサンフランシスコに転地療養をしてからのことだ。だから、サム・スペードもサンフランシスコを舞台に、その霧と雨の中で活躍するようになった。

文体は「報告書のように簡潔に書く」を貫いた。一九二九年の『赤い収穫』と『マルタの鷹』が大ヒットするのだが、このときすでに先駆的なハードボイルド・スタイルとして称賛される「手持ちナイフのような文体」が確立されていた。

こうしてわれわれは、ハメットがつくりだしたサム・スペード、ロス・マクドナルドが手がけたリュウ・アーチャー、そしてレイモンド・チャンドラーが仕上げたフィリップ・マーロウという三人のとびきりニヒルでとびきりアメリカンな〝事件解決屋〟のキャラクターたちと、何十回も遊べるようになったのである。

第三六三夜　二〇〇一年八月二三日

参照千夜

七八九夜：マルクス『経済学・哲学草稿』　五九九夜：江戸川乱歩『パノラマ島奇談』　二六夜：レイモンド・チャンドラー『さらば愛しき女よ』

ヨクナパトーファ。ここがアメリカの闇の縮図なのである、この限界世界からすべてが説明不可能になっていく。

ウィリアム・フォークナー

サンクチュアリ

加島祥造訳　新潮文庫　一九七三　ほか

William Faulkner: Sanctuary 1931

ヨクナパトーファ・サーガ。

冒頭、ピストルをもった男と書物をもった男が出会う。ピストルの男は密造酒をつくっているポパイ。書物の男はたったいま妻を捨てて故郷に戻る途中の弁護士ホレス・ベンボウ。二人はなんらの交流もないままに、かりそめの道連れになる。

ヨクナパトーファ・クロニクル。

春の午後。アメリカ深南部ミシシッピのジェファスン。フォークナーの「ヨクナパトーファ・サーガ」の主要舞台となる架空の町だ。その町はずれにいまは廃屋になっている農園屋敷オールド・フレンチマンがある。ここが密造酒づくりの一味の汚れた根城で、首領格がポパイだ。性的不能者である。密造酒をつくっているくせに、酒が呑めない。貧乏白人グッドウィンとその妻のルービーと手下のトミーを使っている。その根城に弁護士ベンボウが招かれ、夕食を共にし、そして別れた。

数日後、名門判事の十七歳の娘テンプル・ドレイクとボーイフレンドが乗った車が、ポパイの仕掛けた横倒しの木に乗り上げ、屋敷に連れこまれる。ボーイフレンドはほうほうのていで逃げ、トミーが娘の見張りを命じられる。ポパイはそのトミーを射殺して、娘の陰部をトウモロコシの穂軸で突いて暴行した。アメリカ文学史上、最も有名な性的暴行場面である。ポパイはテンプルを淫売宿に囲って、自分の代わりの若者をあてがうが、二人の仲が親密になると、この若者も射殺した。

トミー殺しの背景調査に乗り出した当局は血に汚れた穂軸を発見し、ぐずのグッドウィンを犯人とする。一方、事件の真犯人はポパイだと睨んだ弁護士ベンボウはグッドウィンの証言を取ろうとするのだが、うまくいかない。そこでルービーから真相を聞き出すために身柄を保護すると、町の連中がベンボウを非難する。

この町には面倒な〝真実〟なんて、いらない。そのうちテンプルの行方がわかったベンボウは淫売宿でテンプルと話してみるのだが、彼女はあまりにも錯乱していた。〝真実〟は遠くなる。ベンボウは彼女が法廷で変なことを喋らないことを望む。

こうして開かれた裁判の第一日目、ルービーがついにポパイの犯行を証言した。ベンボウは勝利を確信する。第二日目、不意にテンプルが現れ、検事の誘導でグッドウィンに犯されたと証言した。有罪が宣告された。その夜、町の連中がグッドウィンを監獄から引きずり出し、火あぶりのリンチを加える。そのさなかテンプルは父親に引き取られて町を発つ。

数ヵ月後、ポパイは母親に会うため故郷に向かっている途中、警官殺しの科で逮捕される。そんな事実はないにもかかわらず、ポパイは弁護を拒み、看守に絞首用のロープに乱された髪をなおすように告げると、犬のように首を吊られて果てた。酒も女も知らないままに――。

ウィリアム・フォークナーはろくに学校など出ていない。高校を途中でやめ、大学を途中で退学した。一八九七年にミシシッピの名門の家に生まれたが（曾祖父が鉄道敷設者でベストセラー作家、父は大学事務員）、好きに、だができるだけ静かに、生涯の大半をミシシッピのラファイエットの田舎町オックスフォードで勝手に生きた。

そういうフォークナーを刺激したのは親友であり、文学に目覚めさせたのも親友だった。アメリカ文学よりジョイスやエリオットが好きになった。

フォークナーが南部社会という「過去の幽閉」を描いた書きっぷりには、兜を脱ぐ。かつてぼくはその凄まじさに気圧されて、『響きと怒り』（講談社文芸文庫・岩波文庫）や『八月の光』(岩波文庫・新潮文庫)を読みまちがえたほどだった。早稲田の三年のころだったが、それまでノーマン・メイラー、テネシー・ウィリアムズ、カポーティ、ヘンリー・ミラー、ヘミングウェイというふうにアメリカ文学を飛び石づたいにさかのぼっていたら、ここでごついものにどしんと躓いた。それがフォークナーだったのである。

同じころ観ていたエリア・カザンの《欲望という名の電車》や《エデンの東》などの映画にもちょっとごついものを感じていたのだが、その向こうにもちらりとフォークナーが見えた。

なんだ、この作家は。こんな奴は日本にはいない。しかも、アメリカでもない。何かここには別国の人種がいる。いや、その人種と向き合った奴がいる。ぼくはこのごついものが秘める怖いような物語の塊に怯み、これをしばらく避けて、また、ヘンリー・ジェイムズ、メルヴィル、ホイットマン、ポオというふうにアメリカの時をミシシッピを逆流するようにさかのぼっていったものだった。

ヨクナパトーファ・サーガ。

ヨクナパトーファ・クロニクル。

フォークナーの多くの作品は「ヨクナパトーファ郡」という架空の地域を舞台にしている。ネイティブ・アメリカンの言葉で「水が平地をゆるやかに流れていく」という意味らしい。ミシシッピ州西北部、広さ二四〇〇平方マイル、一九三六年時点で人口は一万五六一一人。うち白人が六二九八人、黒人が九三一三人。

そこにジェファスンという郡役所のある町があり、フレンチマンズ・ベンドというコミュニティがある。ここは「体面」をつくっているだけのコミュニティで(いまの日本のように)、過去の歴史の都合のいいところ以外はすべて放擲するような連中ばかりがひしめいていた。退屈、溺愛、暴力、保身、偽りの家庭、いいかげんな教育が、ぐるぐる渦巻いていた(いまの日本のように)。

フォークナーはそういう架空の町を設定し、そこにありとあらゆるアメリカのくだらない感情と出来事を埋めこんだ。現在のアメリカに人間の取り返しのつかない歴史をみっちり埋めこんだ。方法文学的な象嵌である。その象嵌の手法には確固とした方針がある。そのような日々を克明に描き出すことが、もっとくだらないだろうはずの未来の歴史を塗り替えることだという方針がある。

晩年だったが、フォークナーは自分が育った南部の町についてこんなことを書いていた、「自分の郷土がたとえ切手のように小さなところであっても、書くに値することはとうてい書き尽くすことができないほどもある」。

しかしフォークナーの小説はからっきし売れなかった。売れなかっただけでなくて批評家も注目しなかった。農園貴族につらなる家族たちの葛藤を描いた『響きと怒り』も、人種の宿命にメスを振るったジョー・クリスマスとリーナ・グローヴの物語『八月の光』も、あまりにも複相的な人物が入り混じっているので梗概など説明できない『アブサロム、アブサロム！』(岩波文庫)も、まったく注目されなかった。ただ『サンクチュアリ』だけがその過激なシーンで話題になった。以降、フォークナーは〝バイオレンス作家〟として知られていただけだ。

それでもフォークナーはヨクナパトーファ・サーガをヨクナパトーファ・クロニクルとして書き続けた。評判などまったく気にしていない。そして、ずっとあとになってノーベル賞を授与された。アメリカ人はこれでやっと驚き、おそるおそるフォークナーを読みはじめ、そして悔しがりながらも、アメリカという国の体たらくをちょびっとだけ知った。

ぼくの世界ブンガク読みには、いろいろ風変わりなところがあると思う。偏見も不足もある。そのひとつに、アリオスト、バルザック、ドストエフスキー、ゾラ、フォークナー、ドス・パソス、ロレンス・ダレル、そしてガルシア＝マルケス、バルガス＝リョサというふうに連なる読み方がある。

そういう流れでフォークナーを理解できたのはだいぶんあとのことだったが、ぼくはいつしか〝それ〟に気がついた。〝それ〟が何かとは言いにくいけれど、おそらくは場所の魂（ゲニウス・ロキ）の宿命を見定めるということなんだと思う。歴史は現在でしか語れないという覚悟をあらわすことであり、人間こそが社会状況であることを凝視することだったと思う。フォークナーがこのような頑固な小説作法に徹した背景には、むろん生い立ちや個性にも関係があるが、時代も大きな影響を与えていた。

フォークナーの青年期は「ロスト・ジェネレーション」（失われた世代）に属している。一八九七年生まれという世紀末の申し子のようなフォークナーは、ダシール・ハメットの三歳年下、フィッツジェラルドの一歳年下、ヘミングウェイの二歳年上になる。この世代にとっては、もはや良き時代のアメリカなんてもうすっかりなくなっていて、そんな時代が二度とくるとは思えない。

フォークナーも大戦従軍を志願し、カナダのイギリス空軍に入隊した。戻ってきても職業などなんでもよくて、そのへんの臨時郵便局長でもなんでも、とりあえずは一時しのぎになれば、それでよかった。

アメリカの過去は立派だったかもしれないが、今は何もない。むしろ大戦で傷ついたヨーロッパのほうが人間らしい。ヘミングウェイが海やパリやキリマンジャロに出掛けていったように、フォークナーもアメリカに関心をもてずにいたのだが、そのぶん外に出ないことにした。あえて自分が育った小さな町をモデルにヨクナパトーファ郡に蟄居（ちっきょ）

した。虚構のなかに人間のふるまいの多様いっさいを封じ込めたのだ。ここにフォークナーの頑固一徹の炯眼があった。

フォークナーの主人公たちは（いや、大半の登場人物たちは）、もはや自分で自分をつくりだすしかなくなっている連中である。たとえば、『サンクチュアリ』の不能者ポパイは自分の内なる欲望を、愛やペニスではなくトウモロコシの穂軸に託さねばならず、自分の外なる罰を、自分の罪ではないもので引き受けたい。そうでもしなければポパイはポパイでいられない。

また、『八月の光』のジョー・クリスマスには、そもそもって〝生誕〟がない。孤児院に捨てられた日付を名前が暗示しているだけである。過去が不明なかわりに、そのあとの生き方は自分で決められる。過去に戻れば黒人になるしかないが、過去を塞いで白人まがいとして生きることも、黒人でも白人でもない自分になることも、オプションになる。

オプションではあるけれど、どのオプションを選択することになったかで、人生は千変万化する。白人女のジョアナ・バーデンが好きになってしまって、彼女に頼ったら、そのあとどうなるか。彼女から自分の中の黒人性を要求されるのだ。リーナ・グローヴに惚れてしまったときは、どうなるか。そのときは白人っぽくなれるけれど、自分を明るい喜劇にするしかないだけだ。ジョー・クリスマスはそういう選択創作の人生を歩んでいった。

フォークナーはそういう登場人物をこそ次々につくった。ポパイもテンプル・ドレイクもホレス・ベンボウもそういう人物だ。

次に、そのように自分で自分をつくれない人間たちを、描くことにした。混沌たる物語『アブサロム、アブサロム!』がそのことをまさに書いたのだが、こういう人間たちは自分で自分の過去をつくることになる。過去をでっちあげながら生きている連中だ。しかし、そんなことがうまくいくはずはない。きっとすべてが露見する。かくして主人公たちはそこで窮し、そこで新たな人間に着替えざるをえなくなっていく。

こうして、そういう二つのタイプの人間を次から次へと選び出し、そういう住民ばかりで埋まったヨクナパトーファを濃密につくりだした。この手法に驚き、これを日本の虚構に移したのが大江健三郎であり、安部公房であり、松本清張だった。中上健次が『枯木灘』(河出文庫)の下敷きに『アブサロム、アブサロム!』をつかったのは、いまや誰でも知っている。

こんなごっつい魂胆を抱えたフォークナーの作品を、若造だった松岡正剛がわかるはずはなかった。ぼくは自分の加齢とともにフォークナーをやっとこさっとこ再発見できただけだ。数年前も、最後の大作『寓話』（上下・岩波文庫）を読んで、打ちのめされたばかりだ。何に打ちのめされたかといえば、ぼくのなかにフォークナー思索がなおまだ決定的に欠乏していることに、打ちのめされた。

　この物語は第一次世界大戦と第二次世界大戦の両方の「戦争」を主題にしたもので、前半は、第一次大戦下のフランス前線部隊における十二人の奇妙な兵士たちを部下にもった伍長（ごちょう）の運命を描いていた。そこにおこる出来事はまことに複雑怪奇、それが、まるで十二人の弟子に何かを伝授しなければならなくなって受難したキリストのようなのだ。後半は、第二次大戦下の人間像が次々にとりあげられて、すべての矛盾が噴き上げてくる。

　フォークナーはこれらを『寓話』と名づけてひたすらじっと堪忍しているのだが、この作品にこそ「怒り」と「響き」が満ちていた。なぜフォークナーはそんなふうに堪忍できるのか。ぼくはそこに打ちのめされたのだ。あと数年後なら、ひょっとしたら『寓話』をここ（千夜千冊）にとりあげたかもしれないが、いまはそこまでは飛び切れない。お手上げではないが、ぼくの言葉にフォークナーは嵌（はま）ってはくれそうもない。ぼくには、ウィリアム・フォークナーこそがサンクチュアリなのである。

［追記］フォークナーが背負った時代は、一八九五年から一九〇〇年に生まれた世代と

共通する。日本なら三木清・伊藤野枝・宇野千代・山名文夫・横光利一・川端康成・石川淳などの世代だ。この顔ぶれでわかるように、日本ではこの世代をロスト・ジェネレーションとは言わない。それでもかれらはそれなりのロストの感覚だけはもっていた。この世代は自分で自分たちの主人公を、どこにも所属しない者としてつくりだすしかなくなっていた。横光の『旅愁』（岩波文庫）や川端の『雪国』（新潮文庫）はそういう人間を描いていた。

かれらはまさにフォークナーやヘミングウェイに連なる世代の者たちで、結局は大戦を同じ年代で体験し、そこから外れた人間をつくりだしたのだ。しかし周知のように、これらの作家の作品はたいへん淡い。日本の作家たちは、等身大のロストを表現することにした。それゆえこの日本の世代からはフォークナーやヘミングウェイは一人として生まれなかった。何をロストしたかという問題がまったく異なっていた。

その後、日本は日本なりに深刻なロストを描くことになる。その大半は、戦後の、しかも高度成長に向かってからの、平均的な日本社会から外れてしまった〝日本のヨクナパトーファ〟を描いたものだった。それが安部公房・大江健三郎から始まって、中上健次・島田雅彦をへて、いまはたとえば阿部和重や笙野頼子に及ぼうとしている。

このロストは、敗戦後の日本が戦時中に失ったものと、戦後民主主義を下着から部屋の飾り付けまで着こんだために失ったものとが混ざっていた。新たな世代はこのロストとコストと闘っているのではない。横光とも川端とも安部とも大江とも異なる観察をした。遅すぎる作業だろうか。そうではあるまい。いまに日本の読者の性器に稲穂が突き刺されていたことを知るにちがいない。

第九四〇夜　二〇〇四年二月二三日

参照千夜

一七四四夜：ジェイムズ・ジョイス『ダブリンの人びと』　二七八夜：テネシー・ウィリアムズ『回想録』　三八夜：カポーティ『遠い声　遠い部屋』　六四九夜：ヘンリー・ミラー『北回帰線』　一一六六夜：ヘミングウェイ『キリマンジャロの雪』　四二九夜：ヘンリー・ジェイムズ『ねじの回転』　三〇〇夜：メルヴィル『白鯨』　九七二夜：『ポオ全集』　一五六八夜：バルザック『セラフィタ』　九五〇夜：ドストエフスキー『カラマーゾフの兄弟』　七〇七夜：エミール・ゾラ『居酒屋』　七四五夜：ロレンス・ダレル『アレキサンドリア四重奏』　七六五夜：ガルシア＝マルケス『百年の孤独』　一七〇七夜：バルガス＝リョサ『密林の語り部』　三六三夜：ダシール・ハメット『マルタの鷹』　五三四夜：安部公房『砂の女』　二八九夜：松本清張『砂の器』　七五五夜：中上健次『枯木灘』　六六夜：宇野千代『生きて行く私』　五三夜：川端康成『雪国』　八三一夜：石川淳『紫苑物語』　一三七六夜：島田雅彦『悪貨』

あからさまな性描写の連打を奨めたのは、付きあった女たちの「知性」によるものだった。

ヘンリー・ミラー

北回帰線

大久保康雄訳　新潮文庫　一九六九／本田康典訳　水声社　ヘンリー・ミラー・コレクション　二〇〇四
Henry Miller: Tropic of Cancer 1934

ロレンス・ダレルが褒めていなければ、ヘンリー・ミラーを読まなかった。いっときダレルがぼくの先生だった。ダレルは『北回帰線』をべらぼうに褒めた。インド生まれでギリシアのコルフ島に住んでいたかっこいい青年詩人は、これまたかっこいい若いナンシー夫人と連れ立ってパリのヴィラ・スーラにわざわざやってきた。ここは中年ヘンリーがパリの本拠にしていた場所だ。

なるほど『北回帰線』がなかったなら、ダレルの『アレキサンドリア四重奏』（河出書房新社）もありえなかったのは、これでよくわかった。いまでもぼくは、ときどき『ミラー、ダレル往復書簡集』（筑摩書房）を読む。ギリシアの島にいた二三歳のダレルがパリの四三歳のミラーに送った書簡から、四七歳のダレルがプロヴァンスからビッグサーの六七歳のミラーに送った書簡まで、二十数年にわたる交換テキスト集である。あれは、アメリカ文学史上のあたかもロマ書のようなものだ。たしか絲山秋子がこれをバイブルにして作家修業をしたと聞いた。

それからアナイス・ニンがミラーのことをあんなに詳しく日記に書いていなければ、やっぱりヘンリー・ミラーなんて読まなかったろう。

アナイスの『日記』（彩流社『インセスト』）によると、二人はパリにいるあいだ、存分にセックスを歓しんだようだが、二人ともそこからブンガクを導き出していた。アナイスはミラーという男を〝創出〟することにすこぶる真剣で、『北回帰線』の初版本はアナイスのとびきりの序文がついていた。ぼくはアナイス・ニンを一も二もなくリスペクトしている者なので、とくにその厖大な日記は二十世紀の日記文学の白眉だと確信しているので、それならばとミラーを読んだのだった。

ただし当時のぼくは若すぎた。いまならちょっとはエロスもタナトスもともがらに身近かになっているので、変わった読み方もできるにちがいない。

たとえばぼくが最近になって溺れてもいいと思えた彼女をホテルに呼んでスカートをまくってもらい、ぼくのペニスを咥えてもらい、それから今夜の『北回帰線』について書いてもよかったのだろうが、そういうわけにもいかなかったので、ここではヘンリー・ミラーがこの作品を書くにいたった出来事にいくつかふれて、ついでにぼくのちょっぴり悲惨で、よく思いおこすと意気地のない滑稽な話も少々おりまぜて、本書の感想のお茶を濁そうとおもう。

ライダー・ハガードといってもほとんど知られていないだろうが、ブルックリンの移民貧民街の仕立て屋に育ったヘンリー・ミラーにとっては（ドイツ系の移民の子だった）、ハガードの『ソロモン王の洞窟』『二人の女王』（いずれも創元推理文庫）『アランの妻』（創元社）こそが想像力の源泉だったようだ。貪り読んだという。もっといろいろの本も読んだ。少年ヘンリーはそうとうな読書家だったようだ。これはのちのミラーの文章やアナイス・ニンの日記を見れば、そういう事情だったことがよくわかる。

ニューヨーク市立大学なんてところはたった二ヵ月で退学した。雰囲気もカリキュラムもあまりにばかばかしいものだったからだが（どんな大学もそういうものだが）、あっさりセメント会社に入って最初の給料を貰うと、街の女やモギリの女を手はじめに獰猛な性遍歴に耽っていった。その一方で、アメリカ西部へ、アラスカへ、パリへ、若きロレンス・ダレルを訪ねてアレキサンドリアへ彷徨した。が、ニューヨークに戻るたびに気が狂ったようなセックスをした。母親ほど年齢がちがうポーリーン・チャウトウとも同棲し、『わが読書』(新潮社)によると、文字通り「セックスの奴隷のような日々」あるいは「地獄の境涯のような日々」をおくった。しかしセックスの奴隷なんて長く続くはずがないと、のちに老年ヘンリーはわざとらしく書いている。

それが本当かどうかはわからないが、ひょっとしたらその地獄というのはああいうことかもしれないということが、ぼくにも僅(わず)かながらおこっていた。

いささか私事になるが(しょっちゅう私事ばかりを書いているのだが)、ぼくは学生時代の三日間を娼婦(しょうふ)の家に〝幽閉〟されたことがあった。三ヵ月でも三年でもない。たった三日だ。それでもかなりの経験をした。そのことをちょっと挟んでおきたい。

学生紛争で疲れ、早稲田から新宿のほうへ下駄で歩いていた真夜中、大柄でミニスカートの娼婦が声をかけてきた。派手な美人である。やたらに高いハイヒールだ。いつかそんな時がくると思っていたぼくは「でもオカネがないんだ」と言った。すると娼婦はかまわないわよ、私の家にいらっしゃいと言う。その大きなワンルームの家(渋谷の平屋のアパートメント)には、驚いたことに数組の男女とゲイたちが同居していた。これだけでも学生のぼくには腰を抜かすような極限の光景だったのだが、それだけではなく、かれらはのべつまくなくセックス三昧(ざんまい)をし、それを互いに見せあっていた。

ぼくは娼婦に三日三晩の攻勢をうけた(ゲイからの攻撃も加わった)。彼女は赤坂の外国人専用コールガールクラブのナンバー3だと自分で言っていた。それは仕事のほうで、年に一、二度ほど気にいった若い子を食べるのよと説明した。だから夜中はいないが、朝方に戻ってきて夕方までぼくを漁り、眠り、また貪る。これが何を隠そうぼくの童貞卒業の日であって、初体験と過剰な甘美がめくるめくように一緒につながって、なにもかもがどっと襲ってきた。彼女と仲間たちはさまざまな秘戯をぼくに施した。

快楽地獄とは思わなかったけれど、それでも目は霞み、体はどこもかしこもヒリヒリ痛くなっていた。ぼうっとした昼下がり、ともかくいったんは外に出なくちゃと、這々の体でこっそり脱出した。しばらくはそのアパートメントにもう一度行こうかなと思ったが、それはなんとか堪えた。

そんなことが三ヵ月、一年、三年と続けば、きっとたいそうな生き地獄だろうという想像がつく。ミラーにはまさしくそれがおこったのだろう。ちなみにぼくは、そのあと長いあいだ、よほどの女性でなければ感応できなくなっていた。

まあ、ぼくのことはともかくとして、青年ヘンリーは女に囲まれたニューヨークを離れ、漂泊するように西部へ行った。まさに放浪だった。そして、臨時雇いやパートで食いつなぎながらサンディエゴに入ったときに、とんでもない女性に会った。

エマ・ゴールドマンである。そのころすでに危険な名声を馳せていた正真正銘のアナキスト革命家だ。リトアニアに生まれて一八八五年にアメリカに来て、一九一九年にロシアに追放された。ミラーは彼女からヨーロッパという世界があること、そしてそれよりずっと大きくて深いロシア文学というとてつもない世界があることを教えられる。これでドストエフスキーが巨大な壁となって、ミラーの前に立ち塞（ふさ）がった。

エマ・ゴールドマンとの出会い、およびドストエフスキーを耽読（たんどく）しつづけたことが、のちにヘンリー・ミラーを文学者にさせる大きな滋養になったことについては、いまではミラーの読者たちはみんな知っている。けれどもミラーの文学にアナキズムの粒々が泡立っていることは、そんなには認知されていないように思う。『北回帰線』の魅力は、そこだけは若いころのぼくにもわかったのだが、どこかバクーニンの『神と国家』（改造文庫）か、エマが大股で歩くような風情をもっていたものだ。

ドストエフスキーで大審問官にやっと直面できたミラーは、ニューヨークに戻って親父の稼業を手伝うようになる。ただしそこへフランク・ハリスがあらわれて、ミラーはふたたび女性遍歴の崇高さに目覚めてしまった。ハリスは編集者あがりの出版経営者で、セックスの日々を赤裸々に書き綴（つづ）ったポルノグラフィ、かの発禁本『わが生と愛』（河出書房新社）の独白者である。

何がどうまわりまわったのか、ミラーは二六歳でピアニストと結婚をする。『セクサス』（新潮文庫）に出てくるモオド（実名はビアトリス・ジルヴァス・ウィケンズ）だ。ちゃんと娘も生んだのだが、その娘が父親ヘンリーと再会するのは三十年後のことになる。

一九一七年、アメリカは第一次世界大戦の渦中に入る。身を整えて、新聞通信員のかたわら陸軍省や経済調査局に勤めた。長続きはしない。百貨店に仕事を見つけるとカタログ編集に精を出した。それからが『南回帰線』（新潮文庫）や『セクサス』に綴られた例の日々に重なるのだが、皿洗い、バスの車掌（想像もつかない）、新聞の売り子、メッセンジャーボーイ、墓掘り、ビラ貼り、体操教師（これは想像を絶する）、ホテルのボーイなどを次々に転職し、ニューヨークのウェスタン・ユニオン電気会社にやっと落ち着いた。『切られた翼』（未公刊）にとりくんでみたが、評判はぼろくそだった。「君には作家のための一片の才能もない」と言われたシーンが『セクサス』にも出てくる。

しかし、ここからは作家志向が鎌首をもたげたようで、タクシーガールとよばれていたブロードウェイの専属踊り子ジューンをつかまえ、前の妻と離婚して再婚にこぎつけると、詩集を売り歩き、もぐりの酒場（スピークイージー）で客をとり、やはり仕事はめちゃくちゃではあったが、ともかく書きまくった。妖婦（ようふ）っぽいジューンとは喧嘩（けんか）と和解の連続で、それでも夫ヘンリーはこのジューンとの日々が「精神のシベリア」をもたらしたらしく、それが自分を決定的にさせたと、のちにロレンス・ダレルへの書簡に書いている。

一九三〇年、ジューンを置き去りに、パリに行った。アナイス・ニンと出会い、ついにデビュー作『北回帰線』が生まれた。所持金はたった十ドル。のちに〝最後の国籍離脱者の乱暴〟と言われた。

『北回帰線』はアナイスの助言がすばらしかったのか、みごとにヘンリー・ミラーの文学になっている。筋はない。そこが非難囂々（ごうごう）だったのは、当時、スクリプトもプロットもないアメリカ小説なんてなかったからである。けれどもミラーはそのときも、あのときも、徹底してノン・シンセティック（生命的）だった。それはミラー自身の生活が乱雑きわまりなく、なんら統合がとれていなかったことによる。

あまりに野放図な性描写だ。劈頭（へきとう）数ページだけで娼婦がぞろぞろ登場してくる。ローナはトッテンハム街の路上に寝てドレスをまくりあげて指をつかっているし、主人公は一物を握ったままアメリカ女にあいさつするし、善良な心の奥底まで娼婦だったジェルメーヌはベッドに体を投げ出すと同時に美しい脚を奥まで広げる。

いま読めばひとつひとつの描写はたいして猥褻（ひわい）なものがないのだが、それが連打乱打されれば、当時はたいていの連中が引っくりかえった。しかし、アナイスはその効果をすぐに喝破（かっぱ）して、むしろ片言隻句（へんげんせっく）ではあっても放出されるミラー独得の言葉のきらめきのほうを奨励し、さらに序文に、この作品は「パタゴニアの巨人となって読むべきものだ」と暗示した。

『北回帰線』の評判は大半が侮蔑まじりのものだったが、ジョージ・オーウェル、T・S・エリオット、ブレーズ・サンドラール、ハーバート・リード、エズラ・パウンドが褒めた。誇張された抽象性、戯画感覚、激しい性描写、狂ったような文体、哲学的言辞の突発、黙示録っぽい観念、ときおり見せる東洋神秘主義。それらの脈絡のない放出と、それをあくまで管理しようとしないノン・シンセティックな意志。こうしたことがヨーロッパ有数の知的思索者たちを引きずりこんだのだ。これはミラーを有頂天にさせた。アナイス・ニンの読み勝ちともいえるであろう。

ヘンリー・ミラーが『北回帰線』でどんな文章を書いていたのか。まだミラーに対してウブな諸君のために数箇所を引用しておく。こんなイメージの、こんな文体だ。大久保康雄の訳による。

◆アレキサンダー三世橋。橋に近い大きな吹きさらしの空地。陰気な裸の街路が、その鉄格子で数学的に固定されている。廃兵たちの陰鬱さが円屋根から湧きあがって、広場の隣の街路にあふれ出ている。詩の屍体置場。
◆ぼくがそう言っているあいだに、彼女はぼくの手をとって股にはさんでしめつけた。便所で、ぼくはものすごく勃起して、便器の前に立った。翼のある鉛の棒か何ぞのように、それは軽くもあり、同時に重いような気もした。

◆クリュグルは、あの狂ってしまった聖人の一人であり、マゾヒストであり、きちょうめん、正直、自覚を自己の法則としている肛門型の人間であった。

◆エルザが八百屋に電話をかけている。鉛管工が便器の上へ新しい台をとりつけている。ドアのベルが鳴るたびにボリスは冷静さをうしなう。興奮してコップをとり落とす。彼は四つん這いになる。フロックコートを床に引きずっている。ちょっとグラン・ギニョールに似ている。

◆今日まで、ぼくの身に起こったことは、一つとして、ぼくを破壊するほどのものではなかった。ぼくの幻影以外、なにものも破壊されはしなかった。このおれは無傷だった。世界は無傷だった。明日にでも革命か、疫病か、地震が起こるかもしれない。明日にでも、同情を、救いを、誠実を求めうる人間は、ただの一人も残らないかもしれない。

◆世の中には秘教的という言葉が神聖なアイコオ（気状液）のごとく作用する人々がいるらしい。『魔の山』のヘル・ピーパーコルンにとってのセトルド（安定する）に似ている。

◆硫黄で点火されてぼくのそばを通りすぎて行く男や女たち。カルシウムの制服をまとって地獄の門をあける門番たち。松葉杖にすがって歩く名声。それらは摩天楼のために小さくなり、機械の歯をつけた口ですり切れるまで嚙みくだかれる。

［追記1］六本木一丁目の地下鉄駅の近くに「北回帰線」という店がある。カレー屋だが、カフェバーのようになっている。グリーンカレーとスパイスカレーの「あいがけ」を頼んだ。「北回帰線カレー」だ。北緯二三・五度の「あいがけ」だ。旨かった。オーナーはミラーが七五歳のときに結婚した歌手のホキ徳田さんである。以前芋洗坂にあった店が移転して、月・水・金のみに「北回帰線カレー」が出る。
［追記2］さきごろ水声社の「ヘンリー・ミラー・コレクション」全十六巻が出揃った。十六巻目は対話とインタヴューで、米谷ふみ子のミラー・インタヴューが「趣味まるだし」で痛快だった。八五歳のミラーが大阪弁の米谷の問いに応えたのである。

第六四九夜　二〇〇二年十月三十日

参照千夜

七四五夜：ロレンス・ダレル『アレキサンドリア四重奏』　九五〇夜：ドストエフスキー『カラマーゾフの兄弟』　一七二五夜：ノーマン・メイラー『ぼく自身のための広告』

あのころ、男たちは死ぬために生きていた。
それには、好奇心と勇気が必要だった。

アーネスト・ヘミングウェイ

キリマンジャロの雪

Ernest Hemingway: The Snows of Kilimanjaro 1936

龍口直太郎訳　角川文庫　一九六九

ヘミングウェイは六二歳で自殺した。アイダホの自宅で猟銃で頭をぶち抜いた。ちょうどいまのぼくの歳だ（二〇〇六年現在）。死の間際まで交流のあったホッチナーの『パパ・ヘミングウェイ』（ハヤカワ文庫）によると、五十代後半に原稿執筆に苦しむようになり、「FBIに付け狙われている」とか「監視されている」と言うようになっていた。メアリー夫人が入院を強行した折には、飛行機のプロペラに飛びこもうとした。

今夜、ヘミングウェイをとりあげることにしたのは、あることが微かな風の影向のようにぼくの脳裡を右や左に動くからだ。ときに前後にも動いている。「あること」というのは、ぼくの身近かで「死」が行き来しているらしいということだ。四二歳前後にも行き来していたが、そのころは夕方にやってきてまたどこかへふっと消えていた。それが数日おきに繰り返す。そのうちそういうことはなくなった。

この数ヵ月、やはり「死」が去来する。べつだん体のどこかが悪いわけではない（いいわけでもない）。「死」について考えたいわけでもない（見ているだけだ）。勝手に向こうからやってくる。ただし、今回の「死」は「不在になる」とは何かという、ちょっとばかり重たい審問を伴っている。そういう奴を連れている。たいていは疲れはてて眠りに入る前のことだ。これは尋常ではない。面倒くさい。

「不在になる」というのは、「自分が不在になる」ということで、「私」がいなくなるということだ。そんなことがいつかやってくるだろうことは承知している。だからふだんはそんなことを、考えすらしない。今度も注目したわけではない。ただ見ている。それにもかかわらず「死」は昨夜も午前三時あたりにふうっとやってきて、「お前の不在を感じろ」と言う。

こんなことがおこっていたので、そろそろヘミングウェイを書こうかと思っていた。何かが自分から離れていくという実感について、ヘミングウェイが何度も書いていたからだ。ところが書こうかなと思ってから、ヘミングウェイについて書くということが面倒になってきた。仮に「死の去来」を扱うなら、それこそそんなテーマを書いた作家はごまんといるのだし、それをふいにヘミングウェイだと感じたと書くには、その気持ちの動向を多少は突きとめる必要があった。これは面倒だ。

面倒はほかにもあった。同じ作家のどの本を読もうかというときは、ほとんど迷わない。いろいろ読みすすむ。ところがそのうちの一冊を選んでその感想を書こうとすると、ふいに迷うのだ。『武器よさらば』（新潮文庫・光文社古典新訳文庫）か、それとも『誰がために鐘は鳴る』（新潮文庫）のどちらにしようかと迷ったのがいけなかった。いまさらロスト・ジェネレーション（失われた世代）の文学史を書く気はおこらないし、ぼくは『グレート・ギャツビー』（新潮文庫）なんて買わないよと言うのも億劫だ。ヘミングウェイで一番好きなのは『老人と海』（新潮文庫・集英社「世界文学全集77」）なのだが、それは最近の気分にはふさわしくない。

まあ千夜千冊の選書にはいつもこういう迷いはつきものだから、それだけならかまわないのだが、最近の「死の去来」の感覚のなかでヘミングウェイの作品を選ぶのが、お門ちがいだったようなのだ。

さあ、どうするかなと放ったらかしにしているあるとき、急にあの一節を思い出したのである。「キリマンジャロはマサイ語で〝神の家〟という意味で、その山頂には、凍りついた一頭の豹が横たわっている」。そういう一節だ。そこまで思い出し、そのあとにもっと大事なことが書いてあったように思った。

久々に書棚の下積みになっていた角川文庫を開いてみたら、このようにあった。「キリマンジャロは、高さ一九七一〇フィートの、雪におおわれた山で、アフリカ第一の高峰だといわれる。その西の頂はマサイ語で〝神の家〟(ヌガイエ・ヌガイ)と呼ばれ、その西の山頂のすぐそばには、ひからびて凍りついた一頭の豹の屍(しかばね)が横たわっている。そんな高いところまで、その豹が何を求めてきたのか、今まで誰も説明したものがいない」。

ヘミングウェイが『キリマンジャロの雪』を書いたのは、一九三六年の三七歳のときである。「エスクワイヤ」誌に書いた。

一九三六年というのはスペイン内乱が勃発(ぼっぱつ)した年で、このあとヘミングウェイは何度もスペインに出向いて志願兵となり、第二次世界大戦の最中(さなか)の四一歳のとき、その体験にもとづいた『誰がために鐘は鳴る』を書く。『キリマンジャロの雪』を書いたのも、三四歳のときの体験にもとづいている。アフリカに狩猟旅行へ行った体験だ。

ヘミングウェイは戦いが好きな男だ。イリノイ生まれの父親っ子で、三歳で釣り道具を、十歳で猟銃を与えられていた。その攻撃的な幼少体験がすこぶる大きくて、そのままスポーツ万能、射撃大好き、魚釣り夢中の、出掛けたいところにはどこにでも行く男になった。そういう男がアフリカの狩猟に憧(あこが)れたのは意外でもなんでもないけれど、では「キリマンジャロの凍った豹」に自身の行方を直観したのはどうしてかというと、そのことを語るには、その前に少し編年的な経緯をしるしておく必要がある。「戦い」とともに「喪失」があったのだ。

ごく手短かに書いておくが、ヘミングウェイがハイスクールを卒業した十七歳は一九一七年の大正六年だ。ロシア革命が成就して、アメリカは第一次世界大戦に参加した。カンザスシティで記者になっていたヘミングウェイは兵役を志願するのだが左目の故障で断念し、赤十字要員となって北イタリアのフォッサルタ戦線に行った。最前線にすぐに飛ばされて、被弾して二二七ヵ所を負傷した。両脚からは二八個の弾片が摘出された。瀕死の重傷だ。これで「暗闇の恐怖」がつきまとい、「死」が近くにあるものだということを覚悟した。

それからはいったんカナダで「トロント・スター」紙のフリー記者となり、ハドリー・リチャードソンと結婚し、二二歳のときに特派員としてパリに滞在した。このときガートルード・スタインやエズラ・パウンドに出会ったのが、文章作法の事上錬磨の入口になった。二人の天才的な伯楽が青年記者を鍛えた。スタインは「削りなさい」と教え、パウンドは「別世界を見ろ」と言った。青年はその気になった。ついで、そのスタインとスペインで闘牛を見たのが血を滾(たぎ)らせた。このスペイン体験は二七歳のときの『日はまた昇る』(新潮文庫)になっていく。

文芸界は、これって「ロスト・ジェネレーション」じゃないかと驚いた。どう見たって「喪失」が主題と文体になっていた。有名な話だが、『日はまた昇る』原稿冒頭の一六ページ分はばっさり削られている。全体も三分の一になっている。

スコット・フィッツジェラルドやヘミングウェイらが「ロスト・ジェネレーション」だとみなされたのは、パリでかれらを前にしたガートルード・スタインが、こう言ったからだった。「あなたたちは戦争で役目を果たしたのよね。それはね、あなたたち全員が失われた世代になったということよ」。フィッツジェラルドはこう書いた。「成長してみたら、すべての神は死に絶えて、すべての戦争はもう戦われてしまい、人間に対するすべての信頼がぐらついているのを目の当たりにした」。

二七歳、離婚の後、パリ駐在の「ヴォーグ」の記者のポーリンと再婚して、女に目のないところを発揮するのだが、そのぶんの節制のためか、カトリックに改宗した。翌年、父親がどんな予兆もなくピストル自殺した。その翌年にはニューヨークの株が大暴落し、世界は一挙に恐慌状態になった。何もかも帳尻のあわないことだらけで、とんでもないことの連続だった。

昭和四年(一九二九)三十歳のとき、『武器よさらば』を書き上げた。北イタリアの前線にいたときの体験にもとづいたもので、最終章は十七回にわたって書きなおした。筋書きは省くが、主人公のフレデリック・ヘンリーは看護婦キャサリンに惚れ抜いたのに、キャサリンは最終章で死ぬ。こういうふうに、終わる。

看護婦たちを追い出して、ドアをしめ、電灯を消したが、何の役にも立たなかった。塑像に別れを告げるようなものだった。しばらくして、ぼくは病室を出て、病院をあとに雨のなかを歩いてホテルへ戻った。

乾いた文体が爆発的人気を呼んだ。それまでの多くの文芸作品はほぼ湿っていた。ヘミングウェイの短篇文体は狩猟ナイフで削り取ったばかりの切り口を見せていて、男ざかりの若い作家たちを刺戟した。のちに「ハードボイルド・スタイル」と称ばれた。すでに一九二〇年に創刊されたパルプマガジン「ブラック・マスク」には、こうした乾いた文体こそがふさわしいタフで非情な主人公たちが登場していたから、ヘミングウェイの文体はダシール・ハメット、アール・スタンリー・ガードナー、レイモンド・チャンドラーらの血と刀になった。

三一歳のヘミングウェイは、ドス・パソス（『U・S・A』の作者）との旅行中にモンタナで自動車事故をおこした。事故は宿命のようなものだったから、そんなことで根っからの血が収まるはずはない。またまたスペインに行って闘牛を題材にした『午後の死』(三笠書房「ヘミングウェイ全集」5)を書き、それが予定されたゲームだとわかると、今度はポーリンを連れてアフリカに入った。

戦争はおこっていないが、アフリカはさすがに苛酷だった。アメーバ赤痢にかかり、ナイロビで療養を余儀なくされた。いつ死んでもおかしくなかったので、サファリにも海釣りにもボクシングにも夢中になった。

三七歳、昭和十一年(一九三六)、スペインでフランコ将軍のファシスト内乱が勃発した。ヘミングウェイは『キリマンジャロの雪』を書く。同時期に書いた『フランシス・マコンバーの短い幸福な生涯』(角川文庫『キリマンジャロの雪』に収録)は、『日はまた昇る』のブレットが夫を巧妙に射殺するという話で、やっぱり「戦い」がそれと等価の「喪失」であることを暗示した。

これで、やっと『キリマンジャロの雪』である。この話は、ヘミングウェイらしき作家のハリーが「おれは死にかけているんだ」と言う場面から始まる。右足に壊疽が始まっていて、回復の見込みがない。ハリーはこう感じる。「いま感じているのは、ひどい疲労と、こんなふうにすべてが終わりを告げたという憤りの気持ちだけだ」。

ハリーはこれまでの日々、物事のあれこれに分別がついて、立派に文章が書けるようになるまではと密(ひそ)かに思っていた。そのため、実のところは書かずにとっておいたいろんなことがあったのに、それが突然にこんな羽目になり、もはやそういうことを「書き上げることも、書きそこなうという必要すら」なくなってしまった。

　ハリーはそのことに失望したが、「書かずにとっておいたいろんなことがあった」といっても、もともと作家なんて、ウソをつくために仕事をしているようなもの、ハリーもウソでパンとバターをしこたま稼いでいたことはわかっていた。ただ、そうしていればボクサーが試合の前にそうするように、つまりは書いて消して、書いて消していけば、せめて「魂の脂肪」をそれなりに剝(は)ぎ取ることができるだろうと思っていた。

　けれども、それももう時間がなくなった。どうすればいいのか。もしウソで生きてきたとするなら、ウソによって死ねばいいのか。そう思えば、自分が才能を使いきれずに、そのかわりに才能を売りものにしていたと感じざるをえなかった。ハリーはエネルギーを売って生きてきてしまったのだ。売り払ったエネルギーは戻らない。そういう自分を、一緒にいる女がしきりに慰める。けれども、いまやそれすら煩(わずら)わしくなっている。まったく動けないでいるハリーの脳裡(のうり)を、雪まじりの何かがたえずフラッシュバックする。それを「死の去来」といってもいいし、まったく同じ意味だが、「生の往来」といったってかまわない。ハリーは煩悶(はんもん)する。ひょっとすると、これは「書くため」の生と死の戯れなのか。もしそうだというなら、最後の力をふりしぼれば、何かのひとつながりの文章に圧縮できるはずだが、きっとその時間すら残っていないのだろう。

　書くことは、体験することではなかった。時間があって書いたからといって、それが何の代物(しろもの)なのか。書かなかったことだって体験だったはずである。それなのに、ハリーは書いて、削って、書いて、某(なにがし)かの体験を作ってきた。こんなはずではなかったし、しょせん一生とはその程度のものでしかなかったのかもしれない――。そう感じた瞬間に、それ、向こうに「死」が動いていた。去来する。そいつが足元にやってくる。「不在」がやってくる。


　「わずらわしいよ」と彼は大声を出して言った。

　「何がですの、あなた?」「なんでも、バカ長くやりすぎるとさ」

　(中略)彼はたった今、死がまたそばにやってくるのを感じたのだ。「おれがいままでに一度もなくしたことのないたった一つのものは好奇心なんだよ」

　(中略)見ると、前方に、視界をさえぎって、全世界のように幅の広い、大きい、高い、陽光を浴びて信じられないくらい純白に輝いているキリマンジャロの四角ばった山頂がそびえている。そのとき、彼は、自分の行くところはきっとあすこだなと思った。

ヘミングウェイはずっと「勇気」について考えていたのであろう。勇気が「窮地における気品」だという結論に達してもいた。ただ、傷つかなければ勇気は得られないこともよくよく知っていた。

世界は突然にわれわれを打ちのめす。そんなことはわかりきったことで、それは誰の上にも、いつだっておこる。けれどもその瞬間から、われわれに勇気の逆上がおこる。ヘミングウェイはそのようにキリマンジャロを感得して、そのうえで「いかに生きるか」ということ以上に「いかに死ぬか」を覚悟することが、最後の勇気であると決めたようなのだ。

以上のことは一九五二年に発表して、掲載した「ライフ」誌が四八時間で五〇〇万部売れたという『老人と海』にもあらわになっている。生前最後の刊行作品だ。

老いた漁師のサンチャゴが三日間にわたるたった一人での死闘の末に巨大なカジキを釣り上げるのだが、巨きすぎて引き上げられず、船の腹にくくりつけて港に戻ることにした。その血を嗅ぎつけたアオザメたちが船を襲ってきた。サンチャゴは必死に追い払おうとするけれど、サメたちのほうが断然、強い。カジキはしだいに食いちぎられ、港に帰ってきたころは骨ばかりになっていた。それでも老人は敗けたとは思わなかった。疲れきったサンチャゴは古新聞を敷いたベッドで泥のように眠りに落ちた。ライオンの夢を見た。

ヘミングウェイはキリマンジャロでも、同じような夢を見たのだと想う。豹がライオンになり、カジキになったのだ。これでやっと何かが見えてきた。ぼくの「死の去来」には、こいつらがいなかったのだ。面倒がっているようでは、おっつけ死にそこなうにちがいない。

第一一六六夜　二〇〇六年十二月二十日

参照千夜

三六三夜：ダシール・ハメット『マルタの鷹』　二六夜：レイモンド・チャンドラー『さらば愛しき女よ』

ぼくたちはことごとく、二〇〇〇年来このかたの、「レベッカの資本主義」の仕掛の中にいる。

レベッカ

ダフネ・デュ・モーリア

大久保康雄訳　新潮文庫　全二巻　一九七一　三笠書房　一九七四
Daphne du Maurier: Rebecca 1938

深夜、皮膚がぴくっと動いて戦慄（せんりつ）してしまうような物語に、いつごろ最初に出会ったのだろうか。きっと中学生のころのコナン・ドイルの『バスカーヴィル家の犬』（新潮文庫）あたりが最初だったと思うが、一度この戦慄を経験してしまうと、何度もその経験に入りたくなるのが少年の麻薬のようなものだった。

一方、この皮膚が戦慄するという感覚を追いかけるサスペンス領域を描いてみようとすることが、作家たちの想像力と創造力を駆りたててきた。

人間をとらえて離さない異常な戦慄がどのように生じてくるのかということを研究した者は、あまりない。心理学者はとくにこの手の研究をネグってきた。心理学は戦慄や恐怖を研究しない。たいてい不安の根拠を相手にしようとする。実は哲学者もサスペンスなど思索していない。現代哲学もサスペンスを研究するようになればいっぱしのものだと思うが、めったにそういう哲学はない。すぐに「認識とは何か」「社会の構造」「悪とは何か」などという理屈っぽい議論ばかりする。これは内緒に言うのだが、ジョルジュ・バタイユなどのごく一部の著作者を除いて「悪」を扱いたがる思想家のものなど、あまり読まないほうがいいと言いたい。

というわけで、戦慄と恐怖はほとんどろくな議論になってこなかったのだが、けれども、世間の輩（やから）の心理を占めるのはきまって異常なサスペンスなのである。

三面記事に関心が集まるだけではない。ホラー小説やホラー映画も当たってきた。とりわけディーン・クーンツとスティーヴン・キングの登場以来というもの、この二十年ほどは読書界はずっとモダンホラーというサスペンスで埋められてきた。日本にも鈴木光司の『リング』（角川文庫）や坂東眞砂子の『死国』（マガジンハウス→角川文庫）の恐怖が広がっている。それなのにいまだに心理学も哲学も社会学もサスペンスを研究しない。

では、だれがサスペンスを研究してくれたのだろうか。そういうことにかけて先駆的だったのはアルフレッド・ヒッチコックだったのではあるまいか。

レベッカという女主人公の名はヨーロッパ文学ではめずらしくない。たとえばイプセンの『ロスメルスホルム』（笹部博司の演劇コレクション）に出てくる。べつだんつまらない戯曲ではないが、レベッカがわれわれにのしかかってくることはない。ヒッチコックが撮った《レベッカ》は、このレベッカではない。ヒッチコックのレベッカは恐怖がのしかかってくるレベッカで、しかも見えないレベッカなのである。それがデュ・モーリアのレベッカ、すなわちレベッカ・デ・ウィンター夫人だ。

デュ・モーリアの『レベッカ』にどんな恐怖が待ちかまえているかというと、この女主人公は小説が始まるときには、すでに謎めいた水死をとげ、死んでしまっているのである。埋葬も終わっているから、死体もない。『レベッカ』は主人公がいない物語なのだ。それなのにデュ・モーリアは物語のタイトルに『レベッカ』を選んだ。そこがこの物語を最初から怖くさせている。

物語は「わたし」によって語られていく。「わたし」はレベッカ亡きあとにデ・ウィンターの後妻となってマンダレイの屋敷に来た女性だ。小説のなかでは「わたし」には特定の名前が与えられていない。「わたし」は夫マキシム・デ・ウィンターに愛され乞われて後妻にきた。

だから恵まれているはずなのに、どうもマンダレイの広大な屋敷が重い。なんとなく不気味なのだ。いろいろ感じるところを組み立ててみると、「わたし」は亡くなった先妻のレベッカがつくりあげた空気や習慣がこの屋敷の隅々をびっしり占めていることに気がついてきた。ここには死者のレベッカがのしかかっているようなのだ。物語はこの見えないレベッカの策略のようなものを追って進んでいく。

そこへ、とんでもないことがおこる。仮装舞踏会の翌朝、海中に沈められていたヨットから、埋葬されたはずのレベッカの死体が発見されたのだ。これをきっかけに「わたし」はレベッカの死にまつわる驚くべき謎の一端を知っていく。

ロンドン生まれの作家ダフネ・デュ・モーリアはサスペンス作家だったわけではない。英国文学伝統のゴシック・ロマンの名手だった。

十八世紀後半、ホレス・ウォルポールの『オトラント城綺譚』(牧神社出版・講談社文庫)、ウィリアム・ベックフォードの『ヴァテック』(国書刊行会)、アン・ラドクリフの『ユードルフォの謎』が書かれ、ゴシック・ロマンの三大起源となった。墓場派とか恐怖派と揶揄(やゆ)もされたが、そこに冒険性と犯罪性と推理性をもちこんだのが、ウィリアム・ゴドウィンの『ケイレブ・ウィリアムズ』(白水Uブックス)だった。ゴドウィンの娘メアリー・シェリーが『フランケンシュタイン』(新潮文庫・角川文庫)を書いたのは、この流れの延長である。

ゴシック・ロマンは中世ゴシック様式に由来して空間を描く。そのため空間そのものに恐怖が宿る。主人公は空間に宿った何かなのである。この見えない何かの力を巧みに書くことで、デュ・モーリアは空間そのものをサスペンス領域にした。ぼくの皮膚をぞくぞくとさせた戦慄感は『レベッカ』においては空間の触感だったのである。

ヒッチコックもそれを見逃さない。『レベッカ』をモダンサスペンスに仕立てたのはヒッチコックだった。おそらくはデュ・モーリアのプロットを研究したことがヒッチコックをサスペンス映画の天才にしたのであろう。のちに話題になった《鳥》も、デュ・モーリアの原作だった。

ヒッチコックはロンドン郊外で生まれ、イエズス会の寄宿学校で育った厳格なカトリック主義者である。ロンドン大学で美術を専攻し、デザインやレイアウトや編集に関心をもった。だから映画の仕事の最初は一九二〇年のサイレント映画の字幕デザインだった。そのうち何もかもが乱舞する撮影所に惹かれて入りびたり、美術を担当し、脚本に手を出すようになる。

かくて一九三〇年代には二十本ほどの映画を手がけ、《暗殺者の家》《三十九夜》《バルカン超特急》などが評判になった。第二次世界大戦でロンドンがナチスの攻撃にさらされるようになると、プロデューサーのセルズニックに誘われてアメリカに渡る。そこで最初に監督したのが《レベッカ》なのである。

ところで、この物語にはもうひとつ大きな仕掛けが動いている。それは物語の「外」にある仕掛けというもので、そのことに気がつくといっそう、ぞっとする。そこには聖書以来の謎が蟠（わだかま）っている。ゴシック・ロマン派のデュ・モーリアも、イエズス会に学んだヒッチコックも、そこに注目したはずだ。

旧約聖書では、レベッカはアブラハムの子のイサクの妻である（リベカとよばれる）。レベッカは兄エサウと弟ヤコブの双生児を産んだ。しかしレベッカは兄のエサウを排して、弟のヤコブを相続者とするための〝画策〟をした。〝画策〟というのはぼくが勝手にそういう言葉をつかってみたまでで、聖書には〝努力〟という言葉がつかわれている。レベッカがヤコブを選んだことは、ヤコブをしてユダヤの選ばれた民の代表として約束の地への進行を可能にさせた。ヤコブは天使と闘い、約束の地イスラエル（神と対決した者）という名をもらう。やがてヤコブはラケルと結婚し、ここにイスラエルの十二使徒が誕生する。

すなわち、レベッカの計画がユダヤ＝キリスト教の全構想を用意したのであった。レベッカがもし兄のエサウを選んでいたら、世界は変わっていた。レベッカはなぜヤコブを選んだのか。

イスラエルの父祖はアブラハムの子のイサクである。ここにユダヤ十二使徒の民族の物語のすべてが始まる。アブラハムが第一代の族長で、イサクが第二代の族長となった。レベッカ（リベカ）はアブラハムの下僕からイサクとの結婚を勧められ妻となった。長いあいだ子供がなかったが、イサクが主に祈るうちに双子のエサウとヤコブが授けられた。兄エサウは全身が赤い毛でおおわれ、長じて狩の名手になった。ヤコブはエサウの足の踵（かかと）を握るような弱い子であったが、その知恵によって兄を律した。レベッカはヤコブのほうを可愛いがった。

老いて目も見えなくなったイサクが、いよいよ第三代の族長を選ぶ時がきた。イサクは兄のエサウに権利を与える気になっていたのだが、レベッカがそれを知って一計を案じた。父が子に祝福を与える場に、エサウの代わりにヤコブを送りこむことにしたのである。声を真似させ、服装もエサウそっくりにした。けれども毛深い肌は変えられない。目の見えない父はきっとそれで疑いをもつ。レベッカはヤコブの腕と項（うなじ）に子山羊の毛皮を巻きつけた。こうして祝福のイニシエーションがおわる。

レベッカは夫を騙（だま）し、長子相続をよそおいつつ弟を嗣（つ）がせたのである。エサウは弟への殺意をもつが、レベッカはヤコブを逃がし第三代の族長の座を守る。のちにパウロはこのレベッカの計略をイスラエルの民のための〝努力〟であって〝正しい選択〟だと解釈したのだが、さて、どうか。ここにはあきらかに営利が動いたのである。

レベッカの画策と計略が、ユダヤにおける当初の資産をつくったのだ。それがその後のユダヤ＝キリスト教の資産勘定のシナリオを用意した。
　デュ・モーリアがレベッカに託したサスペンスはヨーロッパ社会の「始原の資産」の捏造(ねつぞう)をめぐるサスペンスでもあったのである。ヨーロッパは、そしてユダヤ＝キリスト教社会は、いまなお「レベッカの資本主義」の悪夢を見つづけている。

第二六五夜　二〇〇一年四月六日

参照千夜

六二八夜：コナン・ドイル『緋色の研究』　五九九夜：江戸川乱歩『パノラマ島奇談』　一四五夜：バタイユ『マダム・エドワルダ』　八二七夜：スティーヴン・キング『スタンド・バイ・ミー』　五六三夜：メアリー・シェリー『フランケンシュタイン』

渇いていて苦（にが）い。甘くて洒落（しゃれ）ている。
フィリップ・マーロウという男のニヒル・ダンディズム。

レイモンド・チャンドラー

さらば愛しき女よ

清水俊二訳　ハヤカワ・ミステリ文庫　一九七六
Raymond Chandler: Farewell, My Lovely 1940

ポール・オースターは、こうほめた。「レイモンド・チャンドラーがアメリカについて語る新たな方法を発明して以来、われわれにとってのアメリカがまったく違ったものになった」。

チャンドラーが小説を書き始めたのは遅咲きの四四歳のときだ。日本でいえば松本清張のデビューに近い。『脅迫者は撃たない』が一九三三年の「ブラック・マスク」に載った。チャンドラーも清張も推理小説を得意としたが、素材と中味とスタイルはまったく違っている。清張は攻めるのだが、チャンドラーははぐれる。のちにハードボイルド・スタイルのスターになった。

作家になるまではいろいろの仕事をした。そのタメが大きい。一八八八年のシカゴに生まれ、ネブラスカで育ったのだが、親父(おやじ)が呑んだくれで家族を捨てた。それでロンドンに越した。母親は息子にそこそこの教育を受けさせようとしたのに、チャンドラーは自立心が強かったようで、十七歳以降は学校に寄りつかず、仕事をしながら世の中を観察するほうを選んだ。

だから大学にも行かず、パリやミュンヘンに行って語学をおぼえ、公務員試験に合格し、イギリス海軍本部の職に就き、結局は夕刊紙「ウェストミンスター・ガゼット」の記者になった。このとき書評を書きまくった。のちにインタヴューに応じたチャンドラーが自分の感心したベスト作品をあげているのだが、フローベールの『ボヴァリー夫人』(新潮文庫・岩波文庫)、メリメの『カルメン』(新潮文庫・岩波文庫)、ヘンリー・ジェイムズの『鳩の翼』(講談社文芸文庫)、サマセット・モームの『英国諜報員アシェンデン』(新潮文庫)と『クリスマスの休暇』(新潮社「モーム全集」10)が選ばれていた。なかでも『アシェンデン』を最高のスパイ小説だと言っている。

アメリカに戻ってきたチャンドラーはサンフランシスコに入り、簿記を学び、母親を呼び寄せ、ロスアンゼルスに移ってテニスラケットの弦(ガット)を張る仕事や果樹園の収穫の仕事をしたのち、第一次世界大戦に向けてカナダ軍に入った。ここまでとくに作家っぽさはなく、ましてハードボイルドでもない。それどころか、いっときは石油シンジケート系の会社の副代表までやった。もっともタイピストに手を出してクビになったあたりは、マーロウの片鱗がうかがえる。

大戦後、文筆で生計をたてると決めたとたん、パルプ・フィクションの特徴検出の作業にのめりこみ、そのうち自分でも書きたくなって「ブラック・マスク」でデビューした。デビュー作には五ヵ月をかけたようだ。ダシール・ハメットとヘミングウェイの文体をとことん参考にした。

こうして一九三九年、三ヵ月かけた最初の長編『大いなる眠り』（創元推理文庫）が世に問われ、フィリップ・マーロウが誕生する。翌年の『さらば愛しき女よ』とともに大当たりした。ロス・マクドナルドは「チャンドラーはスラム街の天使のように書き、ブラインド越しのLAの眺めを男のロマンチシズムに変えていった」と称賛した。

フィリップ・マーロウ（Philip Marlowe）の渋い魅力は、イギリスがつくったホームズ、ベルギー人ポワロ、ドルリー・レーンとはまったく異なっている。ダシール・ハメットのサム・スペードを踏襲してはいるが、それより葛藤と悲哀に弱い男に仕上げた。

靴を履いたまま測った身長は六フィート一インチ半（一八六・六九センチ）、体重がおよそ一九〇ポンド（約八六キロ）、髪はやや濃い目の茶褐色で、目は鳶色だ。もともとは地方検事局の捜査官をしていたが、命令違反で免職となり、LAのオプ(私立探偵)になった。案外、丹念にオプ(operative)するのだが、こそこそ捜査しないので悪党に弱みを握られる。そこが渋い。男のリリックとカウンター・リリックを同時に誘う。

第一作目の『大いなる眠り』では、控えめだが大胆なマーロウが、億万長者の将軍の娘を救う依頼をうけ、雨の降りしきる夕刻に依頼主のところを訪れると、すでに将軍は麻薬を打たれて全裸の死体になっていた。その唐突な場面の直後からマーロウの周辺は急速に奇怪な事情で埋まっていく。

第二作目の『さらば愛しき女よ』では、大鹿マロイという魅力的な犯罪者と、それよりさらに蠱惑(こわく)的な悪女の見本のようなヴェルマが登場する。この二人にマーロウが絡んで小気味のよい加速感と倦怠(けんたい)感と切れ味を見せるのだ。ハードボイルド・スタイルの会話や描写も効いている。たとえば、こんな調子だ。

彼女は乱れたスカートをなおしながら、言った。「すぐ、まくれてしまうので」私は彼女の隣に席を占めた。「あなた手が早いんでしょう?」と彼女は言った。私は返事をしなかった。「いつもこんなふうになさるの?」と、彼女はとろけるような眼で私を見ながら言った。

「とんでもない。暇があるときは、ぼくはチベットの僧侶ですよ」

「ただ、暇がないんでしょ」

この程度の会話がだいたい全編の半分くらいを占める。これ以上は濃くならない。ここからふいに「マロイはフランスパンのように眉毛（まゆげ）がなくなっていた」といったジャブがくりだされる。チャンドラー流儀だ。第六作の『長いお別れ（ロング・グッドバイ）』（ハヤカワ文庫）で、フィリップ・マーロウは荒々しいやさしさの持ち主で、もっともっといい男だったことがわかる。消息を絶った孤独なテリー・レノックスを、真夜中になるたびに探す気になるようなマーロウの友情は、男の読者の胸を熱くさせる。「さよならってのは、ちょっと死ぬことだ」のセリフが有名になった。

『長いお別れ』は次のように話が進む。ナイトクラブでテリー・レノックスが泥酔し、女房から見放されているところから始まる。たまたま居合わせたマーロウが介抱して、自宅に泊めた。べろんべろんの無一文のようなのに、妙に品（ひん）がある。老人でもないのに髪の毛が白く、顔に傷がついている。

そのうち、また会った。女房はシルヴィアというらしい。億万長者の娘だが、だらしない。のべつ浮気をしている。テリーはそれを黙認しているようだ。そして、事件がおきた。深夜、テリーが銃をもってマーロウの家を訪ねてきた。ふらふらだ。メキシコまで送ってくれと言うので、何も訊かずにそうした。その夜、シルヴィアが殺されていた。どう見てもテリーが犯人のようなめぐりあわせだけれど、マーロウはそれはちがうだろうと直感した。ところがテリーがメキシコの田舎町の安ホテルで拳銃自殺した。メモには自分がやったと走り書きしてある。マーロウはこの顛末を信じない。

しばらくしてアイリーンというとびきりの美人が、版元の男と一緒に依頼にきた。夫のロジャー・ウェイドという通俗流行作家がどこかに蒸発してしまって行方がわからない。探してほしいというのだ。アル中で、V医師のところへ行っているという情報しかない。電話帖などで三人のドクターVを調べると、その一人のところでウェイドが酔いつぶれていた。連れ帰ったついでに、マーロウはアイリーンとちゃっかりキスをした。

「主人を監視してね」と頼まれた。

ここから話が捩れてくる。ウェイド夫妻とレノックス夫妻が知りあいで、酔いどれウェイドはシルヴィアと出来ていたようなのだ。そうだとすると、ウェイドがテリーを殺したのか、それならシルヴィアは誰に殺されたのかと思っているうちに、今度はウェイドが拳銃自殺した。どうもわからない。あれこれすったもんだの推理のうえ、マーロウはアイリーンがシルヴィアを殺したのだろうと踏むのだが、話はさらにどんでん返しに向かっていく……。

筋はともかく、このような不可解がドライに展開しているなか、チャンドラーの次のようなハードボイルド・センテンスが躍るのである。

「そのとき、夢かと見紛う美しい女が店に入ってきた。一瞬、まわりの物音がすっかり消えてしまった。指揮者が譜面台をタクトで叩き、両腕を宙に止めたときのように」。「その夢のごとき女は、どのタイプとも違っている。世界の成り立ちそのものが違っていた。彼女を分類することは不可能だ」。「ウェイターが彼女のために恭しくテーブルを引いた。私がウェイターにそんな立派なテーブルの引き方をされることなんて、死ぬまであるまい」。

渇いている。苦い。甘い。気取っている。短絡的だ。何かが喪失されていく。それなのに洒落ている。フィリップ・マーロウの身辺は、こういう気配ばかりが出入りする。そこに殺人事件がおこり、ロスアンゼルスに雨が落ちてくる。そして、すべては「ロング・グッドバイ」でおわる。こういうブンガクはなかった。

ぼくが石井慎二に勧められてチャンドラーを読んだのは、高校時代と二十代半ばのことだった。ふつうに評判のミステリーやハードボイルドを愉しんで読んだだけだったのだが、それから世界文学の名品にいろいろ触れるうちに、ちょっと待てよと思うようになった。この手の作品が世界名作文学集の中に入っていないのはおかしい。ハメットやチャンドラーはポオやモーパッサンと並ぶべきなのだ。少なくともヘミングウェイやカポーティと。またピカレスクやニヒリズムの系譜とも並ぶべきだろう。文学史上の代表的な「ならず者」たちを描いたバルザックやデュマやルブランと。
きっと、われわれはどこかで「純文学」という麻酔から醒めなくなってしまったのである。それはまずかった。ハメット、チャンドラー、マクドナルド、ブコウスキーには「純喫茶」が似合わない。

第二六夜　二〇〇〇年四月五日

参照千夜

二八九夜：松本清張『砂の器』　二八七夜：フローベール『ボヴァリー夫人』　一三二三夜：メリメ『カルメン』　四二九夜：ヘンリー・ジェイムズ『ねじの回転』　三三二夜：モーム『月と六ペンス』　三六三夜：ハメット『マルタの鷹』　九七二夜：『ポオ全集』　五五八夜：モーパッサン『女の一生』　一一六六夜：ヘミングウェイ『キリマンジャロの雪』　三八夜：カポーティ『遠い声　遠い部屋』　一五六八夜：バルザック『セラフィタ』　一二二〇夜：アレクサンドル・デュマ『モンテ・クリスト伯』　一一七夜：モーリス・ルブラン『奇巌城』　九五夜：ブコウスキー『町でいちばんの美女』

第四章　奥の疼き

ボリス・ヴィアン『日々の泡』
トルーマン・カポーティ『遠い声 遠い部屋』
ポール・ボウルズ『シェルタリング・スカイ』
J・D・サリンジャー『ライ麦畑でつかまえて』
サミュエル・ベケット『ゴドーを待ちながら』
カート・ヴォネガット・ジュニア『プレイヤー・ピアノ』
アレン・ギンズバーグ『ギンズバーグ詩集』
ロレンス・ダレル『アレキサンドリア四重奏』
アラン・ロブグリエ『嫉妬』
ウィリアム・バロウズ『裸のランチ』
トマス・ピンチョン『V.』
チャールズ・ブコウスキー『町でいちばんの美女』
ガブリエル・ガルシア＝マルケス『百年の孤独』

ジャズ・トランペッターがフランス語で「セリ・ノワール」を書いて、さっさと死んでいった。

ボリス・ヴィアン

日々の泡

曾根元吉訳　新潮社　一九七〇　新潮文庫　一九九八　／　野崎歓訳　光文社古典新訳文庫　二〇一一

Boris Vian: L'Écume des Jours 1947

自意識過剰の青年青女には、おおむね二種類の「ポーズの意識」というものがある。ひとつは自身の才能や容姿をより向上させて見せたいというしごくあたりまえだが、いくぶん偽善的な意識であり、もうひとつは自分を「まともには見せたくない」という偽悪的でややひねくれているのだが、それでいてつねに影響力を計算しつづけているような、どこか悲しい自意識だ。ボリス・ヴィアンはあきらかに後者に属していた。

ボリス・ヴィアンの名を知ったのは、高校生のときに見た《墓にツバをかけろ》というやるせなくもハードボイルドな映画の作者としてだった。この、ブルースハーモニカが甘ったるくせつなく響くモノクロ映画は、ぼくの青春の「傷」をかきむしるものだったのだが、それは文芸的ではなく、ジャズっぽかった。

それがいつだったか、「遊」を創刊する直前の、おそらくは『日々の泡』が日本語訳されてまもないころだろうから一九七〇年ごろのことだったと思うが、いよいよヴィアンを読むことになった。探し求めていたオブジェの生きた陳列棚だった。探し求めていたというのは、当時のぼくはシュルレアリストたちのオブジェのあげつらいぐあいにだんだん嫌気がさしていて、もっと斬新でキレのいいオブジェ感覚に出会いたいと思っていたからだ。

読めばすぐに目にとびこんでくるのだが、『日々の泡』には冒頭から最後までおびただしいオブジェが羅列されている。プーシキンの化石のようなオブジェではなく、といってブルトンのこれみよがしのオブジェでもなく、日常の現実感覚のなかをすばやく動きまわるモダリティをもったオブジェたち。

たとえば、噴霧器で吹きつけられた液体香料ポマードと、そこへ琥珀の櫛が加わってつくられるオレンジ色の髪の線。鮫皮のサンダル、深い青緑色の畝織りビロードのパンツ、淡褐色のキャラマンコ羅紗のジャケット。日光がたわむれて夢幻の印象をつくりつづけている台所の真鍮のカラン。ニジンスキーの薔薇の精のように見える広口壜の中のホルマリン浸けの鶏卵。音符ひとつひとつにアルコールやリキュールや香料などを対応させてあるカクテルピアノ……。こういった描写をともなうオブジェが繰り出される。それが物語の狙いなのかというと、そうとはかぎらない。『日々の泡』はレーモン・クノーが「現代における最も悲痛な恋愛小説」とよんだように、コランとクロエ、アリーズとシックらの奇妙な友情と錯綜を通して「人間の魂の昇天のしかた」を克明に描いた小説である。その描き方に最も美しい言葉が選びきられている。とりわけクロエが肺の中に美しい睡蓮を咲かせて死んでいく場面は、この小説をとても有名にした。数々の日用オブジェはかれらの恋のための供物なのだ。

ボリス・ヴィアン（一九二〇～一九五九）は作家に淫しなかった。べつだん正体を隠したかったわけではないだろうが、『墓に唾をかけろ』や『死の色はみな同じ』（ともに早川書房「ボリス・ヴィアン全集」）はヴァーノン・サリヴァン名義で刊行した。脱走した黒人兵が書いたというふれこみだ。

職人的なのである。ジャズ・トランペットが得意で、プロはだし。頼まれればハードボイルドもちゃんちゃか書いた。レイモンド・チャンドラーのフランス語訳もした。パリ郊外に生まれて、エコール・サントラル・パリでは土木技師の学位をとっている。いまでは『心臓抜き』（白水社・ハヤカワ文庫）や『北京の秋』（早川書房）や『日々の泡』が前衛文学の代表作として知られているけれど、当の本人は職人としての気質を愉しんだ。

では何が一番のフィールドだったかといえば、それはジャズだったろう。お気にいりがデューク・エリントンで、マンハッタンのハーレムの高級ナイトクラブ「コットン・クラブ」の専属になったエリントンのバンドに、ずっと痺れまくっていた。ヴィアン自身もサンジェルマン・デ・プレのクラブ「タブー」で演奏し、その後はエリントンやマイルス・デイヴィスがフランスにかかわるときの橋渡し役を買って出た。

今夜の千夜千冊にヴィアンを採り上げようと三日ほど前に決めたとき、ふらっと書店を覗いたら「ユリイカ」がボリス・ヴィアンを特集していた（二〇〇〇年三月号）。中原昌也・永瀧達治・野崎歓らがオマージュを寄せていたが、ミュージシャンの菊池成孔がヴィアンっぽく好きなシーンをコラージュしていたのが印象的だった。

作家としてのヴィアンをどう形容すればいいかというと、これが一様なことが示せない。どんなふうに形容されることも嫌って書いていたと言いたくなる。

言葉づかいは地口や冗句に富んでいて、そのぶん翻訳者を泣かせる。たとえば物語のなかでちょっと重要な役割で出てくるジャン＝ポール・サルトルはジャン＝ソオル・パルトルとなり、サルトルの大著『存在と無』（レートル・エ・ル・ネアン）は、綴りを変えて『文字とネオン』（ラ・レットル・エ・ル・ネオン）になって、しかもその意味が物語の筋を支えるというぐあいだ。そういうシャレが随所に出てくる。

それもそのはず、フランスには「ロマン・ノワール」（黒い小説）という領域がある。その流れでガリマール書店がジャック・プレヴェールの命名で「セリ・ノワール」（暗黒叢書）というシリーズを刊行したとき、ピーター・チェイニー、ダシール・ハメット、レイモンド・チャンドラー、ジェイムズ・ケインらのハードボイルド作品を次々にフランス語に翻訳したのだが、このとき翻訳グループの中心になったのがヴィアンだったのだ。ヴィアン自身が「セリ・ノワール」だったのである。

ヴィアンは三九歳で死んだ。ずっと不整脈で苦しみ、心臓発作で死んだ。その短い生涯につきまとった噂は芳しいものではなかった。出版社の友人に〝アメリカもどき〟の小説は書けないかと相談されて、『ヴェルコカンとプランクトン』（早川書房「全集」2）を筆名ヴァーノン・サリヴァンで仕上げ、二作目としてわずかに二週間で完成した『墓に唾をかけろ』がたちまちベストセラーになると、当時モンパルナスのホテルの一室で情婦殺人事件がおこったのであるが、不幸にもその現場にこの本がころがっていたために実名をあかさざるをえず、〝偽訳者〟としてさんざんな目にあってしまうのだ。

ヴィアンは平ちゃらだった。ジャズにくらべれば、文学なんてお遊びのようなものだ。けれどもそのお遊びが方法文学としてとびきりの実験性に富んでいたことは、のちにコクトーやサルトルが称揚するまで、知られていなかった。仮に生前にそういう評判がたったとしても、本人はトランペットを吹いてばかりいただろう。

『日々の泡』の序にはとっくにこう書いていた。「この世で二つだけ存在しつづけているものがある。それは可愛らしい少女と一緒にいるときの愛の感覚と、ニューオリンズのデューク・エリントンの音楽である。それ以外のものは消え去ったってかまわない」。

第二一夜　二〇〇〇年三月二八日

参照千夜

三五三夜：プーシキン『スペードの女王』　六三四夜：アンドレ・ブルトン『ナジャ』　一〇九九夜：『ニジンスキーの手記』　一三八夜：レーモン・クノー『文体練習』　四九夜：『マイルス・デイビス自叙伝』　八六〇夜：サルトル『方法の問題』　七八八夜：ジャック・プレヴェール『金色の老人と喪服の時計』　三六三夜：ダシール・ハメット『マルタの鷹』　二六夜：レイモンド・チャンドラー『さらば愛しき女よ』　九一二夜：コクトー『白書』

通信販売で届いたアコーディオンは紙と真珠貝の肺だった。

トルーマン・カポーティ

遠い声 遠い部屋

河野一郎訳 新潮社 一九五五 新潮文庫 一九七一

Truman Capote: Other Voices, Other Rooms 1948

小説や随筆には文体が蠢(うごめ)く波になって、その流れにのるものたちを日々の裂け目や見知らぬところへ運んでいる。とはいえ作家の文体は、たいていは作家の個性か隠された素性をあらわしているもので、ヘミングウェイには猟銃のようなスタイルが、川端康成には素焼のような文体が、中上健次には地域アニミズムの熱度のような文章が、つきまとう。こういう文体はたいてい作家本人の喋(しゃべ)り方にもあらわれる。町田康(こう)の文体は町田町蔵のふだんと変わらない。

作家の個性から零(こぼ)れ落ちたスタイルをはずす文体もある。理知的な文体、話しこむ文体、パスティーシュの文体、病理的文体、言辞にはまっていく文体、日記的文体、推理小説の文体など、いろいろだ。ゴーリキーからブレヒトへ、サリンジャーから村上春樹へというふうに、同種感染する文体というものもある。なかで「時の場」に冒され、「物」と「心」がつながっていく文体がある。これはぼくが好きな文体で、ナラティヴの対象によって変化する。

トルーマン・カポーティにはほぼ最初から「昼の文体」と「夜の文体」があった。『草の竪琴』(新潮文庫)や『夜の樹』(新潮文庫)はピュアな陽光が眩しい寓話性を帯びている「昼の文体」である。『遠い声 遠い部屋』や『ミリアム』(新潮文庫『夜の樹』収録)は裸電球で部屋の中の一つひとつの事物を青白く照らしているような「夜の文体」になっている。あとで少しだけぼくの印象を言うけれど、カポーティにはもうひとつ、『冷血』(新潮文庫)に集結した文体があって、こちらはドス・パソスのドキュメンタリーな目を犯罪心理の奥にまで照射するような文体だった。

幸か不幸か、ぼくは「夜の文体」にかぶれた。それほど『遠い声 遠い部屋』に感応させられた。

これが初の長編なのか、なんという早熟なのかと思ったのではない。あの空気の粒々のような文章に感服した。カポーティはこんなふうに少年の魂が書けるのか。町のひとつずつの描写が声を出して呟いているではないか。「ぐらぐらした生姜色の家」だなんて、うますぎる。

片隅に放置されたオブジェの書き方も手がこんでいる。「火山のようにぱっくり開いた口の中で金歯がぴかりと光り、伸びたり縮んだりをつづける小さな通信販売のアコーディオンは、襞のついた紙と真珠貝でできた肺のようである」だなんて。

やたらメディアに派手な恰好で出たがって、あんなに俗っぽく見えていた男に、まるで静寂から聞こえてくるエレミア書の響きのような作品が書けるのはなぜなのか。

カポーティが『遠い声 遠い部屋』を書いたのは二三歳のときである。さらさら書いたのではない。各地を転々として二年をかけた。どの一行にも破綻がなく、透明度が維持されている。初期作ならこのような集中はどんな作家にもありうることなのだが、あの文体は群を抜いている。

舞台は、アメリカ南部のヌーン・シティとよばれている小さな町だ。訳せばさしずめ「白昼街区」といったふうになる。そこに、父親を探している少年のジョエル・ノックスがやってきて、だんだん近づきつつある大人への予感に怯えていく様子が克明に描かれる。カポーティ自身が南部の町ニューオリンズの生まれだった。両親とは四歳のときに別れたままになっている。そのため幼いころからルイジアナ、ミシシッピ、アラバマを転々とした。親戚の家にあずけられもした。

親戚をたらいまわしにされた少年の心境はとてもびくびくしたものになる。そのくせ大人の世界に対しては鋭く、瞬時の観察を怠らない。きっと実際のカポーティは扱いにくい少年だったろう。こういう少年がそれでもしだいに年上の者を知り、羞ずかしがりの少女に出会い、勝手に優しいおばさんに声をかけられていく。

どうなっていくかは決まったようなものだ。大人への恐怖をもちつつ、自身に萌芽する自我の充電と成熟に慄くばかりなのである。その一方で傷つきやすい観察力が研ぎすまされていく。その「あわい」がたまらない。

そのようなネオテニーな少年の目で眺められた世界を、ではどう描くか。カポーティは用意周到だった。「どんよりと曇った日だった。空は雨に濡れたブリキ屋根のようで、やっと姿を見せた太陽は魚の腹のように青白かった」というふうになる。こういう描写は随所にあらわれる。それらは、成長にとどめを刺したい少年の、フラジャイルな心の文字で綴られた「夜の文体」であって、いわば「電気で濡れた文体」だ。原文を見るとわかるけれど、英文では頭韻や脚韻さえ踏んでいた。

一冊の本との出会いには、いろいろなことがおこる。その一冊を書いた作家や著者のほうにも、いろいろのことがおこっている。お互いさまだ。書き手もきわどい事情の中にいるかもしれないし（たいていは追いつめられている）、読み手もけっこう唐突にその本に出会う（たいていは無責任に読む）。

その本が文学作品であっても、まさか文学史の解説のように読むなどということはありえない。そんな読者はよほど凡庸な研究者だけである。読んでどうなるかというのも、読者の勝手だ。退屈もするし、清々しくもなるし、うるうるもする。

ぼくのばあいは、たまたま本屋で手にした本を読むこともあれば、評判に惹かれて読むこともある。本屋を一時間めぐって三冊しか選べないこともあるし、買っておいたのにずっと放ってある本を何かの拍子で読むこともある。それがおもしろくて、ついつい同じ作家や著者をたてつづけに読むことも少なくない。

のちになって注意することは、その本をどの時期に、どんな気分で読んだのかということだ。その時期と気分によっては、別様のことに気をとられてその本のおもしろさがまったくつかめず、十年以上もたってふたたび手にしてみて、しまったと思うこともけっこうおこる。これはこれで、読者の役得だ。

作家によっては出来と不出来が著しいことがある（かなり多い）。うっかり不出来な作品から読んでしまうと、次に出会うまでにけっこうな月日がたってしまう。これは読書というものが最初からかかえているリスクだ。作家を怨んでもしょうがない。

ぼくがカポーティを初めて読んだのは一九六六年に発表された『冷血』だった。一家殺人事件を題材にしたもので、あまりに話題になっていたからだが、実はこの本にはほとんどなじめなかった。当時は（一九六〇年代の後半は）、ちょうどアンチロマンやアンチテアトロなんぞを読んでいて、ずいぶんなトンチンカンなのだが、カポーティのこの作品をまるでベケットやデュラスのつもりで読んだせいだったろう。『冷血』はかつて試みられたことがないノンフィクション・ノベルの先駆けであったのに、ぼくはその「潔癖なまでに見つめられた事実」がスタイリッシュすぎることが、気にいらなかった。

それでカポーティを食べなくなってしまった。スキャンダラスな自己宣伝めいたカポーティ像も気にいらない。蝶ネクタイ、角縁メガネ、低くて太った体軀、女優の背中にやたらに手をまわしている男。加えて「輝かしい破壊の天使」とか「麻薬常用者にしてアル中の天才」といった見えすいたキャッチフレーズが必ずつきまとっていた。それならウィリアム・バロウズやマイルス・デイヴィスが断然なのだ。

いまにして思えば、これらのカポーティの印象の大半はアメリカの雑誌の〝やらせ〟に近いもので、それを鵜呑みにしていた日本のメディアや批評家も騙されたということなのだろう。ぼくもまた、どうせ『ティファニーで朝食を』（新潮文庫）や『冷血』の二番煎じなら、ほかのものも読まなくてもいいやという偏見の中にいた。

それが、ゲイ・カルチャーに関心をもつにつれ、急激にカポーティが読みたくなり、それであらためて出会ったのが『遠い声 遠い部屋』だったのである。中身はゲイ・カルチャーとは関係がなかったが、瑞々しく、すばらしかった。

本との出会いには、たいていこういうことがあるものだ。おかしなことだと思われるかもしれないが、「夜の文体」から入って『冷血』に行っていれば、ひょっとして『冷血』の乾いた文体に瞠目したかもしれなかったのである。

まあ、小説を愉しむとはそういうもので、行ったり来たり、はぐらかされたり、差し違えたり、心を洗われたりなのである。ぼくには『遠い声 遠い部屋』で、たとえば「通信販売のアコーディオンは、紙と真珠貝の肺だった」にめぐりあったことこそが、なんとも嬉しいことだったのだ。

ひとつ、付け加えておきたいことがある。それは「昼の文体」を支えたのはミス・スックという老女だったということだ。この老女はカポーティが親戚の家を転々としていたときに出会った年長の遠縁の女性で、おそらく少年カポーティの初期の「精神の印画紙」をつくりあげたようなのだ。短篇『感謝祭のお客』（新潮文庫『夜の樹』所収）や『クリスマスの思い出』（文藝春秋）には、その二人だけの印画紙づくりのエピソードが綴られている。

この話を知ったとき、すぐに大田垣蓮月と富岡鉄斎の、また高場乱と頭山満の心と技の蜜月を想い浮かべたものだったけれど、実際のミス・スックは女丈夫などではなくて、とても優しくて傷つきやすかったのだという。カポーティはアルコールと薬物中毒で後半生を苦しんでしまったが（五九歳で没した）、ミス・スックとの日々の輝きをずっと大事にした作家生涯でもあったはずである。

第三八夜　二〇〇〇年四月二四日

参照千夜

一一六六夜：ヘミングウェイ『キリマンジャロの雪』　五三夜：川端康成『雪国』　七五五夜：中上健次『枯木灘』　七二五夜：町田康『くっすん大黒』　四六五夜：サリンジャー『ライ麦畑でつかまえて』　一〇六七夜：ベケット『ゴドーを待ちながら』　八二二夜：ウィリアム・バロウズ『裸のランチ』　四九夜：『マイルス・デイビス自叙伝』　一六〇七夜：富岡鉄斎『鐵斎大成』　八九六夜：頭山満『幕末三舟伝』

タンジールの奥に疼く「眩しいニヒリズム」と理解を超える「反文明的エロス」。

ポール・ボウルズ

シェルタリング・スカイ

大久保康雄訳　新潮文庫　一九九一

Paul Bowles: The Sheltering Sky 1949

ジェニファー・バイチウォルが構成したドキュメンタリー《ポール・ボウルズの告白》(一九九八)は、ボウルズが「互いに歳をとったけど何も変わりゃしねえよな」と暗黙の了解をしあっているかのようなバロウズとギンズバーグに、ニューヨークのレストランの片隅で何を語るともなくぶっきらぼうに再会するという、ごく淡々とした場面をラストにもってきていた。

日本版DVDには「シェルタリング・スカイを書いた男」のサブタイトルがついているが、「シェルタリング・スカイな男」としたくなるようなクールゲイな出来だった。フライヤーに佐野元春が「あんなに美しい啓示はなかった」と、サエキけんぞうが「ドキュメンタリーでここまでできるという衝撃の一作だった」と感想を洩らしていた。

クールなものはもともとそういうものだけれど、ポール・ボウルズの作品はとりわけセミノンフィクションめいていて、虚構だかリアルだか幻想だかわからないところがある。『シェルタリング・スカイ』にしてニューヨークの生活に厭きたポールとジェインの夫婦がモデルで、実際のボウルズ夫婦がそうであったようにアフリカ観光旅行に行くというふうになっているのだが、そこから少しずつ異様な押圧感情が身にまとわりついてきて、とんでもない話になっていく。

今夜は八二二夜の『裸のランチ』（河出文庫）と一二〇二夜の『地の果ての夢・タンジール』（河出書房新社）の続きだ。だからまずはその二夜をあらかじめ読んでいただきたいのだが、両夜ともボウルズに深く交差していながら本人の作品にはほとんど言及できなかったので、ようやくこの作品をとりあげることにした。

その八二二夜と一二〇二夜ですでにお察しの通り、ぼくはともかくボウルズの思索とその周辺の人間の出入りがやたらに好きなのである。ボウルズの生き方と考え方を知らない男どもとは付き合いたくないというほどだ。それをどのように形容しておけばうまく言えるのか迷うけれど、とりあえずは「眩しいニヒリズム」とか「反文明的エロティシズム」とか「大人の秘めごとダンディズム」とかと言っておこう。「ブルージー・ゲイ」とか「セクシャル・ペシミスト」なんてのも当たっていよう。だから今夜も多少の作品案内はするけれど、好きにボウルズ作品とその周辺のあちこちを覗き見するだけだと思われたい。

　ボウルズはよほどの本好きで、異郷好きで、音楽好きだった。三歳から読書に夢中になっていて、少年期はアーサー・ウェイリーの漢詩の英訳、ポオ、ホーソーン、アーサー・マッケンの怪奇小説、アンドレ・ジッドなどに入れこんでいた。漢詩に溺れるなんて、いい趣味だ。

　早くからピアノや声楽に惹かれてもいて、十五歳のときにカーネギーホールで聴いたストラヴィンスキーの《火の鳥》に身と心を焦がされた。十五歳でこういうふうに音楽に一気投入できたなんて羨ましい（ぼくの十五歳は六〇年安保前夜の西田佐知子《アカシアの雨がやむとき》だ）。一九二八年にヴァージニア大学に入るのだが、授業はとてつもなくつまらない。ひたすらT・S・エリオットやガートルード・スタインの詩に、プロコフィエフやデューク・エリントンやグレゴリオ聖歌の音に、つまりはやたらにブルースな表現力に没入したかった。

　大学の途中、両親に無断でパリに渡ると、自分の道が音楽の中のどこかにあると実感できたので、いったんアーロン・コープランドに作曲師事するべくニューヨークに戻って、いくつかのピアノ作品を書いた（コープランドとはモロッコのタンジールを旅した仲になった）。そのあとふたたびパリやベルリンに行き、ステファン・スペンダーやクリストファー・イシャーウッドから刺激をもらった。

イシャーウッドはイギリスのアッパーミドルの日々に嫌気がさしてベルリンやコペンハーゲンやシントラを転地したゲイ作家で、四八歳のときに十八歳の画家ドン・バチャーディに出会うと、彼を生涯のパートナーとした。いずれ『さらばベルリン』（研究社）か『シングルマン』（未訳）を千夜千冊したい。『さらばベルリン』はハロルド・プリンスの演出でミュージカル《キャバレー》となり、ボブ・フォッシーがライザ・ミネリをつかって映画にした。『シングルマン』もトム・フォードによって映画化された。

その後、戦争前夜の一九三七年にオーソン・ウェルズやテネシー・ウィリアムズの舞台の音楽を担当すると、翌年に劇作家でもあったジェイン・アウアーと結婚したのが運のツキだった。この奔放で想像力が豊かな妻との日々が、ボウルズを変えていく。

二人は結婚まもなくウイルスに感染したようにアメリカ共産党に入った。すぐに追放されるようなふしだらな党員だったようだ。たしかにふしだらだった。仮面夫婦というほどではないのだろうが、ボウルズは早くから男色に、ジェインはレズビアンと不倫を愉（たの）しんでいる。それが半ば公然たる秘密なのである。

いよいよ連合軍がナチスと日本軍を根絶やしにしようとしていた頃の一九四三年、ボウルズはガルシア・ロルカの詩に浮気してサルスエラ（オペレッタ）を書いた。ロルカは三八歳で銃殺された、流浪の民に憧れ続けた反戦詩人だ。ボウルズはその詩を《風は帰る》に仕立てた。レナード・バーンスタインの指揮で初演されている。

しかし、どこかで音楽的な才能には限界を感じていたようだ。音楽では自分の感覚の裏側が表現できない。「音楽には自己否定がないからね」と呟いている。この告白は重要だ。ボウルズはアメリカ文明に嫌気がさした自分をなんとか否定したかった男なのだが、それが音楽だけではままならない。一九四七年、突如としてタンジールに永住することを決意した。

ボウルズが北アフリカのタンジールでどんな日々をおくっていたかは、すでに千夜千冊したので省くけれど、その背後に何が動いていたかを綴ったのが『シェルタリング・スカイ』である。

物語の中にはジェインとの説明しにくいアンビバレンツな関係も暗示されているが、必ずしもポールとジェインの物語ではない。ボウルズが文明人に感じていたヴァルネラビリティ（攻撃されやすさ、傷つきやすさ）を、プロット全体の下敷きにしている。アフリカの強烈な力の前ではニューヨークに育った知識人や表現者なんて、何の価値観も発揮しえないんだというボウルズの絶対諦念が作品を貫いた。

作品の話に入る前に、このボウルズ最初の傑作をベルナルド・ベルトルッチが映画化した（一九九〇）ことについて、一言書いておく。デブラ・ウィンガーとジョン・マルコヴィッチが主演したもので、音楽は坂本龍一とリチャード・ホロウィッツが担当し（あまりうまく使われていない）、巨匠ヴィットリオ・ストラーロがタンジールの町と砂漠に向けてカメラを回した。ストラーロは《地獄の黙示録》《レッズ》《ラストエンペラー》の撮影監督だ。

よくできた映画だったというより、なるほどボウルズはこういうふうに映画になるんだということを見せられた。ベルトルッチは「自分なんてどこにあるのかわからない」「われわれはいつだってふいに居住まいをただすことになるもんだ」「生と死は隣り合わせなんだ」ということを映画にしたかったんだろう。もっとも映画はそうした哲学をオモテには出さない。ベルトルッチもストラーロのカメラを得て、「ヒリヒリする感じ」のほうを映像にした。

興味深いのは、ベルトルッチがどこかでインタヴューに答えていたのだが、最初に原作を読んだとき「苦しくてしかたなかった」と感じたことだ。だからこそ映画にしたかったようだ。その苦痛は映画製作の過程でもずっと続いたらしく、それゆえその苦痛のヒリヒリ度合によって映画が完成した。このこと、思想する本を書く連中やそういう本を読書する連中にも言っておきたいことである。

さてでは、原作の『シェルタリング・スカイ』だが、この作品は日本では長らく『極地の空』と訳されてきた。空は何か巨きなものに護られているけれど、その空の下の人間たちは極限に生きながらえているというニュアンスだ。

大久保康雄の翻訳で一九五五年に刊行されたのに、ほとんど置き去りにされた。やっと八〇年代に四方田犬彦らの努力で復権するまで、評判にもなっていない。それゆえそのぶん人知れず偏愛されてきた。いったん新たな注意のカーソルがボウルズに当てられたとたん、その奇妙な目映さに、みんな目が眩んだのである。

話は世界大戦がやっと了って戦後社会が広がり始めた一九四七年、ニューヨークに住んでいた倦怠夫婦のポートとキットが、親友のタナーを伴ってアフリカ旅行を企てることから始まる。企ては一応は夫婦関係の修復のためだ。三人は北アフリカのアルジェからサハラの奥へと旅するのだが、うまくはいかない。キットはタナーに身を許し、自分勝手な気分になっている。夫のポートはチフスに罹り、苦しんだあげくに死ぬ（ポートが病気で死ぬのは、ボウルズが腸チフスに罹った苦痛体験にもとづいている）。これを機にタナーも別行動をとる。

一人のこされたキットは、宿舎にしていたフランス警備隊の屯営を抜け出すのだが、なんだか異様な心身の衝動に駆られている。アラブ人の隊商がこれを助けると、キットはそのハーレムのような後宮めく日々に身を任せるようになり、しだいに自分の中の異質に苛まれ、ついには半ば錯乱状態でアルジェに戻っていく。

物語はキットがアルジェに戻るところ、すなわち冒頭の町に戻るところでおわるのだが、そんなふうに作者に突き放されてみると、なんともいえない切ない読後感が押し寄せる。そういう小説である。

アメリカ育ちのいっさいの文明文化力が打ちのめされ、それがポートとキットにそれぞれのしかかっていくという展開は、文体の透明な運びとは裏腹に読者に重い課題を移譲させてくる。これは何かに似ている。日本の詩人でいえば、富永太郎の「空は美しい、ええ、血はみなパンだ」や、岡崎清一郎の「頭の中の組立がこんなに気味のわるい事」や、石牟礼道子の「持ち重り」に近い。

刊行まもなくこの初の長編はアメリカ文壇のベストセラー九位になった。テネシー・ウィリアムズは、ジュネ、カミュ、サルトルの文学に匹敵する「精神的冒険の寓話」だと絶賛した。アメリカにもたらされた最初の実存小説の旗手ともてはやされた。ボウルズには不本意だったろう。一方、ノーマン・メイラーは「ボウルズは文明の終わりを小説にもちこんだ」ときわどく批評した。こちらはボウルズにとってちょっとは本意を当てられた批評だったのではあるまいか。

この本意は一九五二年発表の『雨は降るがままにせよ』(思潮社)にも込められている。ニューヨークでの銀行暮らしをやめてタンジールを訪れたネルソン・ダイアーという青年が、異文化の受胎ができないために挫折するという痛みをともなう長編になっている。さらに三作目の長編『蜘蛛の家』(白水社)ではモロッコの古都フェズを舞台に三人の駐在員とモロッコ人の十五歳の少年のあやしい交流と空しい結実を描いてみせた。どれもこれも、痛くて、苦しい。

ボウルズの作品が評判になると、作者がエキゾチックきわまりないモロッコにいることが注目されるようになった。すぐにカポーティ、セシル・ビートン、ウィリアム・バロウズ、ギンズバーグ、ゴア・ヴィダル、ブライオン・ガイシンらが次々にタンジールに訪れた。一二〇二夜にも案内しておいたように、スーザン・ソンタグも一九六四年に訪れた。「やっとあのタンジールに行くことになった」と書いている。

しかし、ボウルズはいっこうに浮かなかったのである。美しいほどの憂鬱だ。文明に対する香ばしい失望が続いているばかりだった。その一方、北アフリカの民族音楽ジャジューカの収集、ベルベル人の伝承の記録、当時のモロッコの作家の紹介などには熱心で、そちらの面では燻し銀のような学究肌を見せた。

こうした奇妙で絶望的なくせに、けっこう人好きなボウルズのことを、これまでうまく書いてきたのはトバイアス・ウルフやロベール・ブリアットや四方田犬彦やジョイス・オーツたちである。

ボウルズが音楽を極めようとして途中から小説に転向したのは、ボウルズ自身の言葉によれば「音楽ではぼくの否定的な面があらわせないからね」という独得の考えによるものだった。だから、その後のボウルズがつねに文学者として評価されてきたのは、もちろん当然だ。

しかしこのことは裏を返せば、ボウルズの音楽にはもう少しわかりやすいボウルズがいるということだったのかもしれない。なにしろストラヴィンスキーからコープランドまで、青少年期の大半を音楽に捧(ささ)げ、その後も北アフリカ音楽の、とりわけジャジューカにぞっこんだったのだ。自伝によれば、九歳のときに《四角関係》という九章立てのミニオペラを作曲したともいう。

きっとボウルズにはブルージー・ボウルズともいうべきがずっと発酵していたのである。そのことは、ローリングストーンズのギタリストで早世したブライアン・ジョーンズが「ぼくたちがジャジューカにはまったのはボウルズのせいだった」と言っていることや、キング・クリムゾンやポリスが『シェルタリング・スカイ』にインスパイアされて楽曲を創ったことにも、あらわれている。ボウルズの音楽に文学のボウルズがいないはずはない。

ここで一人の音楽家が闇の向こうから浮上する。ジョージ・アンタイルだ。一九〇〇年にニュージャージーで生まれた作曲家兼ピアニストで、自伝『音楽の悪童』(Bad Boy of Music)ではユダヤ系ポーランド人と称したが、実はドイツ系ユダヤ人だった。だから本名はゲオルク・ヨハン・カール・アンタイルという。

アンタイルはあまり知られていないけれど、今後は大いに語られるべき風変わりな人物だ。かのシルヴィア・ビーチのシェイクスピア&カンパニー書店の二階に住んでいて、ジェイムズ・ジョイスやエズラ・パウンドと交流し、パウンドの愛人オルガ・ラッジとはしばしば演奏旅行もしていた。一九二四年にフェルナン・レジェの絵に音楽をつけた《バレエ・メカニック》を発表して悪名を馳せた(ぼくは気にいっている)。

このアンタイルが実はボウルズをサハラ砂漠に誘い、チュニジア、アルジェの数ヵ月にわたる旅行の十歳年上のパートナーをつとめていた張本人なのである。このことはロベール・ブリアットの評伝やクリストファー・ソーヤー＝ロサノの伝記には詳しくは出てこない。けれどもビーチの文章やボウルズの自伝『止まることなく』(白水社)などをあれこれ突き合わせると、どうやら事実のようなのだ。たしか大里俊晴もそんなことを書いていたように憶う。

で、アンタイルのその後だが、一九四〇年代にはその実験性は美人女優としても有名だった発明家のヘディ・ラマーと組んで、なんと「周波数ホッピングスペクトラム拡散」の共同開発に達し、これがまわりまわって今日のケータイ電話や無線LANの技術につながった。

アンタイルのことは、ボウルズの音楽性に直接は関係がないかもしれないが、こういう出会いや、ボウルズがバルトークの《管弦楽のための協奏曲》には北アフリカ音楽の影響が入っていると指摘したことなどには、どうもこれまで語られてこなかった反文明ペシミストのダンディズムが出入りしているようにも思われる。

柿沼敏江によると、ボウルズがコープランドに師事したのはヘンリー・カウエルの紹介状によるものだったという。この師匠のもとで、モーツァルトのピアノソナタやアナリーゼを練習させられ、エコール・ノルマではナディア・ブーランジェの対位法を学んだらしい。ブーランジェはのちのジュリアード音楽院のリーダーだ。

というわけで、数年前のこと、ぼくはボウルズを聴くことにした。聴かないと何かがわからないままになると思って、BMGビクターの《ポール・ボウルズの音楽》を仕入れた。イーアス・アンサンブルが《パストレーラ》《二台のピアノとオーケストラのための協奏曲》《エイプリル・フール・ベイビー》《シークレット・ワーズ》などを演奏していた。

　予想を裏切らなかった。やっぱり優しい。簡明でもあり、少しだけ思想をセットバックして、作っている。一言で言うのなら文明の前に出ようとしていない。あえて略図的原型をいうのなら、サティ、プーランク、プロコフィエフっぽい。すぐにわかったが、これはボウルズ文学における文体そっくりだ。少しは意地悪なところがあるのかと思っていたが、まったくそうではなかった。

　でも、何かを想わせた。たとえば『シェルタリング・スカイ』のラストは次のような文章で終わっている。「下を見ると港の灯が視野に入りはじめ、おだやかに揺れ動く水に映ってゆがんだ。それから、もっと貧弱な建物がおぼろげに姿をあらわしはじめた。通りは、いっそう暗くなった。アラブ人町の外れへきて、あいかわらず満員の電車は大きくU字形を描いて回り、そして停車した。そこが終点だった」。

　これはどう見てもサティであろう。ボウルズの作品は心が痛くなるけれど、その演奏の言葉は優しく、平明なのだ。ただその平明の奥が複雑だ。そういう音が向こうのほうで鳴っているのだ。

　おまけの話。その後、ネット検索をしていたら、二〇一〇年に生誕一〇〇年記念「ポール・ボウルズの音楽」という催し物があったことを知った。ストラヴィンスキー・アンサンブルの川北祥子さんが主催したもので、テネシー・ウィリアムズの詩による《天国の草地》《孤独な男》、妻のジェインの詩の《心から遠く離れて》、ガートルード・スタインの《エイプリル・フール・ベイビー》、ウィリアム・ジレットの芝居のための曲などが演奏され、歌われたようだ。

笹塚のBlue-Tでの僅か四五分の音楽会で、十二人の聴衆が堪能したようだが、この記事を見て、ボウルズが誰にも知られずにタンジールやフェズで始めたジャジューカまがいの演奏を、あの町の住人や旅人たちが聴いたのであろうという光景が浮かんできた。それにしてもポール・ボウルズは東京でもこのように聴かれ、語られるのである。いかにもボウルズらしい。

では今夜の最後に、『シェルタリング・スカイ』の冒頭の文章をお目にかけておく。男が眠りからさめて、次のように思うのである。ここに出てくる「心強い悲しみ」こそ、ボウルズの核心であり、音楽である。

どこかしらある場所に彼はいた。どこでもない場所から、広大な地域を通って戻ってきたのである。意識の革新には、無限の悲しみへのたしかな自覚があった。しかしその悲しみは心強かった。というのは、ただそれだけが馴染みのあるものだったからだ。

第一五五八夜　二〇一四年十月七日

参照千夜

八二二夜：ウィリアム・バロウズ『裸のランチ』　三四〇夜：『ギンズバーグ詩集』　一二〇二夜：ミシェル・グリーン『地の果ての夢　タンジール』　八六五夜：ジッド『狭き門』　二七八夜：テネシー・ウィリアムズ『回想録』　九二三夜：『富永太郎詩集』　三五五夜：岡崎清一郎『春鶯囀』　九八五夜：石牟礼道子『はにかみの国』　五〇九夜：カミュ『異邦人』　三四六夜：ジュネ『泥棒日記』　八六〇夜：サルトル『方法の問題』　一七二五夜：ノーマン・メイラー『ぼく自身のための広告』　三八夜：カポーティ『遠い声　遠い部屋』　六九五夜：スーザン・ソンタグ『反解釈』　九七二夜：『ポオ全集』　一四七四夜：ホーソーン『緋文字』　一七三夜：四方田犬彦『月島物語』　二一二夜：シルヴィア・ビーチ『シェイクスピア・アンド・カンパニィ書店』　一七四四夜：ジェイムズ・ジョイス『ダブリンの人びと』

「インチキっぽい（フォニー）」をブンガクする。
アメリカが生んだ目標喪失文学の先例。

J・D・サリンジャー

ライ麦畑でつかまえて

野崎孝訳　白水社　一九六四　白水Uブックス　一九八四
Jerome David Salinger: *The Catcher in the Rye* 1951

一九六〇年代のアメリカで若者たちのお手軽なバイブルになりかかっていた文芸作品が三つある。精神科病院を舞台に患者たちの擬装と反抗を描いたケン・キージーの『カッコーの巣の上で』（冨山房）、戦争状態という管理と倫理の悪夢を描いたジョーゼフ・ヘラーの『キャッチ＝22』（早川書房）、そして、J・D・サリンジャーの『ライ麦畑でつかまえて』である。

いずれも管理社会や制度社会の欺瞞（ぎまん）を暴くというよりも痛烈なスタイルで揶揄（やゆ）した作品であることが共通していて、折からのヒッピー・ムーブメントやカウンターカルチャー・ムーブメントにのって圧倒的な人気を攫（さら）った。「やりきれない思い」をかれらが使いやすい言葉で遠慮なく綴(つづ)ったところが、やたらに受けたのだ。なかで一九五一年発表の『ライ麦』だけが十年くらい早く書かれていながら、六〇年代に遅れて爆発したベストセラーであった。説明するまでもないだろうが、『ライ麦』の主人公はアメリカ青春文学を代表するアンチヒーローなのだ。

日本での爆発はさらに十年ほど遅れて、村上龍や村上春樹に飛び火する。あとでも触れるが、早くから反応したのは大江健三郎だった。

サリンジャーがこの作品で用意したキーワードは〝phony(フォニー)〟である。「インチキ」とか「ニセモノめいた」といった意味だ。しきりに出てくる。主人公は十七歳のホールデン・コールフィールドで、この名前からしてデイヴィッド・コパフィールドに挑んでいることがわかる。

冒頭からして、こうだ。若造口調の翻訳がイマイチなのが気になるが、「もしも君が、ほんとにこの話を聞きたいんならだな、まず、僕がどこで生まれたかとか、チャチな幼年時代はどんなだったのかとか、僕が生まれる前に両親は何をやってたかとか、そういった〈デーヴィッド・カパーフィールド式〉のくだんないことから聞きたがるかもしれないけどさ、実をいうと僕は、そんなことはしゃべりたくないんだな」。

こうして、高校退学した主人公が一年前の十六歳のときのことを語る。サリンジャーは冒頭において、旧社会の典型的なモデルの破壊を試みることを宣告し、その古い青春モデルに毒を盛ったのである。

物語や筋書きは、ほとんどない。コールフィールドがクリスマス直前にペンシルヴェニアの高校を退学させられた日から数日間のことを、映画のシナリオを書く兄貴や可愛い妹のことを含めて、あれこれの言い分をもとに一人称で語っているだけだ。が、その、一人称で語っているだけ、というところがとんでもなくフリーな口語感覚で、スタンダップ・トークショーのようで瑞々しかったのである。日常描写の物事や出来事や人のやることが、主人公の憤懣やるかたない価値観の断片そのままに会話調で叩きつけられていく感覚がウケたのだった。

あれこれの言い分のほうは、オトナ社会の“phony”な欺瞞と、そのオトナ社会をまねるしかなくなっている高校生たちの欺瞞に向けられていて、それが徹底してというか、くどすぎるほどに吐露される。

本人のホールデン・コールフィールドはどんな日々をおくっているのかというと、その欺瞞社会をすっかり覗き見たゆえにスレているのだが、妹と送った少年の日々ばかりはやたらに懐かしい。だから日々のことなど、次の学期からはまたどこかの高校に通う予定になっているというだけで、ほとんど具体的には描かれない。そのうえ最後の最後になって、実はコールフィールドは精神科病院に入っていたことも明かされる。

ぼくは、いまさら本書を再読する気にはならないのだが、これを読んだときはずいぶんおかしな気分になった。自分がこれを読んで出した大きな溜息(ためいき)のようなものに、そのまま自分が吹き出されていくような居所のなさを感じたのだ。

いつごろ読んだのかというと、荒地出版社のK君という編集者がそのころ刊行されつつあった「サリンジャー選集」が一冊出るたびに、ぼくが父親の借金返済のために通っていたMACという会社に立ち寄り、わざわざ持ってきてくれたころに読んだ。MACが銀座から虎ノ門に引っ越したばかりのこと、ぼくは高校生向けの読書新聞「ハイスクール・ライフ」(東販発行)の編集をしていた。

こんなことを憶えているのは、そのころ一緒に仕事をしていた六文銭の小室等がギターケースを抱えてやってきて、「おっ、サリンジャーですな」と言ったことが耳にのこっているからだ。一九六七年か、その翌年くらいのことだろう。

サリンジャーが斬新なアンチヒーローをつくりあげたことについては、「これは二十世紀のハックルベリイ・フィンだ」というアメリカ文学史の〝お墨付き〟があるけれど、まったく当たっていない。ハックは観察こそすれ、批評はしないし、だいいちビョーキじゃない。

大のサリンジャー派の村上春樹は、コールフィールドはメルヴィルの『白鯨』（新潮文庫・講談社文芸文庫）、フィッツジェラルドの『偉大なるギャツビー』（新潮文庫）の主人公たちに続くアンチヒーローで、「志は高くて、行動は滑稽になる」という共通の特徴があると言っていたものだが、この気の利いた指摘も当たっていない。アメリカがめっぽう好きな村上がそういうアンチヒーローになりたかっただけなのだろう。『ノルウェイの森』（講談社文庫）のレイコに、「あなたって何かこう不思議なしゃべり方するわねえ、…あの『ライ麦』の男の子の真似してるわけじゃないわよね」と主人公に向けて言わせているのが、コールフィールドが村上に飛び火していた何よりの証拠だった。

どうもアメリカ文学史はこのアンチヒーローを持ち上げすぎる。むしろ作家サリンジャーを問題にしてもらいたいのに、それがおこらない。仮にコールフィールドを俎上にのせるなら、その内面のキーワードを手繰りよせてほしかった。それはコールフィールドが退学後にニューヨークに来てつぶやくのだが、「無垢であることは傷つきやすい」という、あの感覚だ。この作品のキーワードは「傷つきやすさ」なのである。

加えて言っておきたいことがある。それはサリンジャーを生んだ一九五〇年代が、今日のアメリカのビョーキのすべてを暴いていた十年間だったということだ。

詳しいことは省くけれど、ビョーキの告発者には、まずソール・ベローがいて『宙ぶらりんの男』(新潮文庫・角川文庫)と『オーギー・マーチの冒険』(荒地出版社・早川書房)を書いた。シカゴ・マフィア時代の主人公オーギー・マーチがコロンブスのような男になろうと決意して、トロツキーに出会って歴史の宇宙と格闘した経緯は、今日のアメリカにこそワープしたほうがよい〝宿命〟である。

次にフィリップ・ロスが『さようならコロンバス』(集英社)で、大型冷蔵庫の中に入っているアメリカの夢の怪しさに気がついた。これがのちにアンダーグラウンド映像のジャック・スミスに結実したことを、ぼくはかつてニューヨークの裏町でスミスをつかまえて突きとめたことがある。

続くジョン・アップダイクの『走れウサギ』(白水社)のハロルド・アングストロームは元バスケットボールの選手で、ロスがしきりに野球メタファーでアメリカの悲喜劇を描いたように、そこにはアメリカの派手なメジャー文化を通して「失われた聖餐(せいさん)主義」とでもいうもの、ようするにアメリカにおける信仰喪失を告発する論告がのべられていた。日本でこの論告を継承しているのが村上龍や高橋源一郎たちである。

そしてジェイムズ・ボールドウィンとノーマン・メイラーだ。ボールドウィンの『もう一つの国』(集英社文庫)が黒人と白人、男と女をフランスに移して描いたように、メイラーが『ぼく自身のための広告』(新潮社)のなかの「白い黒人」を象徴したように、二人はアメリカに潜むエスニシティの複雑性を見通していた。ぼくは実は、このメイラーの『鹿の園』(新潮社)と『裸者と死者』(新潮文庫)からアメリカ現代に入っていった。これに短篇名手のレイモンド・カーヴァーのミニマリズムと目標喪失文学を加えれば、サリンジャー後のアメリカ五〇年代の文芸的抵抗の有為転変は十分だろう。

以上は、言ってみれば大江健三郎や村上春樹が好きなアメリカ文芸だ。しかし、ぼくが想うに、これらのアメリカを使ってアメリカをおちょくる文士たちよりなお深く、この時代の俗悪なアメリカから一番遠いところへ行っていたのは、むしろポール・ボウルズとウィリアム・バロウズだったのである。

二人は実際にもアメリカを遠く離れたモロッコのタンジールにいて、ボウルズは『シェルタリング・スカイ』(新潮文庫)と『雨は降るがままにせよ』(思潮社)によって、バロウズは『ジャンキー』と『裸のランチ』(ともに河出文庫)によって、アメリカの狂気と凶器と驚喜を摘まみ出した。いまアメリカでは、かれらのほうが狂い咲き扱いをされている。これはおかしい。とんでもない。

ところで、サリンジャーは『ライ麦』のあと『フラニーとゾーイ』(新潮文庫)でユダヤ的思考による新たな文学的な実験などを始めたのであったが、しばらくしてまったくの沈黙を守ってしまった。その消息はいまなお杳として知れないままにある(注＝二〇一〇年没）。しかし、この長期にわたる禅僧のような沈黙こそが、最もサリンジャーらしいものともいえる。

一方、『ライ麦』はそのままアメリカ社会の暗部の象徴として一人歩きしていった。このことについてはぼくも詳しくないのでうろおぼえなのだが、たしかレーガンを狙撃(そげき)しようとした青年とか、ジョン・レノンを殺した青年が『ライ麦』の愛読者だったと憶(おも)う。サリンジャーの仕掛けた罠(わな)にアメリカはまんまと嵌(は)まったままにある。

第四六五夜　二〇〇二年一月二八日

参照千夜

四〇七夜：ディケンズ『デイヴィッド・コパフィールド』　六一一夜：マーク・トウェイン『ハックルベリイ・フィンの冒険』　三〇〇夜：メルヴィル『白鯨』　一三〇夜：トロツキー『裏切られた革命』　一七二五夜：ノーマン・メイラー『ぼく自身のための広告』　一五五八夜：ポール・ボウルズ『シェルタリング・スカイ』　八二二夜：バロウズ『裸のランチ』

「何かがおこる」とは、かぎらない。
われわれがゴドーを待っているとも、かぎらない。

サミュエル・ベケット

ゴドーを待ちながら

安堂信也・高橋康也訳　白水社　一九九〇
Samuel Beckett: En Attendant Godot 1952

エストラゴンが「どうにもならん」と言って始まる。そこは田舎道で、エストラゴンは道端で片っぽの靴を脱ごうとしている。するとヴラジーミルが「いや、そうかもしれん」と言う。び―ん。「そんな考えに取りつかれちゃならんと思ってわたしは、長いこと自分に言いきかせてきたんだ」。
こんな芝居はかつてなかった。ともかく二人のとりとめもない会話がえんえん続くだけで、何もおこらない。そこへやっと首に綱をつけられたポッツォがラッキーに引っ張られて登場し、これで何かが始まるかというと、もっと何もおこらなくなっていく。何かがおこってほしいという期待はことごとく裏切られ、それなら何もおこらないと見えたことは何だったのかが問われてくる。」

そのうち舞台は、「何かがおこる」とはいったい何がおこることなのかを問うているような仕打ちを見せる。びーん。こんな芝居はかつて、なかった。サミュエル・ベケットが『ゴドーを待ちながら』を書くまでは。

残り滓。持ちこたえられない中心。慰めにもならない断片。結局、『ゴドー』にあるのはこれだけだ。ところがでは、『ゴドー』にないものは何かと言ったら、何でもある。だから『ゴドー』を見ることは、ときにすべての想像力を動員させることになる。

ベケットがどうしてこんな戯曲を書けたのかということを、かつてぼくは別役実と話しこんだことがあった。議論をしたのではなく、たいてい碁を打ちながら話した。ベケットを議論するなど、碁でも打っていないかぎりは、できそうもない。だからベケットを話したのではなくて、ベケットを交わした。

だいたい、これまで一度もベケット論というものを読んでこなかった。そういうものがあることは知っていたが、一度も読んではいない。そんなことをしなくとも、何といえばいいのか、そうだ、ベケットは子供時代にいつも着ていたジャンパーやトッパーのように、着たり脱いだりできるものであるはずなのだ。

それでもベケットを語りたいなら、ベケットが若くしてジェイムズ・ジョイスと出会えたことを重視するのがいい。ジョイスの目がかなり悪くなっていて、ベケットは仕事を手伝った。ベケットが『フィネガンズ・ウェイク』(河出文庫)についての論文を書いたのは二三歳のときなのだ。

これで不満なら、ジョイスとベケットのあいだにシルヴィア・ビーチがいたことを知ればいい。かのシェイクスピア&カンパニーの書店主である。第二一二夜を読まれたい。それでも不満ならベケットの最初の詩集『ホロスコープ』(『詩・評論・小品』白水社)を出したのがナンシー・キュナードの時間出版社だったことを知るといい。船舶王の娘ナンシーについては第七九四夜を読まれたい。シルヴィアとナンシーの二人がいれば、ベケットがベケットになれないはずはなかった。

それでもベケットの風変りな出現の理由に合点がいかないのなら、ではこれはどうか。ベケットはジャコメッティと知りあってデュシャンとチェスをするようになったのである。ぴーん。

ベケットはダブリン郊外のプロテスタントの家に生まれた。一九〇六年だ。父親は建築積算士でそこそこ裕福な暮らしをしていた。母親は万事を厳格に切り回していて、修道女のようだったという。丹念に育てられたらしいのだが、本人は「いつも孤独だった」と述懐している。

さもあろうが、そんなこと、誰が信じるかともいいたい。ラグビーと水泳と、そしてクリケットの学校代表に熱中できたのだ。それにダンテとボードレールを読み耽っていた。写真を見ればすぐわかるけれど、当時も、そのあとのベケットも、いつもどきどきするほどセクシャルな男なのである。そのベケットがパリに出てきた。出てきたとたんにジョイスに出会う。同じアイルランドに育った者として、パリのジョイスとベケットは女たちの異国趣味を沸騰させた。

シルヴィアとナンシーの話をしたが、もう一人、大富豪で大コレクターだったペギー・グッゲンハイムもベケットにぞっこんだった。

そういうベケットが早々に『マーフィー』(早川書房)を書いたのである。これがすでにしてとんでもない小説で、何人も評価しなかった。いまなら屈強な物語学というものがあって、この小説が初めてオムニシエント(全知的)な語り手を設定したことがたちどころに見えてくるのだが、当時は物語のすべての筋書きと細部を知っている正体不明の語り手が登場人物の一人になっていることが解せなかった。だから『マーフィー』の主人公に「この本に登場する操り人形たちは、みな遅かれ早かれめそめそとベソをかくことになっている」などと呟かれると、読者はそれだけでうんざりしてしまった。

ベケットが言葉(言語性)に通暁していたことは、アイルランドの知識人、たとえばロード・ダンセイニやウィリアム・イエーツやジョイスやエズラ・パウンドやバーナード・ショーのお手並みを知っていれば、それほど驚くことではない。アイルランドに生まれ育ったことが大きい。

そんなベケットは得意の英語を抑えて、フランス語で物語を書くことを好んだ。そのほうが変なものが出てくるからだ。三文作家がやたらに方言で小説を書きたがることと似ているが、いささか事情は異なっている。どちらかといえば、たとえばリービ英雄の冒険に近い。第四〇八夜を読まれたい。

かくてベケットはフランス語のほうが「弱音器的になれる」から、「文体なしになれる」からという理由で、一九五一年から二年あまりのあいだで、『モロイ』（集英社・白水社）『マロウンは死ぬ』（白水社）『名づけられないもの』（白水社）をフランス語で書いて、そのあいまに『ゴドーを待ちながら』をまるで退屈しのぎのように書いたのだ。ところが、これで世界文学と世界演劇が一変してしまった。

それまではどうしていたかというと、ドイツとの戦争の渦中でアイルランド赤十字に志願し、英仏通訳をやり、ゲシュタポを避け、書店に勤め、レジスタンス運動に参加していた。そしてパリが解放されたとたんに、フランス語で書きはじめたのだ。

ぼくが最初にベケットを読んだのは『モロイ』である。強烈だった。主人公のモロイがここにもそこにもむこうにもいない。だからどこにでも出没した。その説明が、なんと「モロイは昔から対称性を熱愛する男だった」というのだ。

　そのモロイをやがてモランという男が尾行する。困ったことに二人ともポケットに折り畳みナイフを入れている。だからナイフの描写があっても、それがモロイの話かモランの話かはわからない。むろんどうしてモロイがモランに追われているのかもわからない。おこっていることは内向する想像力の動向だけだ。やがて『名づけられないもの』を読んで、ベケットの試みが奈辺にあるかは判然とした。ベケットは主格も目的格も嫌いで、「わたし」「もつ」「ある」がもっと大嫌いだったのだ。

　こうして戯曲『ゴドーを待ちながら』が発表された。初演は一九五三年一月五日、ラスパイユ大通りのバビロン座でのことだ。ベケットは小説では書けないことを舞台で見せようとした。ジャン・アヌイが「ミュージックホール風のパスカルの『パンセ』だ」と言った以外はとくに文学的な評判は立たなかったのに、公演はいつまでも続いた。初演が一〇〇回以上。ハロルド・ホブソンは「わたしたちは唖然とする」「苛立った、それなのにいつのまにか我を忘れた」と書いた。

　ないない尽くし――。それが『ゴドー』なのだった。舞台に登場しないゴドーが神であろうと、退屈であろうと、風来であろうと、不条理であろうと、豚肉であろうと、定義づけであろうと、それを証すものは何もない。あるのは山高帽と一本の柳だけなのである。びーん。

が、こんなことをいくら説明したところで、『ゴドー』はわかるまい。『ゴドー』は舞台を見て感じるしかない。だから『ゴドー』には名うての演出と味のある演技がどうしても必要だ。出来のいい舞台を見れば、そうだなあ、ベケットは「差異と反復」かなあなどとつまらない感想を言ってみることすら忘れるはずだ。

ところで、ベケットについては『ゴドー』以降こそ話題になったほうがいい。そのほうが『ゴドー』のためだ。ぼくが知っていることはそんなに多くないけれど、ざっとかいつまめばこういうことになる。

まず『勝負の終わり』（白水社「ベケット戯曲全集」）では「名前遊び」をした。これは言ってみれば「絶え間ない暇ごい」なのである。『クラップの最後のテープ』（同上）では、声の音色が世界になった。これはそれほど驚かないが、『しあわせな日々』（同上）は「人物と背景を分かたない舞台」が出現する。ウィニーは土の中で首まで埋まったままで演技する。「中断された存在」であるウィニーが舞台であり人物であり、背景であり台詞なのである。

ウィニーを三人にふやして骨壺に入れたのが『芝居』（同上）だ。舞台上では何も動かない人物が入りこんだ置物がしゃべっているだけだった。それが『わたしじゃない』（同上）になると、ついに口だけになる。舞台上で見えているのは不気味な口だけなのだ。こうなるとベケットは単語人間や音符人間だけを偏愛しているかと思いたくなるが、まさにそうである。ようするにはプレゼンスだけを描きたかったわけなのだ。そうだとしたら、ベケットは登場人物にこだわっていてはダメなのだ。ナマの人間たちは邪魔になるはずだった。

案の定、一九六〇年代後半には、ベケットの関心はテレビやビデオに移ってきた。カメラとビデオテープは非言語にもってこいなのだ。この時期、世界はサミュエル・ベケットとナム・ジュン・パイクにおいて語られるべき日々だったのである。かくて七〇年代に入ると、『幽霊トリオ』（同上）が声とカメラとピアノ三重奏だけで物語が組み立てられることになる。

そして、どうなったかって？　びーん、沈黙。死せる想像力よ想像せよ。びーん、沈黙。びーん、それで終わり。そういうふうに、終わったのである。

エストラゴン「今度は何をするかな？」
ヴラジーミル「わからない」
エストラゴン「もう行こう」
ヴラジーミル「だめだよ」

エストラゴン「なぜさ？」
ヴラジーミル「ゴドーを待つんだ」
エストラゴン「ああ、そうか」

第一〇六七夜　二〇〇五年十月二一日

参照千夜

一七四四夜：ジェイムズ・ジョイス『ダブリンの人びと』 二一二夜：シルヴィア・ビーチ『シェイクスピア・アンド・カンパニイ書店』 七九四夜：アン・チザム『ナンシー・キュナード』 五〇〇夜：ジャコメッティ『エクリ』 五七夜：『デュシャンは語る』 九一三夜：ダンテ『神曲』 七七三夜：ボードレール『悪の華』 二夜：ロード・ダンセイニ『ペガーナの神々』 五一八夜：W・B・イエーツ『鷹の井戸』 四〇八夜：リービ英雄『日本語を書く部屋』 七六二夜：パスカル『パンセ』 一一〇三夜：ナム・ジュン・パイク『バイ・バイ・キップリング』

国や不動産なんかより、
ずっと愉快な「あべこべ」に夢中になっていたい。

カート・ヴォネガット・ジュニア
プレイヤー・ピアノ
浅倉久志訳　ハヤカワ文庫　一九七五
Kurt Vonnegut, Jr.: Player Piano 1952

こんにちは、赤ちゃん。地球へようこそ。
この星は夏は暑くて、冬は寒い。
この星はまんまるくて、濡れていて、人でいっぱいだ。
『ローズウォーターさん、あなたに神のお恵みを』

今夜はカート・ヴォネガットのことをはすっかいに喋って（しゃべ）みようと思う。うろおぼえのことも書く。たとえばヴォネガットに薫陶を受けてデビューしたはずの『ガープの世界』や『ホテル・ニューハンプシャー』（ともに新潮文庫）のジョン・アーヴィングが「師匠から教わったことは？」と尋ねられて、何も批判的なことは指摘されなかったよ、僕がセミコロンが好きだってことを見て、カートは「いまいましい、あんな両性具有者ども！」と言って舌打ちしていたことくらいかなと言ったとか言わないとか、そういううろおぼえばっかりなので、あっちこっちな話になるかもしれないが、今夜はそんなことを含んでの、カート・ヴォネガットだ。

今夜というのは、この国が新型コロナウイルスの感染圏に浸ってそろそろ一シーズン（四ヵ月ほど）をへて、多くが自粛と開放のまだら模様のなかでどっちつかずにいるままの、その中途半端な事態が瀰漫（びまん）している今夜という意味だ。

国によってはＰＣＲ検査をするにもスーパーマーケットに入るにもＩＤや許認可証が必要になっている。そうかと思うと、俗称「自粛警察」なるものも徘徊（はいかい）するようになった。取り締まったり、取り締まられたりすることに慣れっこになること、これはヴォネガットが一番嫌ってきた「セカイ事情」というものだ。

ぼくのまわりもリモートワークだらけになって、何をするにもアカウントを取り交わしてばかりいる。リモートワークってけっこう集中できますね、ときどき皿洗いなど挟むといい気分転換になるんですという感想も多い。ほれほれ、それが危ない。

いやいやリモートワークがまずいのではない。われわれはずっと以前から手紙や電話やスマホでリモート・コミュニケーションをしてきたはずで、これは東浩紀（あずまひろき）くんが「郵便的」とか「誤配的」とかと言って説明もしてきたことだ。もっと言うなら「書くこと」や「読むこと」がそもそもリモートワークなのである。読書はリモート・アソシエーション（間接的連想系）なのだ。

それをお上（オカミ）の自粛要請に柔順になってから、我が意を得たかのように満足してしまうのは、ローズウォーターさん、あなたに神のお恵みを、だ。あまりに世の中の趨勢にあわせて技術のベンリに乗った自己発見などにかまけていると、実はセカイは「あべこべ」や「ちぐはぐ」になることのほうに本来の特色があることを、ついつい忘れてしまいかねず、それが危ない。

登録には、腹の立つほど複雑で長ったらしい書式への記入が必要だった。それは彼の氏名とこれまでに得た最高の職種番号から始まり、彼が恩寵を失った理由を訊きただし、彼の友人親族の名をたずね、最後をアメリカ合衆国への忠誠でしめくくっていた。

『プレイヤー・ピアノ』

二〇一七年の秋、ぼくは『擬 MODOKI』（春秋社）という本の冒頭に、蕪村の「いかのぼりきのふの空のありどころ」の一句の、「きのふの空」という俳諧的フェーズ（相）

が秘めるメッセージの解読とともに、「ちぐ」と「はぐ」、および「あべ」と「こべ」について書いた。大工用語で「鎮具（ちぐ）」は金槌（かなづち）のことを、「破具（はぐ）」は釘（くぎ）抜きのことをいうのだが、これをまちがえると「ちぐはぐ」になる。そうすると、まわりが笑う。「アハハハ、あいつ、あんなことをまちがえている」。「あべ」「こべ」というのも「彼辺」「此辺」のこと、むこうとこっちがわからなくなる。そうすると、まわりが揶（からか）う。「おい、あべこべだよ。取り違えているよ」。

たんに失敗や矛盾がおこったというのではない。道理がおかしくしか伝わらなくなって、それがセカイの問題から自分のまわりの疑似発見に連動してしまっているということだ。世の中というもの、ずっと取り違えを冒してきたのに、むりやりそれを制度化してきた。ピーター・パンの作者が解明したことでいえば、「ほんと」と「つもり」の区別などもともとなかったのに、それを世の中がこれみよがしに付けるようになってから、自分もすっかりそのセカイの一員のつもりになってしまったのである。

今夜の気分でいえば、ウイルス・プラネットが何たるかがあまりに見えなくなっていると、手元での鎮具と破具の使い方にばかり気をとられていることに気が付かないままになるよということに当たっている。

世の中はつねに「ちぐ」と「はぐ」、「あべ」と「こべ」がすれすれに交差してきた。ふだんはそのことをすっかり看過してしまっていて、それが緊急事態になると過剰に前面に出てくる。前面に出てくるのはリスクヘッジを焦るからで、この、上からのリスクヘッジがいつのまにか自己弁護のリスクヘッジに流用されるのだ。そこには「きのふの空」が継承されていない。

それでもリスクヘッジをしているのだから、体制は変更されないと思いこんでいるのは、いかにもおめでたい。新しいセカイ（ニューノーマル）が来たのかなと思いこむのは、もっとおめでたい。そんなことはありませんよ、世の中、実はいつだって「ちぐはぐ」「あべこべ」で、その二つの使い方でセカイはもんどり打って転倒するんだよというのが、ヴォネガットが書いたことだった。平時のときからリバース・モードでセカイを見たほうがいい。そういうふうに見て、ヴォネガットは小説を仕立てた。ヴォネガットの主題はいつだって「もどき」の痛打だったのである。

めぐりあわせ、運のよしあしは、けっして神の御業（みわざ）ではない。
めぐりあわせは、神が通り過ぎられてから永劫（えいごう）ののちに、
風が渦巻き、塵が落ちつく道なのだ。
『タイタンの妖女』

ヴォネガットはしばらくカート・ヴォネガット・ジュニアを名のっていた。長すぎる

ので、ぼくの周辺では「カボジュニ」で通っていた。本人がジュニアを取って著者名をカート・ヴォネガットにしたのは、五四歳のときの『スラップスティック』(ハヤカワ文庫・一九七六)からだ。なぜそうしたのかは知らない。

カボジュニの家系は工学屋さんである。父親もヒーおじいさんもMITを出た。カボジュニはコーネル大学に入ったときは生化学を選んでいたのだけれど、成績不振で大学をドロップアウトして陸軍に入隊(一九二二年生まれだから、ちょうど日米戦争が始まっていた)、陸軍専門訓練計画に参加する資格を得て、カーネギー工科大学とテネシー大学で機械工学を学んだ。

だったらそれでヴォネガット家お得意の工学方面に進んだのかというと、そうでもない。ああだこうだなのである。大戦後の一九四五年に除隊すると幼なじみのジェーンと結婚し、シカゴ大学の大学院に入って人類学にとりくんだ。とりくんだのだけれど、修士論文が「キュビズムの画家と十九世紀末ネイティブ・アメリカン政治運動の類似性」というようなへんてこなもので、これが担当教授たちにはまったく理解されない。

それで「ああ、そうかよ」と思ってニューヨークに出てGE(ゼネラル・エレクトリック)に入社した。広報部に配属された。兄貴がGEのエンジニアだったので、その伝だったろう。カボジュニは工学系としては採用されなかったが、兄貴の技術能力はすごかったようだ。雨を人工的に制御しようとして、当時のGEの自慢にもなっていた。

カボジュニは、長続きはしないものの仕事をすることは嫌いではなかった。広告づくりもしたし、GEのあとはサーブの全米二番目の販売店の店長もしているし、「スポーツ・イラストレイテッド」の編集もした。競馬の担当だ。

そんな渦中でSFまがいの短編を手元で書きはじめ、それからケープコッドに書斎をかまえるとむずむずして、満を持したかのように『プレイヤー・ピアノ』(一九五二)と『タイタンの妖女』(ハヤカワ文庫SF・一九五九)という長編を発表した。

カボジュニは戦争時代にドイツに入り、ドレスデンで連合国の無差別爆撃を受けた体験が忘れられないものになっていて、そういう戦争に人類の技術が集中的に投下されていることに失望していた。兄貴の「雨の制御」も、よくよく考えるとモンダイがある。自分のエンジニアリングは人類学ふうなものに向かいたい。そう思って技術過信の社会を風刺的に書いたわけだ。まあ、ハクスリーやオーウェル風だ。ただ、うんとスラップスティックの趣向を盛りこんだ。

そういうことを書こうとしたのだが、二つともほとんど評判にならない。『プレイヤー・ピアノ』は三万部以上刷って三六〇〇部しか売れず、ハードカバーの『タイタンの妖女』は二五〇〇部しか刷られなかった。カボジュニはこれはひょっとして才能がないのかなと思った。

とんでもない。才能はあった。大ありだ。ただし、スラップスティックが「文学」としてこういうスタイルをとりうることを、五〇年代のアメリカの文壇や読者に理解させるには早すぎた。話を追っていくうちに、みんな混乱してしまった。SF仕立てに見えたので、パルプフィクション同然とも断じられた。たしかに要約不能なのである。

　これまでにあったすべてのことが、これからもありつづけるだろうし、
　これからあるだろうすべてのことは、これまでにもつねにあった。
　　　　　　　　　　　　　　　　　　　　　　『タイタンの妖女』

　このへんで作品の話にしたいのだが、『プレイヤー・ピアノ』がどういう話だったのかはあとで紹介することにして、『タイタンの妖女』のほうは時間と空間をまたいで遍在する男たちが出入りするというハチャメチャな話になっている。

　主人公は一応はマラカイ・コンスタントというハリウッドの大富豪で、火星に旅をしているうちに記憶を消される。そうなったのは、ウィンストン・ナイルズ・ラムファードと飼い犬が「時間等曲率漏斗（ろうと）」なるものにとびこんでしまって、時空の波動現象と化していたからだ。このラムファードが神をもおそれぬ能力でセカイを動かす。とくに宇宙人のサロから貰（もら）いうけた「そうなろうとする万有意志」なるものを駆使する。これですっかり「ほんと」と「つもり」が行ったり来たりする。

ペラチックに展開するのだが、こうなると、いささかワケがわからない。ろくに売れなかったのも頷ける。むろんカボジュニは落ちこんだ。ところが、四年ほどたって書いた『猫のゆりかご』(ハヤカワ文庫・一九六三)が急に当たって、おやおやと思いなおした。

話はさらに土星の衛星タイタンにとんで、そこでもスラップスティックがスペースオ

作家がみんなゼネストに入って、
人類の迷いを悟らせるというのを考えているんだけど、どうだい参加しないか。
『猫のゆりかご』

『猫のゆりかご』は、どんな液体も氷結して固体にしてしまうという画期的な発明品アイス・ナインをめぐる大騒動の話で、荒唐無稽ながらも深刻な顚末にもなっていて、それなりになかなか凝っている。

語り手のジョーナが、原爆を落とされた日本の一日を本にする準備をしているところから始まって、原爆開発者の息子がアイス・ナインを開発していると聞き込み、そのことを追ううちにアイス・ナインを積んだ飛行機が墜落して海という海が凍ってしまい、多大な有事が広がるなか、ある文書が残されていたというふうな展開になっている。途中、カリブ海に浮かぶ孤島のサン・ロレンゾ共和国で過熱する異端宗教ボコノン教が異

様な触手をのばしてくる。

あいかわらず多元セカイが重なっていく話になってはいるが、冒頭に、メルヴィルの『白鯨』の語り手イシュメールと旧約聖書のヨナ（これを英語読みするとジョーナになる）のことが出てくるので、この物語は文学界にも読者にも、ようやく解読可能になった。

そのあとの『スローターハウス5』（ハヤカワ文庫SF・一九六九）はさらに大評判になった。時間をまたぐ痙攣的（けいれんてき）時間旅行者ビリー・ピルグリムの戦争体験を通して、主としてはいったい自由意志とはどういうものか、その行方をめぐる話だ。戦時中のヴォネガットのドレスデンでの爆撃体験がふんだんに投入されていて、そのことも話題になった。

こうして『プレイヤー・ピアノ』も『タイタンの妖女』も、その後は広く読まれるようになったのである。とくに若い層にウケた。

ちなみに、バクモン（爆笑問題）の太田光は学生時代に読んだ『タイタンの妖女』にぞっこんで、のちに事務所の社名を「タイタン」にしたほどだ。文庫『タイタンの妖女』に綴（つづ）った一文では、一見ばらばらな現象をプラネタリウムの星座のようにつないで連想世界を思い描くことをヴォネガットに教わった、ヴォネガットはそういうふうに読めばいいんですということを書いている。ついでながら、太田くんはかつてNHKの番組でぼくの仕事場を訪れたときは、カポーティの『冷血』（新潮文庫）が好きなんですと話していた。

国に対して感情を動かしたりしないんだ。不動産に興味はないからね。
これはわたしの大きな欠陥だけれど、国境を土台にものを考えられないんだ。
『母なる夜』

これでやっと『プレイヤー・ピアノ』のことになるけれど、これはGEをモデルに借りながら、高度な技術文明がリアル=ヴァーチャルをどんなふうに「ちぐはぐ」させていくかということを描いた「まっこう勝負」の作品だった。舞台は第三次世界大戦後の架空都市イリアム。北西部には管理者と技術者のエリート地区が、南部には機械技術に仕事を奪われた大半の市民が暮らすホームステッドが配されている。

物語は、この未来社会の管理指導者ポール・プロテュースをめぐるメインプロットを下敷きにしながら、妻のアニータとのいきさつの話、旧友エド・フィナティーとの交流の話、コルフーリ教の指導者のブラトプールの国王(シャー)の話、ポールとフィナティーが酒場で出会ったジェイムズ・ラッシャーの話などが縦横に絡んで、ポールがしだいに超あやしげな「幽霊シャツ党」に巻き込まれていくというふうに進む。

随所に、機械技術が人間っぽい仕事を蹂躪(じゅうりん)していくプロセスが挟まれていて、最近の話題でいえばAIによるシンギュラリティが近づいてくるような物語になっている。それで「セカイはプレイヤー・ピアノになってしまった」というのだ。プレイヤー・ピアノとは自動ピアノのことである。勝手に機械が演奏する。だからピアニストがいらない。失敗もないが、ちぐはぐもない。それなら世の中がプレイヤー・ピアノのようになって、手仕事や感知や親切の仕事がなくなっていったらどうなるのか。かえって取り返しのつかないあべこべがおこる。ヴォネガットは最初の長編にそういう歪んだ社会を「まっこう勝負」で描いたのだ。

のちの作品群にくらべるとわくわくするようなところやハチャメチャなところが少ないが、そのぶん、ヴォネガットの創作意図の原点があらわになっている。ヒューモアはまだ足りないが、ニヒルな感覚は突き通してある。とくにAIやIoTが侵蝕してきた今日こそ、読んでみるといい。

たぶん、革命家たちが第一にしたがることは、そうだな、IQ一一〇以上のものをみな殺しにすることじゃないだろうか。もしわたしがあんたらの立場なら、知能指数の原簿を隠して、橋を爆破するね。

『プレイヤー・ピアノ』

ヴォネガットについては、いろいろなことが言われてきた。SF作家の列に入れこむ手合いも多いけれど、ブライアン・オールディスの「ヴォネガットはガソリン代が手に入ったとたん、さっさとこの分野から出ていった」が当たっているだろう。

アメリカではしばしば「現代のマーク・トウェイン」と呼ばれていたが、これはどうか。たんにヴォネガットにトウェインを読み耽った経験があったという程度の話だろう。無神論であることを喧伝する向きも少なくないが、そこを強調しても、あまり合点がいかない。ヴォネガットがヒューマニストであるのはまちがいないけれど、ヒューマニズムには関心をもってはいまい。ブラックユーモアの作家というのもあったけれど、こちらはほとんど当たらない。パロディを極めたというのでもない。ミメーシスとアナロギアをまぜたパロディだから、ミメパロギアなのである。

ヴォネガットは一貫して技術文明に痛罵を投げかけてきた。それはそうなのだが、『スローターハウス5』や晩年の『ガラパゴスの箱船』(早川書房・一九八五)でも、実はおシャレな技能にはけっこう敬意を払っている。だから旗印をアンチ・テクノロジストで括るのは合わない。

ときに「ポストモダン作家第一号」なんて評判もたったことがあったけれど、そこに「うがち」が入っていることを忘れてはいけない。ポストモダン派は「うがち」や「やつし」が足りなすぎるのだ。結局、「笑う終末予言者」あたりが可もなく不可もなくて、ちょうどいい呼び名であるように思う。

大江健三郎は早くからヴォネガットに傾倒していて、二人のなかなかおもしろい対談記録も残っている。大江は「炭鉱のカナリア」としてのヴォネガットをずいぶん尊敬していた。まさにヴォネガットは「炭鉱のカナリア」の役割を自覚していたようなところがある。ただし実は、カナリアに見えるオウムやインコだったけれど。

もうひとつ、大江はヴォネガットが「無垢(イノセンス)を失った時」に敏感になっていることを指摘して、そこに注目していたけれど、これは炯眼(けいがん)だった。無垢(むく)なる者たちこそ「ほんと」と「つもり」の哲学の持ち主であるからだ。

ヴォネガットの評伝では、やっぱりチャールズ・シールズの『人生なんて、そんなものさ』(柏書房)がいい。とくに目からウロコが落ちるほどではなかったものの、ほかにこの手のものが少ないから参考になる。原題は“And so it goes”なので、『で、それでどうなの?』くらいでもよかった。

人生について知るべきことは、
すべてフョードル・ドストエフスキーの『カラマーゾフの兄弟』に書いてある。
だけどもう、それだけじゃ足りないんだ。

『スローターハウス5』

日本のヴォネガット熱は、十分なほど過熱してきた。伊藤典夫・浅倉久志という翻訳名人がいたことが大きい。半世紀以上も前のことになるが、「SFマガジン」の福島正実に『プレイヤー・ピアノ』と出会ったときの衝撃を話してもらったことがあるのだが、ぼくがうっかり「ブラッドベリとくらべると、どうですか」と言ったら、「はい、真剣度がちがいますね」だった。

それでピンときたのだが、日本人はヴォネガットから俳諧性を読みとってきたのではないかと思う。ヴォネガットは「うがち」や「やつし」にこそ真剣なのだ。二〇〇七年に「SFマガジン」がヴォネガット追悼特集号を組んだとき、池澤夏樹・沼野充義（みつよし）・若島正・川上未映子・香山リカ・太田光らがオマージュを捧（ささ）げていたが、それらをパラパラ読んでいたときも、たしか「これは俳諧だな」と感じたものだ。

巽孝之が日本のヴォネガット・フェチをゆさぶった功績も特筆すべきだろう。アメリカ文学のことを現在日本で語るには、巽くんを抜いたら腑（ふ）抜（ぬ）けなのである。その巽と伊藤優子が組んでまとめた『現代作家ガイド――カート・ヴォネガット』（彩流社）は、いまのところとてもセンスのいい一番のガイドブックになっている。YOUCHANこと伊藤優子のヴィジュアルなあしらいが愉快だった。

去年（二〇一九）は『カート・ヴォネガット全短篇』（早川書房）が完結した年だった。九八の短篇が八つのテーマに分けてずらり勢揃いした。監修に大森望（のぞみ）が立ち、カバーデザインを川名潤が手掛けた。不ベンキョーなぼくにはたいへんありがたかった。
なんだか、COVID-19とヴォネガットにかこつけて腹いせを綴ってしまったような忸怩（じくじ）たるところがあるけれど、まあ、今夜はこれでいいだろう。では、ぼくが最も気にいっているヴォネガットの次の言葉をあげておく。こういうものだ。「われわれが表むき装っているものこそ、われわれの実体にほかならない。だから、われわれはなにのふりをするか、あらかじめ慎重に考えてなくてはならない」。

第一七四二夜　二〇二〇年五月二三日

参照千夜

一五〇三夜：ジェームズ・バリー『ピーター・パンとウェンディ』　三〇〇夜：メルヴィル『白鯨』　一七二五夜：ノーマン・メイラー『ぼく自身のための広告』　三八夜：カポーティ『遠い声　遠い部屋』　五三八夜：ブライアン・W・オールディス『地球の長い午後』　六一一夜：マーク・トウェイン『ハックルベリイ・フィンの冒険』　一一〇夜：ブラッドベリ『華氏451度』　一四六五夜：池澤夏樹『春を恨んだりはしない』　五二三夜　川上弘美『センセイの鞄』

俗物に背を向けたヒップスターは、
髭をのばしながらビート・ブディストになる。

アレン・ギンズバーグ
ギンズバーグ詩集

諏訪優訳編　思潮社　一九七八
Allen Ginsberg: Selected Major Works

ノーマン・メイラーがそう言ったから「スクウェア」という連中が揶揄されるようになったのか、それ以前からそういう言い方があったのかは、知らない。否応なしに順応を迫られて生きている連中のことだ。

この「俗物的なスクウェア」に切りこんで、そっぽを向いたというか、反抗的に逆の生きかたをしてみせたのが、髭をはやし、デニムを穿いて、長髪でマリファナを吸いまくる「ビートニク」あるいは「ヒップスター」とよばれた連中だ。大半のアメリカ人はその猥雑で汚らしい姿に眉をひそめ目をそむけたが、この動きはあっというまに燎原の火のごとく広がって、ヒップスターはやがて「ヒッピー」になった。

そういう動向がいつおこったのか年月日を刻印したいなら、一九五五年の九月か十月である。九月に黒っぽい背広を着たアレン・ギンズバーグがバークレーのゲーリー・スナイダーのところを訪れた。サンフランシスコの画廊で詩人の朗読会をやろうと思うのだが、参加してみないかという誘いだった。二週間後、ギンズバーグがバークレーに引っ越すころ、そこへフィリップ・ウェーレンとジャック・ケルアックとマイケル・マクルーアがやってきた。

そのころのギンズバーグは背広姿だったことでも見当がつくように、バークレーの大学院で一旗あげようとしたくらいだから、まだ「スクウェア」を抜けてはいなかったのだが、三週間ほど大学院に通ったすえ、これらを破棄する決心をした。それが号砲だった。一九五五年の十月、背広を脱いだこの男は衝撃的な『吠える』(Howl)を発表し、アメリカの若者が大転換をおこした。ギンズバーグはそれから二度と背広を着なくなり、汚らしい髭をのばしつづけた。

三五〇行の長詩『吠える』(本書所収)はブルックリンの発狂詩人カール・ソロモンに贈られている。それまでのアメリカの詩がまったくもっていなかったスタイルと言葉と感情を叩(たた)きつけていた。ぼくには好きな詩だとはいえないが、幻覚っぽくて前兆めいていて、ジャジーであって露悪的であり、反ヘブライ的なのに瞑想(めいそう)的で、夜の機械のようでも朝のインディアンでもあるような、もっと言うなら、花崗岩のペニスをもった怪物が敵陣突破をはかって精神の戦場に立ち向かったばかりのような、つまりはビートニクな言葉の乱暴きわまりない吐露だった。

　ギンズバーグが『吠える』をカール・ソロモンに贈ったのは、さかのぼって一九四九年にコロンビア精神医療院に入院したとき、その病院にソロモンがいたからだ。なぜそんな病院にいたかというと、不良分子と見なされ拘置所に入れられたことがきっかけだったが、ギンズバーグを一九二六年に生んだ母親もそのとき精神科病院に入っていた。

　ギンズバーグはコロンビア大学法学部に入ったには入ったが、二年で放校をくらっていた。学生生活とは名ばかりで、ケルアックとアパートで暮らし、そこにウィリアム・バロウズが加わってゲイ・プレイに耽っていた。そのころの話はケルアックの『路上』（河出文庫）に出てくる。

　ケルアックとともにバロウズの家を訪ね、その本棚にあったウィリアム・ブレイクに衝撃を受けたらしい。やがてバロウズのもとであやしいセラピーを施され、覚醒剤で遊んでいるうちに、ブレイクの声が幻聴するというおかしなことになってきた。

　刊行すぐに発禁になったことでも『吠える』は時代を突き抜けた。発禁はゲイをとりあげたという猥褻罪の科である。いまでは信じられないような理由だが、その汚名によって『吠える』がビート・ジェネレーションとゲイ・リベレーションのバイブルになった。「聖なるオートバイ乗りたちにオカマをされるのをゆるし　よろこびの声をあげた／ある者らはなめあっていた　それらの人間的な天使　水夫」といった調子だ。

『吠える』をいつ読んだかは憶えていない。早稲田の反戦集会で『吠える』を朗読するのを聞き、さらにそのころICUに短期滞在していた国際反戦運動の闘士だったデイヴィッド・ベイカーが得意げに読んでくれたので、最初は耳で読んだ。ちなみにベイカー君こそは、ぼくが最初に仲良くなったアメリカ人だった。

耳から入るビートニク・ポエムはそれなりに新鮮だった。のちに原作や翻訳詩集を読んだときの印象とはかなりちがっていた。さらにのちにボクサーで歌人であった福島泰樹が短歌絶叫コンサートというものをやるのだが、そのときも耳からのみ入る短歌の脈動が新しかった。

ギンズバーグといえば『吠える』であるけれど、もうひとつ気になるのが『カディッシ』(本書所収)だ。

もともとギンズバーグは母親に異常な感覚をもって接していた。母のナオミはロシアからの移民で、しばしば発作をおこす精神疾患をもっていた。ギンズバーグはそのナオミを心から庇護したかった。それがかなわぬまま、『吠える』が出版された年にナオミは死んだ。ニューヨークでピーター・オルロフスキーとフィリップ・ウェーレンと破壊的な人生の行方を語り合っているところに「母、死亡」の知らせが届いたのである。ものすごい衝撃だったようだ。

こうして長編詩『カディッシ』が生まれるのだが、そこには母親とのきわどい交情がうたわれている。そう書くとただならない雰囲気になるけれど、その言葉が選ばれているとか、推敲されているとは思えない。吐血されている。

冒頭は、母の死を知ったギンズバーグがレイ・チャールズをかけながら、一心不乱にカディッシを読む場面だ。それがしだいにナオミの魂と交わっていく。放埒で、過激。何事にも囚われていない。諏訪優の苦心の翻訳ですら、その吐血言語の砲列は逸れぎみで、とはいえ英語で読んでも、こちらが逸れていく。

そういう詩だ。本人は徹して直截に綴っているのだろうが、それを読む者はそこから弾かれる。だからギンズバーグの詩は、夜更けに一人で読みたくなる詩というよりも、そこに叩きつけられたスタイルを自分なりにリズムだけでも取りこんで、勝手なものに変えていきたくなるような、そのような薬物なのである。

それからどうなったか。一九六一年に『カディッシ』を発表したまま、ぷつり消息を絶った。アメリカからいなくなったのだ。いまではすっかりわかっているが、インドに旅立っていた。ベナレスに住みこみガンジスに沐浴し、ヒンドゥー教徒か仏教徒まがいの三年を送っている。

ニューヨークに帰ってきたギンズバーグは“Saint”とよばれる。本人にも予想外のことだったろう。折しもヒッピーはカリフォルニアだけではなくイーストコーストにも出没しはじめていた。一方、本場のウェストコーストでは老子や荘子や鈴木大拙が流行し、グレゴリー・ベイトソンやバックミンスター・フラーが知の神様になっていた。そこへビートルズがベナレスに入ったというニュースが届く。これで万事の火ぶたが切られた。猫も杓子もガンジスに赴く。まあ、中世のサンチャゴ・デ・コンポステーラか、蟻の熊野詣である。ベナレスは一九六〇年代の補陀落観音浄土になった。

ギンズバーグも開きなおったようだ。自分で「宇宙時代のアナキスト」と言い出し、若者たちに「フラワー・チルドレンよ」と呼びかけた。

このような超俗的後半生のスタートを、ギンズバーグの詩によって跡付けるのは不可能である。なぜならこの男の詩言語はありとあらゆる場面に飛び散って、ロックの歌詞となり、サイケデリック・ポスターとなり、ティーチ・インとなり、オカルト集団となり、ロバート・パーシグの『禅とオートバイ修理技術』（めるくまーる社↓ハヤカワ文庫）となって、動きまくってしまったからだ。

それに一九七二年にはチベット僧チョギャム・トゥルンパを導師として菩薩に願をか

けて正式な仏教徒となり、その二年後にはナローパ・インスティテュートの一部門としてジャック・ケルアック非具現詩学校を設立して、かつてのゲイ詩人の栄冠すらかなぐり捨てた。ギンズバーグはビート・ブディストになったのである。だからといって仏教に帰依できたかどうかは、わからない。

第三四〇夜　二〇〇一年七月二三日

参照千夜

一七二五夜：ノーマン・メイラー『ぼく自身のための広告』八二二夜：バロウズ『裸のランチ』七四二夜：ウィリアム・ブレイク『無心の歌、有心の歌』一二七八夜：『老子』七二六夜：『荘子』八八七夜：鈴木大拙『禅と日本文化』四四六夜：グレゴリー・ベイトソン『精神の生態学』三五四夜：バックミンスター・フラー『宇宙船地球号操縦マニュアル』四六九夜：ロバート・パーシグ『禅とオートバイ修理技術』

読んでいるうちに、「ぼく」が四つの場所の、
四人の女に化身されていくという不思議な複合文学。

ロレンス・ダレル

アレキサンドリア四重奏

高松雄一訳　河出書房新社　全四巻　一九七六・二〇〇七

Lawrence Durrell: The Alexandria Quartet 1957–1960

物語の最終行がすべてを告げていることは少なくない。ロレンス・ダレルのばあいは「全宇宙が、親しげに、僕をこづいたような気がした」である。いまでもこの最終行をよく憶えている。文学作品の最終行としてピカイチだ。四冊シリーズの四冊目を手にして、この最後の一行を読んだとき、そう思った。

かの『黒い手帖』（二見書房・中公文庫）を綴り、ヘンリー・ミラーとのあいだで『ミラー、ダレル往復書簡集』（筑摩書房）をのこしたダレルが、満を持して一九五七年から四年間にわたってまるで大型仕掛け花火のように次々に連発した四つの長篇連作物語の、最後の最後の最終行が、これなのだ。何かが妖しく隠れていると思ったのも当然だ。

ダレルを読むにあたって、ぼくは妖しいことだけに好奇心の耳目をそばだてた。感受性に鋭くとびこむ作品や哲学や芸術の断片を目にしさえすれば、あとは前後の事情などに怯むことなく、その断片を口に咥えて黒豹のごとく飛びかかる。そういう獰猛な〝知体〟をもった読み方をした。相手はロレンス・ダレルなのだ。そのくらいじゃなくては、文学が「場所」に向かったときの内出血が止められない。まるでダレルその人にのしかかるように読んだものだった。

舞台はレモン油に濾された光で描かれたテンペラ画のようなアレキサンドリアだ。二千年にわたってヨーロッパを無視する異色の時空を営み、あらゆる愛を搾りとるという都市アレキサンドリア。五つの種族、五つの言語、十にあまる宗教が乱れ交わるアレキサンドリア。しかもここには五つを超える性がある。

そこに大きな蜘蛛の巣のように、男と男、男と女、女と男、女と女の情実の社交界が張りめぐらされている。そういう明るすぎる陰謀が渦巻くなかに、ぼく（ダーリー）は沈着な実業家ネッシムの妻ジュスティーヌに籠絡されそうになる。ネッシムは黄色の翡翠を蒐集し、ジュスティーヌは夜の蝙蝠か朝の鷲のように自由で、三つの日記をつけているような女だった。ぼくはその前に、ギリシアの娘でキャバレーの踊り子のメリッサに惚れていた。アニリン酸のような恋だった。

ただでさえ錯綜するぼくの恋情の前に、さらにヘルメス文書やカバラを操る男色のバルタザールと社交界を猟色するカポディストリアがあらわれる。どうもいくつかの結社が動いているらしい。ぼく＝ダーリーはまたたくまに、まばゆいアレキサンドリアの謎そのものと化していく。そこに近代中近東の歴史がすこしずつ染み出してくる。

そんなとき、メリッサがネッシムの子を産んだ。これでもっとおかしくなった。そこへジュスティーヌが失踪したという知らせが入ってきた。呆然となるばかりだ。画家のクレアがぼくを慰めてくれたが、癒されない。アレキサンドリアを離れて上エジプトの学校に勤めることにした。

やがてメリッサが死に、ぼくはメリッサの遺児を連れてエーゲ海の小島に渡った。あまりに寂しいので『ジュスティーヌ』という手記を書いた。

物語は四つの作品に分かれている。『ジュスティーヌ』『バルタザール』『マウントオリーヴ』『クレア』というふうに。これらの登場人物の名を冠した四重奏の物語は、アレキサンドリア中央駅に始発と終電があるようにそれなりに完結しているようでいて、実はほとんどの出来事の説明を欠いたままに連続する四部作に構成されている。

物語はバロック的で複相的ではあるのだが、それなりに一つの流れの裡にある。それが一連の異様な流れの物語であったことが見えてくるには、『ジュスティーヌ』から『クレア』におよぶ四作に連なる記述のすべてを読む必要がある。そのなかで、何が事実であったかの判断は読者にまかされる。たとえばパースウォーデンの自殺の謎は、ひとつずつの作品のなかでまったくべつべつに推理されている。

構成上は『ジュスティーヌ』『バルタザール』『マウントオリーヴ』の三作が勝手な視点によって、物語を照らしているというふうになる。わかりやすくいえば芥川龍之介の〝藪の中〟状態なのだ。そのなかで『マウントオリーヴ』では事態の過去にさかのぼる物語がゆっくり浮上する。マウントオリーヴはイギリスのエジプト駐在大使のことだ。アラビア語が操れる。それが何かの暗示かと気になっているうちに、四作目の『クレア』で初めて、それまでの事態のその後の展開が語られる。

ロレンス・ダレルは作品構成をアインシュタインの相対性理論に準えた。『ジュスティーヌ』『バルタザール』『マウントオリーヴ』が空間の三軸にあたり、『クレア』が時間軸にあたっているという時空連続体の構想だ。ダレルはそうは言うのだが、この作品の魅力はそういう外連な時空構造の設定にあるというよりも、やはりこんなチャーミングな恋路の交叉を書いたということが魅惑の構造そのものなのだ。

それをちょっとだけ分解していうと、第一にはその背徳的感性が全篇に漲っていて、どの一行でもけっしてペダントリーが弛まない。第二に、すべての事態がスキャンダルの直前にあって、そのくせすべての登場人物が高邁な愛の連立差分方程式を解こうとして、街角のカフェ・アル・アクタルで酔いつぶれているときでさえ、愛の破片がそこから散り出さない。第三に、つねにノートや日記や書物が出入りして、物語のすべてがまるで古代アレキサンドリアの図書館の文書呪縛にあっている。ようするに物語のどこもかしこもが、きっとどこかに文書があるらしい「公然の秘密」なのである。こんなセクシーなことはない。

第四に、ダレルがヨーロッパの知性が届きそうで届かない中近東の知を、随所に絡ませているのがいい。仮にヨーロッパの知性たちが懸命に読み解こうとしても（実際にもずいぶん多くの解読が試みられてきたけれど）、かれらはまず『ジュスティーヌ』から『バルタザール』に移るとき振り払われ、『バルタザール』から『マウントオリーヴ』に飛ぶときに物語の空隙に墜落し、それでもなお捜査をつづける者も、『マウントオリーヴ』から『クレア』への転換でほぼ自滅する。

第五に、アレキサンドリアという都市そのものが内出血している。どんな場面にも観念用語による操作はなく、すべての記述が登場人物たちの官能と言葉と姿態の度合いであらわされている。素顔は剝き出しにはならない。だとすると、これは膨大な文字で描かれたコプト美術のタペストリーか、さもなくば古代このかた砂塵に埋もれてきた巨大建築に貼りつけられていた象眼細工なのである。

第六に、これらの物語構造とはべつに、四部作にはひとつずつ見せ場が用意されている。鴨漁大会、チェルヴォーニ家の仮面舞踏会、ナルーズの死、海底でのクレアの事故であるが、これらはいわばアレキサンドリア歌舞伎あるいはアラビアン・バロックオペラなのだ。このことがわからないと、『アレキサンドリア・カルテット』は絶対にわからない（ちなみにぼくは「四重奏」ではなく、原題のままの「カルテット」のほうを採っている）。

第七に、この作品はなんといっても文学という歴史への挑戦と嘲笑なのである。ダレルは微分的でも積分的でもない。差分的であって、かつ離散関数的な物語を書きたかったのだ。つまりは「情報の本質」だけで物語を書きたかったのだ。

以下は私事である。

ダレルの四冊にわたる途方もない恋の物語をやっと読み終わったころ、ぼくは渋谷の屋内競技場近くの桑沢デザイン研究所の写真科の講師になって、学生たちに囲まれるようになっていた。そのうち田辺澄江・戸田ツトム・木村久美子・横山登らが工作舎に入ってきて、「遊」の最初の黄金期ともいうべきをつくってくれたのだが、何かの折にかれらを前に、「君たちはロレンス・ダレルも知らないなんて、ずいぶんつまらん人生を送ろうとしているんだね」というようなことを口走ったらしい。

それからほどなくして、木村久美子が『アレキサンドリア・カルテット』の感想を興奮気味に話しにやってきた。「あれ、すごくおもしろいですね」。ちょっと驚いた。てっきりウーマンリブにしか関心のないデザイナーの卵だとばかり思っていたからだ。長い髪で痩っぽちの木村はのちの後藤久美子にちょっと似ていて、溌剌としたとても綺麗な子であった。ただめったに笑おうとしない。長い髪にバンダナを巻いてジーパンとシャツばかり、猛烈な速さで版下を制作している姿は、まだ「アンアン」が創刊されたばかりの時代の先頭を疾駆しているようで、そのころぼくが付き合っていた多くの写真家たちが（たとえば沢渡朔や大倉舜二が）、「おい、あの子を撮らせてくれないか」と何度も言ってきたものだった。

この申し出を木村はことごとく断ったらしい。彼女はそのころ中ピ連の集会に顔を出すような、とびきりの男嫌いだったのである（いまもってマッチョな男と助平な男を撥ねつけている）。まあ、いまさらそんなことはどうでもいいのだが、そういう木村がさっそくロレンス・ダレルにぞっこんとなったのがぼくにはけっこう嬉しかったのだ。

もともとぼくには、自分が読んだ本の中身を周辺に話しながら、そのコンテンツやメソッドを次々に手放していくという癖がある。もとより話すことは放すことだ。それゆえ、そのときどんな連中がぼくの本の話をどのように聞いてくれたのかということが、ぼくの読書人生の重要なインディケーターやインターフェースになっていく。

ぼくには、スタッフに自分が関心をもった本の話をする癖がある。むろんそのたびにそういう本を奨めもした。あとは誰が応じてくれたかだ。ガウスやバートランド・ラッセルは十川治江が、フレドリック・ブラウンは戸沼恭が、ウェルトハイマーは戸田ツトムが、鉱物やマルクスやトロツキーは米沢敬が、アントナン・アルトーやフランツ・ファノンは木幡和枝が、のこりの神話・歴史・民俗学・生物学・文化地理についてはすべて高橋秀元が引き受けてくれた。そうしたなか、木村久美子がロレンス・ダレルを受けとめたのだ。木村はその後も稲垣足穂を、アルセーヌ・ルパンを、マンディアルグを更紗のように身に纏っていった。

そういうふうにしてきて、さてどうなるかというと、ぼくはそのあとの自分の読知感覚をフリードリッヒ十川ガウスとして、戸田ゲシュタルト・ツトムハイマーとして、木幡マルコム和枝Xとして、木村ロレンス久美子として、ぼくの内に育むのである。いわば共振関係に入るのだ。

最近ではそれが澁谷恭子や太田香保や大川雅生をステーションに、未詳倶楽部やイシス編集学校や上方伝法塾や「千夜千冊」の読者の応答に広がっている。

読書というもの、「入口」においてはいつだって孤独な探索になる。誰もが一人ずつの一代の過客として名のりをあげていくしかない。しかしながらその「出口」から先はシナジェティックな共感が百代百人の過客として放射状に広がっていく。それも、ニュートリノのようにその本を読んだリーディング・ビームとともに重層的に、波状的に広がっていく。読書のコツのひとつは、この「出口」に自分を分散させつつ広がりながら向かうということにある。ついでにできれば、そのとき隣りにいた誰かと友になることだ。これは共犯ならぬ共読関係を生む。

このような読者が体験すべき読書のスタイルを、あらかじめ存分に計算に入れた文学作品や哲学著作というものもある。ピンチョン、ベケット、エーコ、カルヴィーノは、みんなそういう読者スタイルの出現が計算できていた。ロレンス・ダレルもあきらかにそのような読者が複合的に創発することを狙っていた。ぼくや木村久美子はよろこんでその創発的犠牲者となることを引き受けたのだ。

読書の創発的犠牲とは、一人の官能を他人に譲渡するということである。だからそこには書物を通した「恋愛」が芽生えよう。あるいは、一者の思考や行動を他者と相互に貸与しあうことが芽生えよう。そこでは、いつしか「一揆（いっき）」をおこしたいという動機が芽生えよう。そしてロレンス・ダレルこそは、そのような「恋愛一揆」を読者に連続的におこしてほしかった地中海の片隅の夢想家だったのである。

男たちよ、諸兄はことごとく語り手ダーリーか、計画者バルタザールなのである。女たちよ、諸姉はことごとく誰かのもとから離れようとしているジュスティーヌか、踊りつづけるメリッサか、そうでないなら絵描きのクレアなのである。

第七四五夜　二〇〇三年四月二日

参照千夜

六四九夜：ヘンリー・ミラー『北回帰線』　九三一夜：芥川龍之介『侏儒の言葉』　五七〇夜：アインシュタイン『わが相対性理論』　四一八夜：フレドリック・ブラウン『宇宙をぼくの手の上に』　七八九夜：マルクス『経済学・哲学草稿』　一三〇夜：トロツキー『裏切られた革命』　七九三夜：フランツ・ファノン『黒い皮膚・白い仮面』　八七九夜：稲垣足穂『一千一秒物語』　五一九夜：『マルコムX自伝』　四五六夜：トマス・ピンチョン『V.』　一〇六七夜：ベケット『ゴドーを待ちながら』　二四一夜：ウンベルト・エーコ『薔薇の名前』　九二三夜：カルヴィーノ『冬の夜ひとりの旅人が』

「消しゴム」から「覗くひと」が「嫉妬」する？
ヌーヴォーロマンとアンチロマンの奇才は、何を狙ったのか。

アラン・ロブグリエ

嫉妬

白井浩司訳　新潮社　一九五九
Alain Robbe-Grillet: La Jalousie 1957

ミュージシャンの菊地成孔（なるよし）が過日の「アラン・ロブグリエ／レトロスペクティブ」という催しのとき、日本人はあらかたフランス文化を旨（うま）く賞味してきたけれど、その日本人にも「喰（く）えねえフランス」っていうもんがあるんだよねと言っていた。兆民・荷風から白樺派・小林秀雄まで、石井好子（よしこ）から金子由香利まで、二人の白井から蓮實・鹿島まで、たしかに日本はフランスパンを上手にちぎって食べてきた。けれども、なんじゃこりゃと思ってきたところもあったはずなのである。ゴダールやサロートやソレルスになんじゃこりゃを感じた連中もいたし、カワイイ派女生徒たちの「リセ」至上主義や「オリーブ」商品主義のパレードに呆（あき）れた者たちも少なくない。こちらのなんじゃこりゃは酒井順子が「ユーミンの罪／オリーブの罠」と名付けたやつだ。

ぼくは必ずしも「フランス食わず嫌い」ではない。ほとんど授業には出なかったけれど、一応は早稲田のフランス文学科に入ったのだし、最初の海外旅行はパリのカイヨワとマンディアルグとフーコーの家に行くことだった。

バター味の濃いフランス料理がひどく苦手なのと、パリにいるとたいてい苛々してくることと、あのさえずり型のフランス人のお喋りにうんざりすることとを除けば、バルザックも、コレットやゴルチェのモード感覚も、ネルヴァルの神秘主義もリラダンの人工感覚もミショーのメスカリン感覚も、かなり気にいっている。セザンヌには驚けなかったが、パウル・クレーからはそうとうの影響を受けたし、デリダには感じなかったが、ガタリには感じた。ドビュッシーやアルトーとなると、他の追随を許さない。

そういうことはともかくも、フランス人の「新しもの」好きは、それはそれで悪くない。ボージョレ・ヌーヴォー騒ぎは嫌いだが、ヌーヴォーロマン（Nouveau roman）やアンチロマン（Antiroman）なら、方法文学の試みとしてそれなりに襟をただしてきたつもりだ。アラン・ロブグリエの文型と映像をまたぐ作品群も、そこそこ注視してきた。今夜はそのロブグリエを摘まみたい。

ロブグリエの最初の作品『消しゴム』（河出書房新社・光文社古典新訳文庫）はセンセーショナ

ルな話題をまいた。一九五三年のミニュイ社の深夜叢書だ。たしか、まっさきに絶賛したのはロラン・バルトで、「これは対物的文学だ」と言った。オブジェクティブだというのだ。

　ワラスという秘密警察の男が黒幕政治家のデュポンを殺すという一応の筋立てになってはいるのだが、ワラスは自分がデュポンの息子だということを知らないままに、話が進む。オイディプスの筋立てをまるまる踏襲しているのに、そのことは読む者に伝わらない。筋立ては仮の措定にすぎない。そのかわりロブグリエは話のいっさいを「物」に属した視点で綴る。用意周到の確信犯だった。

　何がなんだかわからないというギョーカイ反応は多かった。カフカやカミュの「不条理」とはだいぶん違っている。何かを社会的に主張しているわけではなく、方法に投企している。何じゃこりゃ？　そこでサルトルが「これはヌーヴォーロマン（新しい小説）というものだ」と言った。ロブグリエも一九六三年になって『新しい小説のために』（新潮社）を書いた。世界中で翻訳された。

　一九五五年の二作目の『覗くひと』（冬樹社・講談社文芸文庫）では、そのヌーヴォーロマン風の「物」に属した視線的な文章が、観察者（登場人物）の感情をあえて押し殺しているように書かれているのがさらに如実になってくる。そのぶん、いささか苛々させた。オブジェクティブな言葉づかいで苛々させなかったのは、当時の例でいえばフランシス・ポンジュの詩集『物の味方』（Le parti pris des choses）のほうだ。ポンジュの詩は入沢康夫さんに勧められて、読んだ。

三作目が一九五七年刊行の『嫉妬』だ。さらにセンセーショナルに迎えられた。夫のあるAという女と、妻（クリスチアーヌという）のある男（フランクという）がバナナ園のある熱帯地方のどこかで恋しあっているのだが、どうやらその一部始終を見ている人物がいるらしい。作品の中でそれが誰かは示されないし、その男のことは一行も出てこない。けれども、それがおそらくはAの夫であろうことが、読みすすめていくうちに、なんとなく見当がつく。嫉妬しているのはこの男なのだ。けれども登場してこない。ロブグリエはその気配すら消した。ただオブジェクティブな出入りばかりが綴られる。

原タイトルの〝jalousie〟というフランス語は「嫉妬」という意味のほかに「ブラインド・カーテン」の意味ももつ。英語訳の「ジェラシー」や日本語訳の「嫉妬」ではこの二重性がまったく伝わらない。けれども「ジャルジー」こそはまさにこの物語の土台を措定している構造なのである。

ロブグリエはジャルジーを暗示させつつ、いわば客観を装う主観を小説全体の擬似構造にしてみせたのだった。そのためバナナ園の細部や日用品や建物の一部を、文芸的ブラインドを通して執拗に描写した。こんな小説は、かつてなかった。そうしたら、ヌーヴォーロマンな映画が登場してきたのである。

一九六四年、早稲田でジグザグデモにあけくれながら、何月のことかは忘れたが、ぼくはアラン・レネの《去年マリエンバートで》を観た。授業には出ず、本を読むかデモに出るかアジビラを切るかの日々で、それ以外は気になるライブに行くか、そうでなければ映画か芝居か舞踏ばかり観ていたので、そんな中でたまたま観たのだろう。

《去年マリエンバートで》は「ヌーヴェル・ヴァーグ」(Nouvelle Vague) という触れ込みのモノクローム映画だった。一九六一年のヴェネチア映画祭で金獅子賞をとった。たいへん静かに不可解な男女の会話がポツリ、ポツリと進むだけのもので、たいそうスタイリッシュだった。ふーん、そう来たかと思った。

男Xが女Aと再会した。Xは「去年、マリエンバートで会ったね」と語りかけるのだが、Aは憶えていないと言う。Aの衣裳はココ・シャネルの、Xと他の女たちの衣裳はベルナール・エヴァンのデザインである。

AはXの話を聞くうちに、ひょっとしたらこの人とマリエンバートで会ったのかもしれないという気になっていくのだが、それ以上のことはわからない。Aの夫のMも出てくるが、このMはマリエンバートで何がおこったのかを知っているらしい。けれども映画ではどんな謎もあかされない。男と女が幾何学的な公園とその周辺を彫像のように行き来して、すべては「らしい」だけで、しばしばXとMが「ニム」というゲームを繰り返すばかり。ニムではすべてXが負けている。

のちにこの脚本をロブグリエが書いたのだと知った。うんうん、それはありうるなと得心した。ロブグリエは黒澤の《羅生門》にヒントを得て、脚本をつくったようだ。ということは芥川の『藪の中』が下敷きになっているということで、どんな証言も事実にとどかないことを暗示したかったらしい。

記憶の不確実性を相手にしているといえば、まさにそうでもあるのだが、それを映像という一見あからさまな手法によって「見えているのに見えない」ほうに、「くいちがい」のほうにもっていったところが、なかなか憎かった。ヌーヴェル・ヴァーグとはヌーヴォーロマンの映像化のことだったのだ。いや、そもそもヌーヴォーロマンは映像文学だったのだ。

このあとロブグリエは自分で監督をするようになって、後期ヌーヴェル・ヴァーグの旗手のひとりになった。

この芸術制作運動は、映画批評誌「カイエ・デュ・シネマ」の主宰者アンドレ・バザンが肝入りしたジャン＝リュック・ゴダール、フランソワ・トリュフォー、クロード・シャブロル、エリック・ロメール、アレクサンドル・アストリュックらのセーヌ右岸派と、モンパルナス付近に集っていたアラン・レネ、アニエス・ヴァルダ、クリス・マルケルらの左岸派が、映画会社の組織と観客にとらわれることなく自在な手法で撮り出した一連の流れのことをいうのだが、とくに一九五九年に制作と公開が集中したシャブロルの《いとこ同志》、トリュフォーの《大人は判ってくれない》、ロメールの《獅子座》、そしてゴダールの《勝手にしやがれ》で起爆した。

原案がトリュフォーで、ゴダールが脚本と監督に当たり、ラウール・クタールが撮影を指揮し、シャブロルが監修した《勝手にしやがれ》は、さすがに斬新だった。主演はジャン＝ポール・ベルモンドとジーン・セバーグである。

隠し撮り、ぶっきらぼうなクローズアップ、時の経過を度外視して同一アングルをつないでみせたジャンプカット、ぐらぐら動く手持ちカメラの揺動性、高感度フィルムの挿入、全編に及ぶ即興性など、なるほどヌーヴェル・ヴァーグとはこのことかと、学生時代のぼくは痺れまくった。

ロブグリエは左岸派だったから、こういうゴダール＝トリュフォー風の芸当はできてはいない。もともとの文学作品が映像記憶的で、著しく「視線の文学」的でもあったので、そういう映像を自分でも撮りたくなったのだろう。言葉であらわせないヴィスタ（光景）を主語不在の映像ならなんとか見せられるとも思ったはずだ。

別の見方をすれば、映像はエビデンスをはっきりさせるものだとみなされていることを、あえて裏切ってみせたかったのであろうと思う。写真や映像は往々にして、事件の現場写真や監視カメラの映像証拠がそうであるように、人間の視覚的記憶よりも確定的なものだとみなされているのであるが、実はそれもあやしいものだと思わせたかったのだろう。

ただ、ぼくは長らくロブグリエ演出の映画を観そびれたままにいて、ずっとのちに最初の監督作品《不滅の女》を観た程度なのである。六三年の映画なのに、日本公開がずっと遅れたのだ。

残念ながら、必ずしも出来のいい映画ではなかった。人物を「これみよがし」のマネキンにしすぎたようだ。だから痺れはしなかった。二〇一八年十一月にイメージフォーラムで上映されたのを観たのだが、これが「アラン・ロブグリエ／レトロスペクティブ」と銘打っていた催しで、冒頭に紹介した菊地成孔の「喰えねえフランス」という発言は、この催しのときのものだった。

というわけで、やっぱりロブグリエは文学作品のほうが上等なのだ。文学のほうが映像なのだ。だからここではこの作家のホームグラウンドに戻って、脂がのりきったころの『快楽の館』（若林真訳・河出文庫）と最晩年の『反復』（平岡篤頼訳・白水社）についての感想を書いておく。

一九六五年発表の『快楽の館』は、まだイギリス領だった香港が舞台だ。アジア各国の娼婦たちが出入りする「青い館」(ヴィラ・ブルー)でのパーティ、骨董の仲買い、麻薬の取引、人身売買、ＳＭショーなどがひっきりなしに描かれる。それが実際にどこまでおこなわれていたのか、夢なのか幻想なのかは区別がつきにくい。大金持ちの老人の不可解な死もおこるのだが、殺人だったかどうかもわからず、何も解決はない。お得意の手法で、登場人物も微妙にずれていく。

視線の作家としての試みは、男たちが娼婦を視線で犯すというふうになるのだが、『快楽の館』ではさらに色彩の限定や反転や迷色に向かっていく。欧亜混血の侍女キムが着るチャイナドレスも白かったり黒だったりするし、連れている犬の色も変わる。大きくは記憶がモノクローム めくところを狙っていて、実は全体が部分ごとにネガフィルムっぽいのだ。それが妙にフェティッシュで、艶めかしくも色っぽい。

二〇〇一年に発表した『反復』のほうは、第二次世界大戦後のベルリンを舞台に、隣国から送りこまれたスパイの五日間を描いたもので、またまた殺人事件、少女売春、秘密組織と警察の癒着、ＳＭ的な拷問、ひどい裏切り、とんでもない偽装など、戦争直後の巷間でおこりそうなことが次々に取り込まれている。

通俗小説になりかねないこれらの題材を、ロブグリエはあいかわらず語り手が誰であるのかを紛らわせるようにして、綴った。だから物語の錯綜の度合いはハンパじゃなくなって、スラップスティック寸前にまで及ぶ。『反復』ではそれだけではすまず、本文に対する「注」を付けて、ここから本文への訂正や非難をおくるようにもした。解釈の可能性を多角的にしたといえば聞こえがいいが、「いじわる」の度が過ぎるほどに手がこんでいる。

ロブグリエは、このようなことを次々に施して、なんとか「小説の瀬戸」を渡り切りたかったのである。フランス流の「瀬戸の花嫁」を誑かしたかったのだ。ぼくはこの方法文学の挑戦を、大いに結構なことだったと思っている。

付け加えておきたいことがある。

最近の打ち続く新型コロナウイルス禍のなかで、各地各所でやたらにリモート・ミーティングが広まるようになった。リモートであることは手紙や電話の時代からのお決まりのコミュニケーションなのでとくにめずらしくはないのだが、インターネット対応のＺＯＯＭやスカイプなどのオンライン受発信ツールによって、なんとも中途半端な人物映像と対面するようになった。枠付きの正面顔ばかりとの対面だ。これがまことにお粗末なのである。

用事をすますだけならいい。けれどもこのままでは、会話や付き合いや「間合い」は生まれない。おそらく三日もたてば中味を忘れてしまうのではないか。「うつろい」「かさなり」「あいまい」「あやふや」「ごまかし」「記憶ちがい」「取り返しのなさ」がなくなっているからだ。これはゴダールやロブグリエにはとんでもないことだろう。トリスタン・ツァラやエミール・シオランにとってはさらにいただけない。まことしやかなリアルっぽさが邪魔なのだ。対面的視像が内蔵カメラに食われているままなのだ。

むしろこういう場合は擬似現実感覚があったほうが、リダンダントなコミュニケーションの含蓄がずっとおもしろくなるのに、パソコン上の杓子定規に屈してしまった。そのくせ口元の動きと声がずれたりもする。

とくにモンダイなのは、主体や主語が明示的になりすぎていることだ。画面の真ん中にそれぞれの本人がいて、それのどこがおもしろいものか。役所の窓口や監視カメラやプリクラではあるまいに。

そろそろ誰かがアンチロマンめいた「視線の裏切り」や「別の目」を招じ入れてみるといい。大学のリモート講義だってこのまま続くのでは、どんなリベラルアーツもどんどん干からびて、凝塊していくばかりだろう。テレワークを「快楽の館」にしてほしいとは言わないが、せめて「知楽の交信」にしてみたら?

第一七四五夜　二〇二〇年六月十七日

参照千夜

四〇五夜：中江兆民『一年有半・続一年有半』四五〇夜：永井荷風『断腸亭日乗』九九二夜：小林秀雄『本居宣長』一二一三夜：鹿島茂『ドーダの近代史』一五八三夜：酒井順子『ユーミンの罪／オリーブの罠』八九九夜：カイヨワ『斜線』五四五夜：フーコー『知の考古学』一五六八夜：バルザック『セラフィタ』一一五三夜：コレット『青い麦』一二二三夜：ネルヴァル『オーレリア』九五三夜：リラダン『未来のイヴ』九七七夜：ミショー『砕け散るものの中の平和』一〇三五夜：パウル・クレー『造形思考』一〇八二夜：ドゥルーズ＆ガタリ『アンチ・オイディプス』七一四夜：ロラン・バルト『テクストの快楽』六五七夜：ソポクレス『オイディプス王』六四夜：カフカ『城』五〇九夜：カミュ『異邦人』八六〇夜：サルトル『方法の問題』一〇九五夜：西村雄一郎『黒澤明と早坂文雄』九三一夜：芥川龍之介『侏儒の言葉』五二七夜：ピーター・グリーン『アンドレイ・タルコフスキー』八五一夜：トリスタン・ツァラ『ダダ宣言』二三夜：シオラン『崩壊概論』一四八〇夜：パトリス・ボロン『異端者シオラン』

「カット・アップ」と「フォールド・イン」という方法。
同性愛と麻薬から溢れ出るイメージの弾道。

ウィリアム・バロウズ

裸のランチ

鮎川信夫訳　河出書房新社　一九六五・一九九二　河出文庫　二〇〇三

William Burroughs: The Naked Lunch 1959

ウィリアム・バロウズが死んだとき、何人もから「バロウズが死んだの、知ってました？」と言われた。バロウズとはそういう語られ方をする存在タントラなのだろう。マントラではない。誰もが知っているようで、誰も知らないタントラだ。カリスマなのだろうしカルトでもあろうが、といってそんなこと知っちゃいないという超存在のタントラだ。いま思い出したけれど、埴谷雄高が死んだときも「埴谷さん、亡くなったの知ってました？」と何人もから言われた。

バロウズの数ある作品のうちで『裸のランチ』を選んだのは、なんといっても文学史を突き抜けた代表作だからであるけれど、だからといって、今夜、この二三のエピソードからできている作品を解説するつもりはない。気分が絶好調ならキャシー・アッカーやゲイリー・インディアナの語りをラップさせたくなる相手だが、それには東京は昨日から暑すぎる。

それにこの作品は筋も登場人物の脈絡もないし、イメージは複合ハレーションをおこすばかりで、いったいどのように読んだか（河出の「人間の文学」シリーズの中の一冊だった）、正直いってそのころのことがほとんど思い出せない。最初はトリスタン・ツァラが、ついでネルヴァル、バタイユ、ルーセルその他いろいろの唐突が去来し、ついでブリティッシュ・ロックやグラム系ロックのシーンが海市のごとくさかんに浮かんで、やたらに目眩いただけだった。

さっき久々にざっと流し読みしたが、当時同様、やっぱり勝手にイマジネーションを膨らませて読むしかなかった。といってカット・アップ（これについてはあとで説明する）ばかりの文章とも思えなかった。どう転んでも解説不可能だ。けれども、やっぱり何かがダントツだ。

ちなみに当時の「人間の文学」版も、この河出完全版も鮎川信夫の訳なのだが、完全版のほうは日本のバロウズ研究を独走している山形浩生が細かく手を入れている。このことは本書の「あとがき解説」にも、山形の『たかがバロウズ本。』（大村書店）にも書いてある。ついでにいうと、『たかがバロウズ本。』は、いまのところバロウズを知るにはもってこいのもので、かなりの圧巻だ。

祖父はバロウス加算機の創業者である。父親はガラス屋や製材屋をしていた。母はロックフェラー財団のプレスエージェントの娘だった。二人がセントルイスで一九一四年に生まれたウィリアムを育てた。ウィリアムはロスアラモスの寄宿学校に入って、そこで同性愛を知った。バロウズはその後もずっと女嫌いではあったが、ゲイの半分以上がそうであるように、多少はバイセクシャルだった。

バロウズの同性愛については、いろいろ噂が飛び交ってきたが、本人は「同性愛は、相手の人間になりたいということが大きな衝動になっている」というようなことを書いている。

一九三二年、ハーバード大学に入った。英文学だが、行儀のよい文学にはすぐに愛想をつかした。そこで一転、ウィーンに行って医学校に入った。ユダヤ系のイルゼ・クラッパーと知り合い、彼女の国外逃亡を幇助するため偽装結婚をした。変なことをするものだ。医学にもたいして関心をもてなかったらしく、その後はハーバードに戻って大学院で考古学を学んだ。考古学には一番惹かれた模様だが（これも予想のつくことだが、バロウズは稠密な学問に対しての学習意欲が高い）、それもむろん続かず、シカゴ、セントルイス、ニューヨークなどを遊行した。

ニューヨークでギンズバーグ、ケルアック、キャシディと出会ったのが運のつきで、本丸のビート・ジェネレーションの洗礼をうけた。洗礼はうけたが、すでに意識は飛んでいて歪んでいたし、誇り高き孤高も保った。一方、世間にも友人にも落とし前もつけたかった。たとえば、男友達へのあてつけに小指を自分で切り落としたりしている。日本のヤクザ以外にもそんなことをする男がいたのである。ただし自分への落とし前ではなく、相手に向けての落とし前だった。

バロウズが作家として順風満帆だったことは、一度もない。職業も一定しているはずはなく、陸軍のパイロット訓練生、コピーライター、バーテンダー、害虫駆除員、故買屋などを転々とした。私立探偵もどきや俳優にもなっているのは少々ハードボイルドっぽいけれど、決定的なのは故買屋をしているうちに、扱い品のモルヒネについつい手を出したことだった。麻薬中毒者バロウズの誕生である。そのことと関係があるのかどうか、ルイジアナに移って、そこでジョーン・アダムスを妊娠させて同居を始め、内縁の妻とした。

一九四九年になると、『ジャンキー』（思潮社・河出文庫）を執筆しつつ、バロウズの人生にたびたび出てくる〝ヤーヘ〟（イェージ）を思慕して南米に旅行する。ヤーヘは当時の究極のドラッグだ。男を連れていた。この同性愛旅行がどういうものであったかは、のちの『おかま』(ペヨトル工房)にあからさまな筆致で綴られている。

その後バロウズはいったんドラッグを断ったらしいのだが、そのぶんアルコールを浴びた。一九五一年、妻ジョーンを射殺してしまった。酔ってウィリアム・テルごっこをしているうちに誤撃したことになっている。むろん逮捕された。殺人容疑で逮捕される作家というのはかなりめずらしい。

さすがのバロウズも夫人殺害容疑はこたえたようだ。保釈中に南米に遁れ、ギンズバーグと交信した。これが有名な『麻薬書簡』(思潮社・河出文庫)である。バロウズはギンズバーグにも懸想したのだが、ギンズバーグは応じなかったようだ(この趣味は理解に苦しむ)。

このあとバロウズがタンジールに移住したことは、そこに『シェルタリング・スカイ』(新潮文庫)のポール・ボウルズがフェズの喧噪と異神とともに待っていたこともあって、文学史上においても特筆すべき「タンジール異種混合文化事件」ともいいたくなるような、エキゾチックで劇的にアナーキーな出来事なのだが、これについてはぼくの年来のタンジール趣味と絡めて、別の本をもって案内したい(↓一二〇二夜・一五五八夜)。

バロウズは異国趣味溢れるタンジールで一人の重要な男と出会った。ブライオン・ガイシンだ。ガイシンはバロウズに「カット・アップ」(cut up)や「フォールド・イン」(fold in)の手法を吹きこんだ人物で、画家であって、モロッコの山岳民族ジャジューカの音楽に傾倒していたホモセクシャルな変人だった。ジャジューカの演奏を聞かせる「千夜一夜」(!)というレストランも経営していた。

ガイシンの絵は和風イスラミックな書道っぽくて、おもしろい。いっときぼくは驚嘆して丸善から画集を取り寄せたことがある。ローリング・ストーンズのブライアン・ジョーンズ、刺青(いれずみ)でも評判になったジェネシス・P・オーリッジらも、ガイシンの絵にぞっこんだった。

ガイシンが「文学は絵画より少なくとも五十年は遅れている」と言って教えたカット・アップやフォールド・インは、バロウズを悦(よろこ)ばせた。一言でいえば超編集術である。カット・アップというのは、新聞や雑誌や書物から適当なセンテンスやフレーズやワードを切り取って、これを前後左右縦横呑吐(どんと)に並べていくカット&ペーストの手法をいう。ガイシンによると、この手法をつかうとわれわれの無意識情報やサブリミナル情報がその文体中にメッセージとしてエピファニー(顕現)してくるという。

フォールド・インも似たようなものだが、こちらはカット&ペーストもせずに、いきなり新聞・雑誌・書物・カタログの一ページをそのまま折ってしまう。つまりフォールド(折る)してしまう。「対角線を折る」わけなのだ。そうするとまったく関係のなかった単語や言い回しや文章がそこに奇妙に突き合わされ、新たな文体光景を出現させる。それをそのまま文学に採りこんでいく。

これらはモンタージュやフロッタージュやデカルコマニーからすれば、たしかに美術家ならずっと以前から気がついていた手法だった。ガイシンはそれをバロウズに示唆し、バロウズは（おそらくはその程度のことは気がついていたのだとは思うが）、より偏執的な熱情を注いでこの手法に没入していった。

こうしたカット・アップやフォールド・インが、とくに英語の文章には効果的であると指摘したのは山形浩生である。カット・アップの途中で主語をちょんぎられた文章は命令文に見えるため、そうやってできあがってきた文章は強いメッセージ性を発揮するというのだ。のちにデヴィッド・ボウイが作詞にとりいれた。

バロウズは必ずしもブンガクを唾棄したり、軽蔑したりしているわけではない。バロウズにはバロウズ独自の考え方があった。現実はあらかじめ録音された出来事や思考過程を再生しているように見える、というものだ。

この考え方自体はそれほど奇矯なものではないが、バロウズは、過去の記録を並べ換えたり組み替えたりしてみれば、そうやって構成された「表現された現実」はまったく新しい相貌をもって見えてくるのではないか、めくれていくのではないかというふうに、突っ込んでいった。バロウズの作品がいつも、誰も見たことがない超絶的現実を見せつけるのは、このためだ。

もっとも、こういう考え方を押し進めていくと、極端にアナーキーな作劇法とでもいうべきものがたいてい派生してきて、いつまでも仮想現実の再生や再再生や再再再生が可能になってくる。事実、カット・アップをウェブにとりこめば、いくらだって現実を作り替えられることになる。それは音楽においてサンプリングやリミックスを駆使することに似て、駆使しすぎればどこまでもリミックスは終わらなくなっていく。ここは一言いわせてもらうことにするが、だからこそ編集上の「香ばしい失望」もまた、必要なところなのだ。

ところで、しばらく前からウェブ上には「ドクター・バロウズ」というキラーソフトが出回っている。EV／細馬宏通(ほそまひろみち)が開発したもので、よくできたカットアップ・ソフトになっている。文体リミックスの編集術に関心があるのなら、ぜひとも試みられるとよい。

異国的郷愁に富むタンジールの話からついつい横滑りしてしまったが、『裸のランチ』がタンジールで完成されたことも言っておかなくてはいけない。ここにはすでにカット・アップが入りこんでいた。

それというのもこのあとバロウズは、ブライオン・ガイシンが店の経営に失敗してほとんど無一文になったので、二人でパリに行って共同生活を始めたのだが、『裸のランチ』がパリのオリンピアプレスから出版されたのは、タンジールを離れてやむなくパリに来たという事情とともにあったからである。

これを読んでそのぶっ飛んだ感覚に驚いたのがティモシー・リアリーだった。なんとかバロウズをアメリカで開花させたいと思うのだが、バロウズにはそういう興味がない。またもやパリやロンドンに戻って（ちょっとだけだが、ニューヨークにも住んで）、『麻薬書簡』『ソフトマシーン』（ペヨトル工房・河出文庫）『ノヴァ急報』『爆発した切符』（ともにサンリオSF文庫）を発表した。あとの三つがカット・アップ三部作にあたる。

このころからである、日本でウィリアム・バロウズの名が囁かれ始めたのは。曰く、「トマス・ド・クインシー以来の革命的麻薬中毒者の天才が出現しているらしいねえ」。むろん、こんな噂はまるっきりのでたらめだった。バロウズは麻薬の天才なのではなくて、麻薬的編集術の天才だったのだ。

ぼくはもうちょっとでバロウズに会いそこなっている。ソーホーでナム・ジュン・パイクが「松岡さんも、バロウズには会いたいよね」と言うから、飛び上がって「是非に」と頼んだが、そのときはロンドンにいるらしく、機会を逸した。

すでにローリー・アンダーソンが《ミスター・ハートブレイク》にバロウズの朗読を取り込んでいた。カート・コバーンもバロウズの朗読とのコラボレーションをしていたろうか。少なくとも、ミック・ジャガー、デヴィッド・ボウイ、ルー・リードたち綺羅星は、次々にバロウズ詣でをしていた。そういう噂はつねにバロウズには付きまとっていた。そんな時期だから、ぼくもミーハー気分になっていた。

それにしても、こんなふうに文学者の声がミュージシャンたちに前衛引用されたというのはおそらく初めてのことだろう。日本では現代音楽に北園克衛の詩が入りこんできたことはあったが、詩人の声が直接に出演することはなかった。

ロックとドラッグが近かったことも影響していた。ロック・ミュージシャンたちにはバロウズの言葉がトリップしきった音楽に聞こえたのである。バロウズの世間を無視したような独特の生き方と表現性に、みんな参っていた時期だった。もしもそのころにシュタイナーやグルジェフやクロウリーがいたら、かれらはそちらにも傾いただろうが、そういう神秘主義的なカリスマは（アレイスター・クロウリーを除いて）もういなかった。バロウズはいわば唯一無比の第六禅天魔として迎え入れられたのだ。

いずれにしても、バロウズとロック・ミュージシャンの関係は音楽史にとっても文学史にとっても降誕祭のようなもので、格別なものだった。のちにはスロッビング・グリッスルやキャバレー・ヴォルテールもバロウズの影響下に入っていった。こうしたバロウズ的なサブカル事情はヴィクター・ボクリス編集の『ウィリアム・バロウズと夕食を』（思潮社）に詳しい。

バロウズが撒き散らした哲学は、どんな人間も多少の麻薬中毒者だということである。麻薬中毒を文学にしてみせたのはバロウズが最初ではない。とっくにド・クインシーやボードレールやコクトーらが試みていた。ドラッグが知覚力や表現力を変貌させることは、オルダス・ハクスリーこのかた、ジョン・C・リリーやティモシー・リアリーが熱弁をふるっていた。が、バロウズはその「どんな人間も麻薬中毒者と同じだ」ということを、『裸のランチ』の全ページを費やして、すべての行を費やして、言葉のつながりにことごとく再現してみせた。そこが前例のないことだった。バロウズにはコンセプトなどなかったのだ。すべてが顕在化した編集的現実感の放列だった。

そんなことは誰もやったことがない。ボリス・ヴィアンもルイ＝フェルディナン・セリーヌもアンリ・ミショーも知らないことだ。バロウズだけが麻薬感覚の一切合財を言葉のジャンクのなかにジャンキーに入れたまま文学の領域にもちこんだ。これは何に似ているかといえば、ロックが人間感情の一切合財を電気ビートによる音楽領域にナマに運びこんでしまったことと、似ていた。バロウズは、意識と下意識のリミナル（境界）な領域にいつづけた電漏的半巡通信者なのである。

なおバロウズの映像化はクローネンバーグの《裸のランチ》をはじめ、いくつも試みられているが、どうもいただけない。ショットガン・ペインティングで遊んでいるナイキのコマーシャルにはバロウズが登場していたが、それがぼくの知っている最後の勇姿だった。一九九七年にギンズバーグとともに八三歳で死んでいった。えっ、バロウズが死んだって？

第八二二夜　二〇〇三年七月二三日

参照千夜

九三二夜：埴谷雄高『不合理ゆえに吾信ず』　八五一夜：トリスタン・ツァラ『ダダ宣言』　一一二二夜：ネルヴァル『オーレリア』　一四五夜：バタイユ『マダム・エドワルダ』　三四〇夜：『ギンズバーグ詩集』　三四六夜：ジャン・ジュネ『泥棒日記』　九三六夜：ティモシー・リアリー『神経政治学』　一五五八夜：ポール・ボウルズ『シェルタリング・スカイ』　一二〇二夜：ミシェル・グリーン『地の果ての夢タンジール』　一一〇三夜：ナム・ジュン・パイク『バイ・バイ・キップリング』　三三夜：シュタイナー『遺された黒板絵』　六一七夜：グルジェフ『ベルゼバブの孫への話』　七七三夜：ボードレール『悪の華』　九一二夜：コクトー『白書』　二〇七夜：ジョン・C・リリー『意識の中心』　二一夜：ボリス・ヴィアン『日々の泡』　九七七夜：アンリ・ミショー『砕け散るものの中の平和』

アレン・ギンズバーグ（左）とウィリアム・S・バロウズ（右）
(Photo by Victor Bockris/Corbis via Getty Images)

1943年、17歳のギンズバーグがケルアックとともにバロウズの家を訪ねたことをきっかけに、二人の妖しい交流関係が始まった。1963年には、多分にフィクショナルなやりとりを含む『麻薬書簡』を共同編集して出版した。

ついに「情報」を相手どる作家が登場してきた。
物語を「エントロピー」の動向にする作法が出現した。

トマス・ピンチョン

V.

三宅卓雄・伊藤貞基・中川ゆきこ・広瀬英一・中村紘一訳　国書刊行会　全二巻　一九七九／
小山太一・佐藤良明訳　新潮社　全二巻　二〇一一
Thomas Pynchon: V. 1963

いまでも正体がわからないトマス・ピンチョンは聞きしにまさる謎の作家ではあるけれど、それでもウィリアム・ギャディスやサリンジャーや若手理科系グループが覆面で書いているのだなどというデマは、誰も言わなくなった。
ピンチョン家はアメリカでもそうとうに古い家系であるらしい。一六五〇年にはウィリアム・ピンチョンが『我等の贖罪のありがたき代価』という神学書を書き、キリスト教の予定調和説に反しているということで禁書焚書の憂き目にあっているようだし、ぼくもそれを知って驚いたのだが、その一族の呪われた宿命はナサニエル・ホーソーンの

『七破風の屋敷』（泰文堂）のモデルにさえなっていた。そういう異様な家系の末裔であることを、トマス・ピンチョンが意識していただろうことは『重力の虹』（国書刊行会）などを読めば見当がつく。ピンチョンはピンチョン家から逃げられない。

しかし、それだけなら謎の作家ということにはならない。人前に出ようとしない、めったに写真を公表しない、文壇にまったく関心がない、アメリカを馬鹿にしている、ほとんどエッセイを書かない、賞をほしがらない、といった人見知りが噂と謎を深めた。こういうことはメスカリンに遊んだ詩人のアンリ・ミショーなどにも見られたことだから、そんなに騒ぐほどのことではない。

経歴はとっくにわかっている。コーネル大学の物理工学科に入って途中で海軍に入隊し、戻ってはコーネルで英文学を専攻してウラジーミル・ナボコフの講義をとったりしていた。ナボコフの講義をうけたことは大きかった。ナボコフがコーネルでどんなことをしていたかは第一六一夜の『ロリータ』（新潮文庫）を読まれたい。

その影響かどうか、ピンチョンは在学中から文芸誌の編集に関与していたようで、一九六〇年にははやくも『エントロピー』（『スロー・ラーナー』所収・白水社）を書いた。言い忘れたが一九三七年のロングアイランド生まれである。

この『エントロピー』で「熱力学的な愛」によって歴史や社会を捉える目と、管理や支配のシステムに「協創」(togetherness)をもって対抗したいという目が芽生えている。その後、ボーイング社に就職して二年でやめ、それからはずっと執筆に専念している。作品の評判はたいてい高く、何度も文学賞にノミネートされたのだが、フォークナー賞などを除いて何度も辞退した。そういうところがまた奇人変人扱いをされた理由になっているのだが、はたしてそういう変人かどうかはわからない。

作家が変人かどうかなどということは、作品を読んだから見えるなんてことはない。そういう文学論はいくらもあるが、あまり信用しないほうがいい。とともにピンチョンばかりを特別扱いにしないほうがいい。ちなみにごく最近のインターネットには、ピンチョンがゴジラのTシャツとジーンズ姿で、ロックバンドの「ローション」とかのコンサート会場に登場し、楽屋にまで入っていったといった、まことしやかな情報も流れていた。

こういうピンチョンなのだが、さて実際に作品を読んでみると、これはやっぱり異様なのである。謎の作家と思いたくなる気持ちもわかる。ここでは大作『V.』だけに絞ってピンチョン文学の一端を案内してみたい。かなり奇怪だ。

わかりやすくいえば、『V.』には一対の物語がモデル化されている。二つの物語は原則的にはまったく関係がない。

ひとつは「現在」の物語で、話は一九五五年のクリスマス・イブから始まっている。主人公は一応は海軍除隊以降はニューヨーク近辺を放浪するベニー・プロフェインである。彼はニューヨークの地下水道に棲(す)みついたワニを退治するアルバイトをしたり、得体のしれない人体模型を扱う人類科学研究所の警備員をしたりしながら、「全病連」というグループとつきあっている。またレイチェルという赤毛の女に惹(ひ)かれながらも恋愛に怖れを抱いている。

もうひとつ、ハーバート・ステンシルという男が収集して編集した「過去」の物語が進行している。ステンシルは正体がわからないV.という女性を探しまわっていた。つまりこちらは歴史的なエピソードで構成されている。ここには一八八〇年から一九四三年までの「過去」の時間が流れる。ステンシルがV.を探しはじめたのは、イギリスの外務省に勤めていた父親のシドニー・ステンシルの日記にV.のことが書いてあったからで、V.の資料を探して世界中を転々とする。

物語の二重設定を通して、ピンチョンはことあるごとにプロフェインを「街路(ストリート)」のメタファーとして、ステンシルを「温室(ホットハウス)」として象徴化し、記号化している。物語の二重設定をふくめて、こういうことは現代文学、とりわけメタフィクションではよくあることなので、この設定に足をとられることはない。しかし、このような設定の上にのった情報と知識の量が尋常じゃない。それゆえ二つの同時進行物語を読んでいくにしたがって、読者は自分もしだいに情報の異常な相互関連力に巻きこまれていく。

街路うろつき男プロフェインの物語では、彼が「全病連」に染まるにつれて次々に出現してくる男と女の喧しさに目が眩んでくる。「全病連」はパーティばかり開いている団体らしいのだが、睡眠スイッチでテレビとつながるミクソリディアンという男、緊張症的表現主義と診断されたらしいアーティスト、形成外科で鼻を整形してもらおうとしているユダヤ人の娘エスター、黒人少女ルビーに変装したパオラに惚れるジャズミュージャンのスフィア、「英雄の愛」ばかりを主張する大衆作家、それにピンチョンの他の作品にも出てくるビッグ・ボーディンなどが出入りしていて、何が何だかわからない。そういうアタマがおかしくなりそうな連中と、プロフェインが次々に出会っていくのである。けれども、これでうんざりはしていられない。もうひとつの物語のほうは、もっと秩序が奪われている。

こちらのほうはさっきも言ったように、ステンシルが集めた情報をステンシルが編集したエピソード群であるのだが、べつだん有能な研究者が収集した情報ではないのだから、V.に関する奇妙な話が散らばっているだけなのだ。

一八九八年にカイロでのファショダ事件の直前に英国スパイと対立していた独国スパイのボンゴ＝シャフツベリーの話、父が十八歳のヴィクトリアと出会った話、その父とヴィクトリアを巻きこんだ一八九九年のフィレンツェの中のヴェネズエラ領事館前での暴動の話、ボッティチェリの《ヴィーナスの誕生》を盗もうとするマンティッサという男の話、秘境ヴェイシューにとりつかれた探検家ゴドルフィンの話、南西アフリカの植民地化に対する反乱から脱出したヴェラ・メロヴィングという女の話、第二次世界大戦下のマルタ島の首都が襲撃されたときの話が、これまた脈絡なく出てくる。

ここに共通するのは「V.」というイニシャル群だけで、あとはやたらに情報過多なのだ。それぞれの話の断片からしてすでに過剰な情報エントロピー文学なのだ。ところが、これらの物語がどこかで流れこみあい、複雑に絡みあう。これが困惑するほど魅力的で、かつ目をそむけたくなるほどの情報混濁の沙汰なのである。

その絡みぐあいを説明するのは、そんなことをしたところで理解が進むとは思えないので空しいような気もするけれど、あえて案内を続けると、たとえば、ステンシルは集めた情報のうちにヴェロニカというネズミがいて、このネズミをフェアリングという神父がなんと〝改宗〟させようとしていることに興味をもつのだが、その調査のためにニューヨークを訪れて地下水道にまで入る。ここで二つの物語はついに「過去」と「現在」が交差して、ステンシルがワニと勘違いされてワニ狩り隊の銃で撃たれるということになる。

なんだこの素っ頓狂な話はと思っていると、ステンシルはV.のものと思われる義歯を盗むために、プロフェインと共同調査をしたりするのである。しかしよくよく読むと、ステンシルがあれこれ集めたV.に関する情報というのは、このステンシルとプロフェインの共同調査の過程で入手されたものが大半だったことを知らされる。なるほどマルタ島襲撃の情報は、かの「黒人少女ルビーに変装したパオラ」の父親の手記に綴られていた情報だったということもわかってくる。

けれども仮にそんなことがわかったとして、そのことが物語にとって何になるのかは、まったく説明がつかない。いったいピンチョンはこんなに物語を交錯させておいて何をする気なのだろうかと、読者は不安に駆られるばかりなのである。

物語が終盤にさしかかると、もっと唐突なことがおこる。その組み合わせになんらの必然性もないだろうプロフェイン、ステンシル、パオラの三人が揃ってマルタ島を訪れるのだ。あいかわらずあれこれ奇妙な出来事が続くのは予想通りではあるものの、そのうちプロフェインが気晴らしに知りあったアメリカ人の娘と遊んでいるうちに、なぜか海に向かって飛びこんでいったとたん、首都ヴァレッタ中の電気という電気が停電し、その場面の途中でこの小説中の「現在」に終止符が打たれてしまうのである！

これはなんとも意外だ。どうせこれだけ混乱してきたのだから、物語がどうなろうと平気だと予想してはいても、この終止符は唐突だ。

ともかくも、それでとうとうエピローグになるのだが、それがまた一九一九年のマルタ島ヴァレッタでの六月騒動の顚末なのである。これは「過去」の物語の終焉にあたっていた。そうか、そうか、V.というのはヴァレッタのV.に集約されるのかとなんとか気をとりなおしていると、そこにステンシルの父シドニーがかつてスパイ活動か、二重スパイ活動をしていたことがわかってくる。

読者としては、ここでやっと僅かな〝おこぼれ〟のような整合性に逢着したような気分なのだが、ピンチョンはこんなことでエピローグを括らない。最後の最後になってパオラの父やフェアリング神父を出してくる。さらには、これこそは決定的なV.とおぼしいヴェロニカ・マンガニーズという女性が出現して、シドニーはこのV.をこそ問題にしていたのかと得心させる。が、シドニーはマルタ島の近海で奇怪な竜巻に巻きこまれて、あえなく絶命する。それで全巻の終わりなのである。

まったくもってとんでもない小説である。このように案内をしていても、なんとも落ち着きが悪い。

いろいろ暗示的に理解できることはある。まずすべての人物がVのイニシャルで動いていたということはミエミエだ。おそらくV.とは女性性なのである。そのV.は創造性と破壊性の両面をもっていて、つねに「死の王国」あるいは「人工世界」のイメージとつながっている。V.の身体性は義眼や義足やサファイア製の臍などに取って代わられていくからだ。

物語の進行はあきらかにエントロピー増大の法則にしたがっている。エントロピー増大とは情報が過多になり、本来の秩序が失われて混乱が拡張していくことで、生命的なるものの喪失をもたらしていく。ピンチョンはこれらの熱力学的な思想を、この作品が書かれた時期を考えればよくわかるように、ウィーナーのサイバネティックスと結びつけた。サイバネティックスは人間を含めた生物の動向をフィードバック・システムとしての制御系に搦めとるマンマシン型の思考法をいう。

ピンチョンがそうしたかっただろうことは、すでに傑作短編『エントロピー』でもミートボール・マリガンという男をつかって試みていたことなので、まちがいがない。この作品については、ぼくもかつて『情報と文化』（NTT出版）で解説したことがあるので、それを見られたい。

しかし、『V.』がそのような特徴をもっているとしても、ピンチョンの作品を総じてどのような文学史に位置づけるかという点に関しては、その評価が定まらない。

これまでもシステム小説、サイバネティック小説、再補給文学、複雑系の文学、メタフィクション、メガフィクション、マキシマリズム、ガイア小説など、まことに多様な冠辞がかぶせられてきたのだが、どうも定まらない。まあ、どのようにレッテルするかはどうでもよろしい。文学史が評価を定められない文学作品など、ジャリやセリーヌから稲垣足穂や森博嗣まで、いくらでもある。

それなら、ぼくにとってはどういうものなのかというと、思うにピンチョンは「情報」が出現してくる相転移の現場を書きたかったのだろう。

これは考えるほどやさしいことではない。そもそも情報というものの本体がいまなお特定も定義もできないのだし、その情報はたえず事態の見方に従って相転移的に創発してくることが多いのだから、その現場を描くことはそうとうにややこしい。が、ピンチョンはそれを引き受けた。『V.』とは、そういう文学が引き受けなかった試み、アンリ・ポアンカレやアラン・チューリングやデイヴィッド・マーならば当然引き受けた科学思考の試みを、ひたすら文学で引き受けた実験なのである。

ここには、ふつうの物語がもっている「時間の矢」とともに、それとはべつの「情報の矢」の絡んだ進行がある。「情報の矢」は「時間の矢」のようにリニアではない。ノンリニアだ。主語もない。どんな情報も述語的なのだ。それゆえ、「情報の矢」を描くとしたら、その情報を受け取った場面で描くことになる。ところがピンチョンはここに、もうひとつの「エントロピーの矢」というものを加えた。エントロピーは情報の乱れぐあいの関数である。さまざまな情報が受け取られていく前に、どの程度にわたって乱れたのか、つまりは「熱力学の愛」に向かったのかを書かなければならない。ピンチョンはその鉄則に従ったのだ。

これならピンチョンを、古典力学的な時空間のなかで矛盾や不条理を〝創作〟してきたような文学にばかり介入してきた連中がどんな批評をしたところで、そもそもメトリックが合わないのは当然である。何はともあれ、トマス・ピンチョン以降、われわれは「情報創発文学」という方法文学がありうることを知ったのだ。

第四五六夜　二〇〇二年一月十五日

参照千夜

四六五夜：サリンジャー『ライ麦畑でつかまえて』　一四七四夜：ナサニエル・ホーソーン『緋文字』　九七七夜：アンリ・ミショー『砕け散るものの中の平和』　一六一夜：ウラジーミル・ナボコフ『ロリータ』　八六七夜：ノーバート・ウィーナー『サイバネティックス』　三四夜：ジャリ『超男性』　八七九夜：稲垣足穂『一千一秒物語』　一八夜：アンリ・ポアンカレ『科学と方法』　一〇六一夜：リチャード・モリス『時間の矢』　三六八夜：ピーター・アトキンス『エントロピーと秩序』

酒と煙草と美女さえいれば、
パンクなロードムービーは言葉になるんだよ。

チャールズ・ブコウスキー

町でいちばんの美女

青野聰訳　新潮社　一九九四　新潮文庫　一九九八

Charles Bukowski: The Most Beautiful Woman in Town 1983

トム・ウェイツがこう言った、「安っぽい新聞に載ってたって、すぐにわかったよ。ブコウスキーが世紀の大作家だってことがね」。PANTAはこう言った、「どんなROCKな奴らよりもFU－RO－CKだよ。不良気取りの兄ちゃんたちよ、鈍ってちゃいけないよ。言葉もナイフも錆びちまう」。

ブコウスキーの文章やセリフには、触れれば血が出る剃刀が仕込まれている。よほど気をつけないと、こちらが出血多量になっていく。それがたまらないからビートたけしがこう言った、「他人事みたいに平気で自分の内臓をさらけだす。まるで危ない外科医だね」。そう、その通り。ブコウスキーは酔いすぎではあるが、革ジャンをひっかけた言葉の外科医なのである。

まあ、こんなオマージュを聞いているだけでは、ブコウスキーが何者かも、どんな作品を書いているかも、さっぱり見当がつかないだろう。こんな感じなのだ。

末のキャスが五人姉妹のなかでも町でいちばんきれいだった。インディアンの血がまじっていて、しなやかな体は蛇のように冷たいときも、火のように熱いときもあった。人になんて収まりきらない精霊なのだ。だから他人が傷つくと心を痛めた。自分を傷つけるのも好きだった。小鼻や目の下に針を刺したりもした。そのくせ十ドルで誰とも寝た。どんな男をも軽蔑(けいべつ)していた。そういう女である。

ブコウスキーは、修道院を出て数日後のキャスと知り合った夜にキャスを自分の部屋に誘った。「いつするの」と聞くので、「朝」と言って背を向けたら、「おいでよ」と言った。ブコウスキーはそれからキャスに首ったけになった。キャスもブコウスキーがバスタブに入っているときに、なぜか大きな葉っぱをひらひら携えてやってきた。それが何回も続いた。

何度目かに寝た夜、キャスの首筋に傷がついていた。「ばかやろう」とブコウスキーが言った。「割れたガラス瓶でやったのよ」と言う。「頼むからやめてくれ。おまえみたいにいい女はこの世にいないんだ」とブコウスキーは哀願した。抱かれながらキャスは声を殺して泣いていた。翌日ブコウスキーは浜辺に行って二人でサンドイッチを食べ、キャスを胸に抱いて眠った。「一緒にくらしてみないか」と言ったら、ゆっくり「やめとく」と言う。

次の日から梱包の仕事が見つかったので工場に通っていた。金曜の夜にバーでキャスがいつものように来るのを待っていたら、バーテンダーが「かわいそうなことしたね」と言う。「何のことだ?」と聞くと、「そうか知らなかったのか、自殺したよ」。喉を切ったという。町でいちばんの美女は二十歳で死んだのである。以上がブコウスキーがこの作品で書いたことのすべてだ。

ブコウスキーの小説は、論評を受けつけない。だいたい文学かどうか、それすらよくわからない。路上言語などともいわれているが、批評家たちが言うロードムービーというものでもない。途中でカメラを放り投げている。そのカメラは投げられた時の情景を少し撮っている。その僅かな投擲カメラに写っている一瞬の事情のやりとりを、この作家はさっと書きこむ。それだけですごいものが伝わってくる。

ブコウスキーは一九九四年に白血病で亡くなるのだが(七三歳)、墓には「やめておけ!」(DON'T TRY)と刻まれた。この男にそう言われると、静かに佇むしかない。死の直前までは『パルプ』(学研・新潮文庫)という破天荒な作品を書いていた。書いて、それを「悪文の神さま」に捧げた。そんなふうに、書き散らしたアイテム、エピソード、文体をパルプ・フィクションもどきにしているのが、ブコウスキーの特徴なのだ。文体も爆ぜている。安原顕が「年に一度読み返したくなる本」と言っていたが、翻訳は容易ではない。それを柴田元幸がやってのけた。柴田の訳業を、高橋源一郎は「日本翻訳史上の最高傑作」とほめ、「僕の文章の理想像だ」と述べていた。

こういうぐあいに、一度はまればブコウスキーはたまらない。どんな男だったのか。半自伝的な『くそったれ！少年時代』(河出文庫)にその一端がはみ出している。

ブコウスキーの小説には、よくヘンリー・チナスキーという名の男が主人公役に出てくる。本人のことだ。『くそったれ！少年時代』もヘンリー・チナスキーの生い立ちから青年期までを追っているのだが、それを参考にして案内すると、この男は一九二〇年にドイツのアンダーナッハで生まれている。

そのころのドイツは世界大戦敗北直後のドイツだから、マルクはむちゃくちゃ高騰し、ブコウスキー一家も食うに食えず、二歳のときにアメリカ・ボルチモアに移ってきた。それでも食べられずに、ロスの下町に入るのだが、失業続きの父親からはのべつ殴られていた。中学を休学した。

ハイスクールを出てすぐにシアーズ・ローバックに就職するも、一週間ともたない。

ロスアンゼルス・シティ・カレッジに入りこんで芸術とジャーナリズムと文学のコースを履修するも、長続きはしない。中退して放浪に入った。一九四四年にニューヨークで下宿した。アメリカが日本をやっつけていた時期だ（ぼくが生まれた年だ）。

パルプ・フィクションやジョン・ファンテ、それからセリーヌやヘミングウェイを読んだ。書きたくなっていくつか作品をまとめたのだが、ダメだった。ジェーン・ベーカーと同棲し、それが十年続くのだけれど、郵便配達員をして飲み呆けるばかりで、まだ書けない。

そんなとき「ハーレクイン」誌の編集者バーバラ・フライと出会って、ようやくタイプライターの音が快調になってきた。バーバラと結婚もし、浮気もし、離婚もし、調子がついてきた。ブコウスキーはどんな女といるかで、変わる。一九六四年にはちょっと小粋で甘えん坊のフランシス・スミスと暮らして、娘のマリナもつくった。

ここからは無頼作家だ。ロスの地下新聞のコラムを書きとばし、それが『ブコウスキー・ノート』（文遊社）としてポルノ系の出版社から発表されると、いっぱしの不良オヤジとして話題になり、愛された。それから詩集『指がちょっと血を流し始めるまでパーカッション楽器のように酔っぱらったピアノを弾け』（新宿書房）まで、次々と短篇をピストルを撃つように書いた。

たちまちロック・ミュージシャンやパンク・ミュージシャンが痺れていった。日本では中川五郎が一九九五年に『ブコウスキーの酔いどれ紀行』（河出書房新社）を訳して、火がついた。中川の『死をポケットに入れて』（河出書房新社）は訳もうまく、大いに泣かせたものだ。

［追記］二〇〇二年、ジョン・ダラガンが七年をかけた《ブコウスキー　オールド パンク》というドキュメンタリーが制作アップされた。東京ではシネ・アミューズで二〇〇五年の公開だったと憶う。U2のボノが詩を朗読していた。ブコウスキーの自伝的小説をベント・ハーメルが映画化した《酔いどれ詩人になるまえに》もある。こちらはマット・ディロンが酩酊するブコウスキーに扮して、いい味を出していた。

第九五夜　二〇〇〇年七月十九日

参照千夜

一一六六夜：ヘミングウェイ『キリマンジャロの雪』

世界文学を一変させた百年の濃絵。
絢爛と倒壊を方法文学にした魔術的リアリズム。

ガブリエル・ガルシア＝マルケス

百年の孤独

鼓直訳　新潮社　一九七二・一九九九

Gabriel García Márquez: Cien Años de Soledad 1967

…この一族の最初の者は樹につながれ、最後の者は蟻の貪るところとなる。これは炸裂である。けれども、ここに至るまでが、目が眩む。

…まるでスペイン語で書かれているものを、真昼の目の眩む光線の下で読んでいるようなのだ。それはごく些細なことまで含めて、百年前にメルキアデスによって編まれた一族の歴史なのだ。

…歴史はその母国語であるサンスクリット語によって記されていた。偶数行はアウグストゥス帝が私人として用いた暗号で、奇数行はスパルタの軍隊が用いた暗号で組まれていた。

…アマランタ・ウルスラへの恋に心を乱されだしたころのアウレリャノが、ぼんやりと理解し始めながら最後まで解き切れなかったのは、メルキアデスが人間のありきたりの時間のなかに事実を配列しないで、百年にわたる日々の出来事を圧縮し、すべて一瞬のうちに閉じこめたためだった。

…マコンドはすでに、聖書にもあるが怒り狂う暴風のために土埃や瓦礫がつむじを巻く廃墟と化していた。

…知り抜いている事実に時間をついやすのをやめて、アウレリャノは十一ページ分を飛ばし、現に生きている瞬間の解読にかかった。羊皮紙の最後のページを解読しつつある自分を予想しながら、口がきける鏡をのぞいているように、刻々と謎を解いていった。予言の先回りをして、自分が死ぬ日とそのときの様子を調べるために、さらにページをとばした。

…しかし、最後の行に達するまでもなく、もはやこの部屋から出るときのないことを彼は知っていた。アウレリャノ・バビロニアが羊皮紙の解読を終えたまさにその瞬間に、この鏡の(すなわち蜃気楼の)町は、風によってなぎ倒され、人間の記憶から消えることは明らかだったからだ。

百年の孤独を運命づけられた家系は二度と地上に出現する機会をもちえない。羊皮紙に記されている事柄のいっさいは過去と未来とを問わず、反復の可能性はない。『百年の孤独』は南米の百枚の濃絵を見せつづけたうえで、倒壊するごとく終わる。まったく、なんということだ。すべては老ジプシーのメルキアデスが羊皮紙に予告したらしい出来事なのだ。

最初はどうだったかというと、「マコンドも当時は、先史時代の獣の卵のようにすべすべした白くて大きな石がごろごろしている瀬を、澄んだ水が勢いよく落ちていく川のほとりに、葦と泥づくりの家が二十軒ほど建っているだけの小さな村だった」。それだけだ。そのマコンドにジプシーの一家がやってきて、一回目は強力な磁石を、二回目は望遠鏡とレンズを持ってきた。

こんな文学があったのかと仰天した。書店でちらちら眺めていたが、放っておいたのがいけなかった。もっと早く読めばよかった。

寺山修司が、まるで脅迫するか拷問にかけるかのように、これを読まないかぎりは絶交しかねないようなことを言った。まだ中身にこれっぽっちも触れていないぼくに、滔々とその異様なフリークたちによる阿鼻叫喚の場面を執拗に語ってくれるのだ。そのうち最初は中央公論社の「海」だったと思うのだが、文芸誌などに『百年の孤独』のわけのわからない批評が載りはじめた。いずれも絶賛している。これでやっと読む気になったが、かえって困った。いまさら寺山マルケスを読むのは癪にさわる。けれども天井桟敷の舞台を観ると、やっぱり読まずにすませるわけにもいかない。

結局、ガルシア＝マルケスとちゃんと出会ったのは、工作舎を退いて麻布に引っ越してからのこと、まりの・るうにいが「おもしろかったよ」と言ってからのことだった。そのときは、朝食を食べ、昼食を食べ、夕食はロックのビデオか借りてきた映画ビデオを見ながら三時間をかけ、七匹の猫と戯れ、オモチャとリボンという二匹の犬と遊んでいた。食事は坊主頭の吉川正之がつくり、それがすむと吉川とぼくは手拭い片手に麻布十番温泉に出掛けて、風呂上りは階上の老人老婆と三ツ矢サイダーを飲みながら話しこんだ。

ぼくが四十代の蕩尽にさしかかった時期だった。その自宅から五分もかからない麻布十番の天井桟敷館は、そのころはすでに埃っぽい蛻の殻になっていた。

マコンド。ここが舞台だ。

二十軒ほどの泥造りの家が建ち並んで、獣の卵のようにすべすべした石と澄んだ川しかなかったマコンドが、村となり、しだいに町となり、殷賑を極める市となって、狂乱に達したところで老ジプシーの予言通りの廃市となって、消えていく。

滅亡していったのは、町だけではない。物語をつくっていた一族すべてが蕩尽し、それを書き記した羊皮紙が風に舞う。物語はどこにあったのか。マコンドが物語そのものなのだ。だとすれば、そこに登場する者たちはひたすら羊皮紙に記された台詞を喋っていただけの傀儡だったのか。

まったく何という物語なのだろう。

太母ウルスラが中心にデンといて、それを絶世の美女やら巨根の持ち主やら伝説を背負った大佐やらが取り囲み、まるでエミール・ゾラのルーゴン＝マッカールの血族そのものを生み育てたかのようなブエンディア一族を構成する。

ところがこの一族は、ことごとく「孤独」という病いに取り憑かれていた一族だったのである。『百年の孤独』の「孤独」とは、この一族を中心に百年にわたる年代記がもたらす「場所の人間」の、そして「人間の場所」の、いや、そのいずれにも属しているようで属さない者たちの孤独のことだった。しかしながら主人公はやっぱりマコンドなのだ。場所なのだ。

マコンドは読者の想像をたえず裏切る事件によって次から次へと起爆し、繁栄し、そして混乱し、超絶し、さらに腐乱する。そのうち、その場所そのものの場所の魂が衰亡の一途をたどったかのように、風塵として散っていく。

その途方もない物語の一部始終が、なんと『百年の孤独』を書いたガルシア＝マルケス自身の孤客記だったのだ。やはりのこと、寺山修司はそこまで知っていて、ぼくをいっきに誑かしたのだ。それにくらべれば、文芸誌のガルシア＝マルケス賛歌などはいかほどの力ももってはいなかった。

ガルシア＝マルケスはコロンビアのカリブ海岸側のアラカタカで生まれ育っている。チェ・ゲバラの香りのするコロンビアだ。いったん国立ボゴタ大学に進むのだが、それが一九四七年のことで、ちょうど大物政治家の暗殺事件の余波が絡んで、コロンビアには保守反動の嵐が吹きまくっていた。おかげで大学も閉鎖され、家族が移っていたカルタヘナの大学に行った。

学費を稼ぐために新聞記事を書きはじめたのが、最初の文筆のめざめである。一九五〇年に学内の文芸グループと接触したことから、ウィリアム・フォークナーの文学作品に出会って、ぞっこんとなる。架空の町ヨクナパトーファ郡ジェファスンの、クェンティン・コンプソンによって報告された町の文学だ。その後はずっとフォークナーもどきに徹している。ガルシア＝マルケスはコロンビアのフォークナーなのである。きっと“A Fable”のことだろう。アブサロム、アブサロム！

もっともフォークナーばりの作意が発酵するのはもっとのちのことで、この先しばらくはジャーナリストとしてエディターとして徹底した修業をした。一九五七年には社会主義国家などを取材しているし、ベネズエラの「モメント」誌のエディターにもなっている。まさにカストロとゲバラによるキューバ革命驀進（ばくしん）の時期だ。矢も盾もたまらずハバナに直行して、「プレンサ・ラティーナ」の記者になる。ゲバラには会えなかったけれど、カストロには接近できた。ここまで、たぶんに編集者的である。一九六一年、ニューヨーク特派員となったところでスターリン主義と正面からぶつかって職を追われ、メキシコで三文映画のシナリオなんぞを書いていた。糊口(ここう)をしのぐというやつだ。そのあとメキシコシティからアカプルコに向かう途中の車のなかで、長大な物語の様式についてのインスピレーションを得たというのが、ガルシア＝マルケス・フリークのだれもが知っている「方法の発見」の瞬間である。

方法に自信を得たガルシア＝マルケスは、ボゴタの雑誌その他でこの構想の断片を少しずつ書きはじめる。それが独特の関心をもって一部の読者に迎えられた。

一九六七年、ついにそのような断片がまとまってアルゼンチンの出版社から単行本になった。『百年の孤独』が全貌(ぜんぼう)をあらわした。まだ物語は始まったばっかりだというのに、ラテンアメリカ全土から共感の声が次々に寄せられた。

その後、ジョナサン・ケープの英訳をはじめ、『百年の孤独』の各国語版が全世界にまわるようになると、欧米の批評家たちはこぞってガルシア＝マルケスの「魔術的リアリズム」を激賞し、そのエキゾチシズムと奇想趣味に涎(よだれ)をたらした。日本では鼓直(つづみただし)が翻訳して一九七二年に刊行された。すぐに篠田一士や寺山修司が大騒ぎした。しかしこの作品が、はたして魔術的リアリズムなどという簡易保険のような文芸用語で片付けられるものなのか。とてもそんな便利なものは書いてはいない。

それよりぼくが驚いたのは、この夥しい挿話と異様な人物たちの常軌を逸した複雑な物語が、ようするにどこをとっても要約するのなんてハナっから諦めるしかないような複合自律する物語が、ラテンアメリカの多くの読者には熱狂的に受け入れられたということだ。

なにしろ出てくるのは、ニカノル・レイナ神父が教会建立の資金集めにチョコレートを飲用して空中浮遊を見せる場面とか、チョークで三メートルの円を描いてそのなかに立って母親さえ近づけさせないアウレリャノ・ブエンディア大佐の場面とか、自殺したホセ・アルカディオの血がウルスラの部屋に達する場面とか、アマランタが不毛という愛のかたちを経帷子に縫いこんで従容と死を迎える場面とか、そんな場面ばかりなのである。それが凝集連続して次から次へと続いていく。

現代日本の文学風土にこそ問題があるのかもしれないが、ふつうなら、このような極端な場面に充ちた文学作品は、前衛かアンチロマンか、狂気の文学である。そうでなければイタロ・カルヴィーノかフィリップ・K・ディックかウンベルト・エーコの作品のように、その実験性だけが受け取られるだけなのだ。爆発的にベストセラーに躍り出るなどということはありえない。

けれどもラテンアメリカでは、これは実験作ではなかった。南アメリカ大陸の読者たちは実験作とは読まなかった。みんな、屈託なく読んだ。ガルシア＝マルケスはアルゼンチンのボルヘスでもなく、ペルーのバルガス＝リョサでもなかったのだ。

そのかわり『百年の孤独』は、ちょうど『ドン・キホーテ』（岩波文庫）に無邪気に熱中した時代の読者がいたように、これをゲラゲラ笑って読み切ったラテンアメリカ空間の読者に食べ尽くされたのだ。これがスペイン語の文学のもつ、われわれには理解しがたい食読的秘密というものなのだろう。『百年の孤独』はラテンアメリカの逆上そのものだったのだ。まったくもってやりきれない。

物語の発端からして、何が進んで何が退化したかが、わからない。はっきりしているのは、ホセ・アルカディオ・ブエンディアが軍事上の実験に没頭したことだ。

それでジプシーのメルキアデスは地図やら分厚い書物やらいくつもの実験用具をくれたのだ。それがいつのまにか錬金術工房めいてきて、そのかわり村にはありとあらゆる小鳥を飼う習慣が瀰満（びまん）したのだった。それから多少は周辺の探検も始まって、マコンドが海に囲まれているらしいことが少しだけわかり、ホセ・アルカディオ・ブエンディアも女房のウルスラも、結局は村をつくり子供を生み育て、気がつくとメルキアデスが死んでいて（いや本当に死んだかどうかもわからないのだが）、代わりにやってきた新参のジプシーが琥珀色の液体を飲み干したのだ。

それから、…それから、ホセ・アルカディオ・ブエンディアは鏡の壁をめぐらした家が建ち並ぶ町が、ある場所に建っている夢を見たはずだ。ここはどこかと尋ねると、マコンドという、それまで一度も聞いたことのない名前が返ってきた。それなら、それでいい。いやいや、そんな夢を見たからこそ、ブエンディアは一味を連れてマコンドに村をつくることになったのだ。

だいたいここまでがせいぜい二、三年程度の話なのである。初めてこの作品を知る者には想像もつかないだろうけれど、これからその数十倍の百年の話が続くのだ。

まず町長が登場する。金剛インコと安ピカの品物を交換する町長だ。自動ピアノも出てくるようになった。軍隊がつくられ、司令官もできた。それに教皇の修行をする者があらわれて、四年十一ヵ月と二日にわたる雨が降る。大規模なストもある。軍隊も出動する。バナナは株のまま腐る。十四ヵ所に設置された機関銃が〝人民〟を射撃する。それでもなお沛然と雨が降る。けれども雨が止むと世界が代わっている。世界は代がわりする。阿鼻叫喚は音もなく消えている。

マコンドは廃墟のようで、それぞれがかつてのどうでもよい約束を果たすかのような行動をとりはじめるのだ。何が進展で何が退嬰かは、一年目から百年目まで、まったくわからない。

ラテンアメリカとガルシア＝マルケスの鍵と鍵穴が、互いにどんぴしゃだったということは驚くべきことである。こんな例は、セルバンテスの『ドン・キホーテ』やアリオストの『狂えるオルランド』（名古屋大学出版会）このかた、めったになかった。『百年の孤独』はまるで物語の蜃気楼のように、創世記であって黙示録である役割をはたしたのだ。しかしラテンアメリカの読者には、これがおそらくディケンズの『デイヴィッド・コパフィールド』（新潮文庫・岩波文庫）か、ミッチェルの『風と共に去りぬ』（新潮文庫・岩波文庫）だったのだ。何が鍵であって何が鍵穴だったのかは、南米社会を知らないぼくにはほとんど見当のつかないことであるけれど、おそらくはブエンディア一族の歴史の中に次々にあらわれる孤独な面々のありかたが、ちょうど五百羅漢にそれぞれの自分を見る禅林の過日の習いがあったように、譬えようもない感情陥没を誘ったのだろう。

こんなことを成立させたガルシア＝マルケスの才能がどこにあったかといえば、おそらくは映像的編集文体術にあった、というのがぼくの臆測だ。あの才能はヴィジュアライゼーションにかかわった者でなければできない相談だ。

このことはフォークナーが映画でなければ当たらなかった理由を考えてみれば見当がつく。いや、実際にもガルシア＝マルケスは一九五五年に「エル・エスペクタドル」新聞の派遣記者としてローマに滞在するのだが、そこで実験映画センターの監督コースを学んでいた。

このあといくつものヌーヴェル・ヴァーグの脚本を書き、メキシコのB級映画の制作に何本もかかわった。おそらく、これなのだ。寺山修司が兜を脱ぎ、ラテンアメリカを熱狂させ、そして幾多のうるさ型の役にも立たない文芸評論家たちを迷わせた才能は、このフォークナー的でB級ロブグリエ的な映像的文体編集術にあったにちがいない。

映像になる言葉と、映像にならない言葉。これを徹して交ぜていくこと、それがガルシア＝マルケスが極めた文体である。そこにはたえず「対比」が駆使された。たとえば次のようなごとくに、である。

…麻のテーブルクロスと銀の食器をのせた長い食卓についても、水で溶いた一杯のチョコレートとケーキを口にするだけの毎日だったが、彼女は母親のことばを信じた。

…父親のドン・フェルナンドは嫁入り道具を買うにも屋敷を抵当に入れなければならない始末なのに、彼女は結婚式の当日まで、言い伝えの王国を夢みていた。そんな風にしつけられたのだ。

…彼女は誰とも親しくしなかった。全国を流血の惨事に巻きこんでいる戦争の話もその耳には届かなかった。午後の三時には相変わらずピアノのレッスンが聞こえた。その彼女がようやく女王の夢を捨てはじめたころのことである。表の戸をたたくあわただしいノッカーの音が二回した。彼女が戸をあけると、頬に傷痕(きずあと)があり、盛装して胸に金の勲章を光らせた堅苦しい軍人が立っていた。

第七六五夜　二〇〇三年五月一日

参照千夜

四一三夜：『寺山修司全歌集』　二〇二夜：チェ・ゲバラ『ゲバラ日記』　九四〇夜：フォークナー『サンクチュアリ』　九二三夜：カルヴィーノ『冬の夜ひとりの旅人が』　八八三夜：フィリップ・K・ディック『ヴァリス』　二四一夜：ウンベルト・エーコ『薔薇の名前』　五五二夜：ボルヘス『伝奇集』　一七〇七夜：バルガス＝リョサ『密林の語り部』　一一八一夜：セルバンテス『ドン・キホーテ』　四〇七夜：ディケンズ『デイヴィッド・コパフィールド』　一七四五夜：アラン・ロブグリエ『嫉妬』

追伸

方法が作品から零れ落ちている

二十世紀前半までの作家はけっこうヤバイ日々をおくってきた。それを激しく、あるいは透き通らせて作品に昇華してみせて、それぞれが読書界で名を上げたけれど、大半が晩年までもたなかった。ジャリやリラダンだけではない。ヘミングウェイもサリンジャーもそうなった。このエディションでは、そうした作家や詩人たちの履歴(プロファイル)をあえて書きこんである。

作品を「読む」にあたって、作家の日々の実情を考慮する必要はない。けれどもなぜネルヴァルが夢を描き、ジョイスがダブリンにこだわり、チャンドラーがハードボイルドになったのかは、その生きざまが露出する飛沫(ひまつ)に示されていることが少なくない。ぼくはそこに関心をもって、作品が編集(創作)される前後の事情に言及するようにした。そして作家たちが独自に採択した「方法」にできるだけ驚嘆することにした。

このエディションは「世界名作選」の後半にあたる。十九世紀後期から二十世紀前半の作家や詩人たちの作品をほぼ原作の刊行順に構成して、これを試みに「方法文学」と銘打ってみたのだが、実際には倍以上の収録候補があったので取捨選択に悩まされた。それでもなんとかホーソーン、メルヴィルからピンチョン、ガルシア＝マルケスまでを収めた。そのかわりポオ、ワイルド、ダンセーニ、プルースト、ヘッセ、マン、カミュ、ボルヘス、クロソウスキー、ナボコフ、グラス、中国文学などは割愛した。別のエディションにまわる。

現代文学は方法の妍を競ってきた。作家の個性が際立ち、それぞれが方法的な実験を作品に施した。ぼくはそれらを好きに読んできたにすぎないのだが、ふりかえってみると、どの作品からも方法の束が電気火花のように零れ落ちていた。

ぼくの「読む」をゆさぶった作家たちの企てを案内しておきたい。(1)メルヴィルとジョイスはどんな筋書きにも神話がマットレスになりうることを知っていた。(2)ネルヴァルとリラダンは想像力が作家を幽閉する可能性を説いた。(3)文学史的にはコンラッドの『闇の奥』がべらぼうに巨きかった。(4)「方法」の価値を避雷針で受けとめたのはヴァレリーである。(5)ユイスマンスとジャリとロレンスとバロウズは意識と体と快楽がつながっていることを告白した。(6)フォースターとボウルズは過剰になりすぎた欧米文明からの遁走を企てた。(7)ヘミングウェイ、カポーティ、ハメット、ブコウスキーが湿りすぎた文学を洗濯機に入れて乾かした。

（8）セルバンテスやデフォーの「仮想現実法」を現代に注入したのはフォークナーとガルシア＝マルケスだ。（9）カフカとベケットとヴォネガットとピンチョンが「言外の文学」の方向を暗示してみせた。（10）ヴィアンやダレルやロブグリエは映像との共存を示唆していた。

文学は、表現方法の可能性を言葉によって弾けさせた未知の楽器による演奏である。作家は曲づくりから演奏まで一人で試みる。けれども読み手がいなければ、その作品は見えてはこないし、聴こえてこない。

なお、口絵写真では村田沙耶香さんに文学の白昼夢をまどろむモデルになってもらった。演出してもらった町口さん、撮影してもらった熊谷さんとともに、感謝したい。

松岡正剛

千夜千冊
EDITION

「千夜千冊エディション」は、2000年からスタートした
松岡正剛のブックナビゲーションサイト「千夜千冊」を大幅に加筆修正のうえ、
テーマ別の「見方」と「読み方」で独自に構成・設計する文庫オリジナルのシリーズです。

執筆構成：松岡正剛
編集制作：太田香保、寺平賢司、西村俊克、大音美弥子
造本設計：町口覚
意匠作図：浅田農
口絵協力：村田沙耶香
口絵撮影：熊谷聖司
編集協力：編集工学研究所、イシス編集学校
制作設営：和泉佳奈子

松岡正剛の千夜千冊 https://1000ya.isis.ne.jp/

カバー作品

カバーの写真は、本書に登場する五人の著者の肖像写真を多重露光のように重ねあわせて制作したものです。じっと見つめていると、ボードレールの力強い視線やメルヴィルとロレンスのあご髭がうっすらと見えてきます。この作品は、友人であり写真家の北野謙さんの写真集「our face: Asia」(青幻舎)より着想を得ました。この場を借りて感謝いたします。

町口覚

ハーマン・メルヴィル

シャルル・ボードレール

フランツ・カフカ

サマセット・モーム

D・H・ロレンス

千夜千冊エディション
方法文学
世界名作選Ⅱ
松岡正剛

令和2年 10月25日　初版発行
令和6年 10月10日　3版発行

発行者●山下直久

発行●株式会社KADOKAWA
〒102-8177　東京都千代田区富士見2-13-3
電話　0570-002-301(ナビダイヤル)

角川文庫 22393

印刷所●株式会社KADOKAWA
製本所●株式会社KADOKAWA

表紙画●和田三造

◎本書の無断複製(コピー、スキャン、デジタル化等)並びに無断複製物の譲渡および配信は、著作権法上での例外を除き禁じられています。また、本書を代行業者等の第三者に依頼して複製する行為は、たとえ個人や家庭内での利用であっても一切認められておりません。
◎定価はカバーに表示してあります。

●お問い合わせ
https://www.kadokawa.co.jp/(「お問い合わせ」へお進みください)
※内容によっては、お答えできない場合があります。
※サポートは日本国内のみとさせていただきます。
※Japanese text only

©Seigow Matsuoka 2020　Printed in Japan
ISBN 978-4-04-400353-1　C0195

◆◇◇

角川文庫発刊に際して

角川源義

第二次世界大戦の敗北は、軍事力の敗北であった以上に、私たちの若い文化力の敗退であった。私たちの文化が戦争に対して如何に無力であり、単なるあだ花に過ぎなかったかを、私たちは身を以て体験し痛感した。西洋近代文化の摂取にとって、明治以後八十年の歳月は決して短かすぎたとは言えない。にもかかわらず、近代文化の伝統を確立し、自由な批判と柔軟な良識に富む文化層として自らを形成することに私たちは失敗して来た。そしてこれは、各層への文化の普及滲透を任務とする出版人の責任でもあった。

一九四五年以来、私たちは再び振出しに戻り、第一歩から踏み出すことを余儀なくされた。これは大きな不幸ではあるが、反面、これまでの混沌・未熟・歪曲の中にあった我が国の文化に秩序と確たる基礎を齎らすためには絶好の機会でもある。角川書店は、このような祖国の文化的危機にあたり、微力をも顧みず再建の礎石たるべき抱負と決意とをもって出発したが、ここに創立以来の念願を果すべく角川文庫を発刊する。これまで刊行されたあらゆる全集叢書文庫類の長所と短所とを検討し、古今東西の不朽の典籍を、良心的編集のもとに、廉価に、そして書架にふさわしい美本として、多くのひとびとに提供しようとする。しかし私たちは徒らに百科全書的な知識のジレッタントを作ることを目的とせず、あくまで祖国の文化に秩序と再建への道を示し、この文庫を角川書店の栄ある事業として、今後永久に継続発展せしめ、学芸と教養との殿堂として大成せんことを期したい。多くの読書子の愛情ある忠言と支持とによって、この希望と抱負とを完遂せしめられんことを願う。

一九四九年五月三日

角川ソフィア文庫ベストセラー

千夜千冊エディション 本から本へ
松岡正剛

人間よりもひたすら本との交際を深めながら人生を送ってきた著者の本の読み方が惜しげもなく披露されている。「読み」の手法「本のしくみ」「物品としての本」。本と本好きへ贈る、知の巨人のオマージュ。

千夜千冊エディション デザイン知
松岡正剛

意匠、建築、デザイン。人間の存在証明ともいえる知覚のしくみを表現の歴史からひもとき、さらには有名デザイナーの仕事ぶりまでを俯瞰。大工やその道具なども挟み込みつつ、デザインの根源にせまっていく。

千夜千冊エディション 文明の奥と底
松岡正剛

ヨブ記、モーセと一神教、黙示録、資本主義、飢餓、肥満。文明の奥底に横たわる闇とは。西洋文明から黄河、長江、そしてスキタイ、匈奴。人間の本質に迫る長大な文明論の数々をこの一冊で俯瞰する。

千夜千冊エディション 情報生命
松岡正剛

SF、遺伝子、意識……地球生命圏には、いまだ未知の情報生命があっても不思議はない。先人のさまざまな考察を生命の進化、ゲノムの不思議、意識の不可思議等々から、多角的に分析する。

千夜千冊エディション 少年の憂鬱
松岡正剛

失ったものを追いつつ、無謀な冒険に挑む絶対少年たち。長じた大人たちはそれをどのように振り返り、どんな物語にしていったのか。かつての妄想と葛藤を描いた名著・名作が、次から次へと案内される。

角川ソフィア文庫ベストセラー

千夜千冊エディション
面影日本
松岡正剛

『枕草子』、西行、定家、心敬などの日本を代表する文筆・詩歌や、浦島太郎や桃太郎などの昔話の不思議、枕詞や連歌のスキルなどから、日本の内外にうつろう面影を堪能する。キーワードは「常世、鳥居、正月、翁、稜威」。

千夜千冊エディション
理科の教室
松岡正剛

蝶、カブトムシ、化石、三葉虫、恐竜、電気。こどものときは大好きだった理科。いつのまに物理は苦手、とか言うようになったのか。かつて理科室でわくわくしていた文系人間がすらすら読める愉快な一冊！

千夜千冊エディション
感ビジネス
松岡正剛

グローバルな仕事のしくみを論じてから、感覚的にビジネスをとらえた本を厳選。仕事とはそもそもどういうものか。かつての合理主義を切り捨て、センスを重視した、仕事人すべてにとって気になる話題が満載。

千夜千冊エディション
芸と道
松岡正剛

日本の芸事は琵琶法師や世阿弥や説経節から始まった。そこから踊りも役者も落語も浪曲も派生した。世阿弥、円朝、森繁、山崎努……この一冊に、それぞれの道を極めた芸道名人たちの「間」が躍る。

千夜千冊エディション
ことば漬
松岡正剛

ことばは言い回しによって標語にも逆説にも反論にも暴力にもなる。和歌、俳句、辞典、国語、言語、レトリック……あらゆる角度から「ことば」に取り組んだ先人たちの足跡から、ことばの魔力に迫る。

角川ソフィア文庫ベストセラー

千夜千冊エディション
神と理性
西の世界観Ⅰ
松岡正剛

なぜヨーロッパ思想が世界を制したのか。ギリシア哲学からマキアヴェリ、イエズス会をへて、スピノザ、ライプニッツ、ヴィーコ、歴史主義、啓蒙主義にいたる二九冊で十八世紀までの「西の世界観」を一望する。

千夜千冊エディション
観念と革命
西の世界観Ⅱ
松岡正剛

カント、ゲーテ、ヘーゲルの観念が何に向かったのか、ショーペンハウアーと、ニーチェの思索、そしてフッサール、ハイデガー、レヴィストロースの構造主義までを追いながら現代思想の礎となった哲学者を渉猟する。

千夜千冊エディション
心とトラウマ
松岡正剛

意識や精神はどこにあるのか。脳と心は別ものなのか。自分の中に別人がいる感覚や、鏡の中に自分がいる感覚。だれもが持ちうる違和感に焦点をあてる。生きづらさの中で、自分の中の道しるべに気づける本が満載。

千夜千冊エディション
大アジア
松岡正剛

古代から近代までのアジアと日本の関係とその変転、そして歪められた近代アジア史の問題点を考察。中国、韓国、アセアン諸国を含めた大陸、今注目のアジアにおける日本の立ち位置を考えるうえで必須の本

新版
精神分析入門（上）（下）
フロイト
安田徳太郎・安田一郎＝訳

無意識、自由連想法、エディプス・コンプレックス。精神医学や臨床心理学のみならず、社会学・教育学・文学・芸術ほか20世紀以降のあらゆる分野に根源的な変革をもたらした、フロイト理論の核心を知る名著。

角川文庫海外作品

白鯨(上)

メルヴィル
富田　彬＝訳

イシュメールは捕鯨船ピークォド号に乗り組んだ。船長エイハブの片脚を奪った巨大な白いマッコウクジラ〝モービィ・ディック〟への復讐を胸に、様々な人種で構成された乗組員たちの、壮絶な航海が始まる！

白鯨(下)

メルヴィル
富田　彬＝訳

巨大で獰猛な白いマッコウクジラ〝モービィ・ディック〟に復讐を果たすべく、過酷な航海を続ける捕鯨船ピークォド号は、ついに目標の白鯨を発見。船長エイハブと乗組員たちによる、熾烈な戦いの結末とは。

月と六ペンス

サマセット・モーム
厨川圭子＝訳

画家ゴーギャンをモデルに、芸術のために安定した生活をなげうち、死後に名声を得た男の生涯を描く。ストーリーテラーとしての才能が遺憾なく発揮された傑作。

変身

フランツ・カフカ
中井正文＝訳

平凡なセールスマンのグレゴール・ザムザは或る朝、巨大な褐色の毒虫へと変じた自分を発見する……徹底的なリアリズムの手法によって、人類の苦悩を描き出す、カフカの代表作。

ロウソクの科学

ファラデー
三石　巌＝訳

たった一本のロウソクをめぐりながら、ファラデーはその種類、製法、燃焼、生成物質を語ることによって、科学と自然、人間との深い交わりを伝える。時を超えて読者の胸を打つ感動的名著。